Susanne Guski-Leinwand
Psychologie unter politischem Diktat in der DDR

Psychosozial-Verlag

Forum Psychosozial

Susanne Guski-Leinwand

Psychologie unter politischem Diktat in der DDR

Psychosozial-Verlag

GEFÖRDERT VOM

Bundesministerium
für Bildung
und Forschung

Ergebnisse des Teilprojekts »Psychologie unter politischem Diktat und Justiz« im BMBF-Forschungsverbund »Seelenarbeit im Sozialismus: Psychologie, Psychiatrie und Psychotherapie (SiSaP)« (2019–2022/2023, Förderkennzeichen 01UJ1908BY)

Bibliografische Information der Deutschen Nationalbibliothek
Die Deutsche Nationalbibliothek verzeichnet diese Publikation
in der Deutschen Nationalbibliografie; detaillierte bibliografische Daten
sind im Internet über http://dnb.d-nb.de abrufbar.

Originalausgabe

info@psychosozial-verlag.de
www.psychosozial-verlag.de

Umschlagabbildung: Foto: Dr. Susanne Guski-Leinwand/
Magazin Stasi-Unterlagen-Archiv Erfurt
Umschlaggestaltung und Innenlayout nach Entwürfen von Hanspeter Ludwig, Wetzlar
Satz: Satzherstellung Verlagsdienstleistungen Heike Amthor, Fernwald
ISBN 978-3-8379-3305-5 (Print)
ISBN 978-3-8379-6207-9 (E-Book-PDF)

Inhalt

Teil III
Akademische Psychologie in der DDR

Teil IV
Verwertungen der Psychologie zu Zwecken politischer Repression

Teil V
Diskussion und Ausblick

»Die Wissenschaft kann politisch aktivieren oder hemmen. [...]

In jedem Fall wirkt sie politisch.«

Gerhard Weisser (1970, S. 59)

Abkürzungen

Abb.	Abbildung
BDP	Berufsverband Deutscher Psychologinnen und Psychologen e. V. (vormals Berufsverband Deutscher Psychologen e. V.)
BMBF	Bundesministerium für Bildung und Forschung
BRD	Bundesrepublik Deutschland (1949–1990)
BStU	Der Bundesbeauftragte für die Unterlagen der Staatssicherheit
BArch	Bundesarchiv (Berlin, Koblenz, Freiburg o. a.)
DAW	Deutsche Akademie der Wissenschaften
DDR	Deutsche Demokratische Republik (1949–1990)
DPZI	Deutsches Pädagogisches Zentralinstitut
d.h.	das heißt
GfP	Gesellschaft für Psychologie (in) der DDR
GVS	Geheime Verschluss-Sache
JHS	Juristische Hochschule des Ministeriums für Staatssicherheit in Potsdam-Eiche/Golm
MA	Militärarchiv
MfS	Ministerium für Staatssicherheit
MHF	Ministerium für Hoch- und Fachschulwesen
NRW	Nordrhein-Westfalen
o. P.	ohne Paginierung/Seitenzahl
PiD	Politisch-ideologische Diversion
SBZ	Sowjetische Besatzungszone (1945–1949)
SED	Sozialistische Einheitspartei Deutschlands
SiSaP	Seelenarbeit im Sozialismus: Psychologie, Psychiatrie und Psychotherapie (BMBF-Forschungsverbund 2019–2022/23)
SMAD	Sowjetische Militäradministration in Deutschland
VS	Verschluss-Sache
VVS	Vertrauliche Verschluss-Sache

Abbildungen

Tabellen

Vorwort und Dank

Zum Zeitpunkt der Entstehung des Manuskriptes für das vorliegende Buch war die erste Förderphase des BMBF-Teilprojektes »Psychologie unter politischem Diktat und Justiz« im Rahmen des Forschungsverbundes »Seelenarbeit im Sozialismus: Psychologie, Psychiatrie und Psychotherapie (SiSaP)« bereits abgeschlossen. Die Antragstellung zur Förderung dieses Teilforschungsprojektes erfolgte im Sommer 2017 durch die Fachhochschule Dortmund, an der ich – nun als Autorin des vorliegenden Buches – zu diesem Zeitpunkt bereits seit 2014 als Vertretungsprofessorin tätig war.

Auf Einladung von Prof. Dr. Bernhard Strauß, Friedrich-Schiller-Universität Jena, und dem leider unerwartet im Dezember 2018 verstorbenen Prof. Dr. Harald Freyberger, Universität Greifswald, wurde es mir möglich, durch die persönliche Unterstützung des damaligen Dekans des Fachbereichs Angewandte Sozialwissenschaften (FB 8) der Fachhochschule Dortmund, Prof. Dr. Ahmet Toprak, und die Transferstelle der Fachhochschule Dortmund, namentlich besonders Herrn Dr. Lukas Rehm, Frau Barbara Bierfreund gemeinsam mit Frau Janina Schilberg und Frau Catharina Reiswig, einen Forschungsantrag für dieses Teilprojekt erfolgreich einzureichen und nach längerer Begutachtungsphase durch die Bewilligung im Herbst 2018 als Förderbescheid das Teilprojekt durchzuführen. Meinem Kollegen Ahmet Toprak als damaligem Dekan gilt mein herzlicher Dank für das in mich gesetzte Vertrauen und die kompetente Unterstützung in allen Belangen zur Erstantragstellung. In einem der insgesamt 14 geförderten BMBF-Forschungsverbünde konnte das »SiSaP«-Teilprojekt zur Psychologie in der DDR bis zum April 2023 umfangreich kulturelles Erbe in Form von Fachliteratur (s. Anhang und die dort als Datenbank bei psycharchives.org oder als Digitalisate z. B. in der Deutschen National-Bibliothek genannten Ressourcen) sichern und Infrastruktur zur Thematik herstellen. Die vielfältige Unterstützung in Archiven und Bibliotheken erfolgt hier als allgemeiner großer Dank und ist in den Kapiteln an betreffenden Stellen individualisiert genannt.

Der Beginn des Projektes stand jedoch zunächst unter einem Schatten: Durch den plötzlichen Tod von Harald Freyberger kurz nach Empfang des Förderbescheides 2018 wurde eine Neukonstellation des Forschungsverbundes notwendig, der von Prof. Dr. Bernhard Strauß koordiniert und durch die Gewinnung der Kollegen Prof. Dr.Ekkehardt Kumbier, Universitätsklinikum Rostock, zusammen mit Prof. Dr. Hans-J. Grabe, Universität Greifswald, und PD Dr. Rainer Erices, Universität Erlangen-Nürnberg, dann doch wie ursprünglich geplant durchgeführt werden konnte. Die Untersuchungen des Forschungsverbundes umfassten große Tätigkeitsbereiche der Psychologie, Psychiatrie, Psychotherapie und des Gesundheitssystems der DDR. Eine erste Publikation des Forschungsverbundes »SiSaP« wurde 2021 veröffentlicht (Strauß, Erices et al., 2022) und ich danke Bernhard Strauß und den Kollegen an den Universitäten in Rostock, Greifswald und Erlangen-Nürnberg mit ihren wissenschaftlichen Mitarbeiter*innen herzlich für die Zusammenarbeit, die auch über den herausfordernden Zeitraum der Coronapandemie produktiv gestaltet wurde.

Über den Zeitraum von vier Jahren arbeiteten drei Wissenschaftliche Mitarbeiter*innen zu verschiedenen Schwerpunkten an den Untersuchungsfragen in meinem Teilprojekt an der Fachhochschule Dortmund: Meine Kollegin Hannah Daria Nussmann, M.Sc., Psychologin, stärkte die Projektarbeit bis zuletzt und realisierte Vorträge, umfangreiche Literaturrecherchen, Digitalisierungen und führte zusammenhängend mit ihrer Promotion eine Studie zu Zersetzungserfahrungen ehemaliger DDR-Bürger*innen durch (vgl. hierzu auch Nussmann & Guski-Leinwand, 2023). Dr. Carsten Roschke und Ilaria Muscas, M.A., als Historiker*innen recherchierten und referierten zu verschiedenen Anlässen über die Rolle und Verwertungen der Psychologie in der DDR unter SED-Diktatur (Guski-Leinwand, Muscas & Nussmann, 2019). Zahlreiche Archivreisen aller Beteiligter im Teilprojekt hatten das Studium mehrerer zehntausender Seiten an Dokumenten und Fachliteratur zum Ziel, denen in Vorträgen auf Kongressen, Kolloquien, Fachtagungen und in Publikationen Rechnung getragen wurde. Die interdisziplinäre Arbeitsweise war dabei sehr befruchtend und zielführend. Für die miteinander zusammengetragenen Ergebnisse und die gemeinsame Gestaltung des Teilprojektes danke ich besonders herzlich.

Die Unterstützung, die wir in diesem Teilprojekt auch durch studentische und wissenschaftliche Hilfskräfte sowie frei Mitarbeitende erfuhren, hat die Erreichung der Zielsetzungen begleitend unterstützt. Hierfür danke ich namentlich Frau Vanessa Dohr, Herrn Sven Iding, Herrn Ruben Puleo,

Frau Larissa Metkemeier, Frau Lisa Kötting und Herrn Jonas Hunscher u. a. Auch den Kolleg*innen anderer Bereiche der Fachhochschule Dortmund gilt mein aufrichtiger Dank für die Durchführung aller Beschaffungen und Verwaltung, hier namentlich an meine Kollegin Kirsten Hesterberg und an die Kolleg*innen in der Bibliothek. Auch für die Darstellung des Projektes in der (Hochschul-)Öffentlichkeit durch Berichte im Forschungsmagazin *Orange*, der FH-Presse und durch eine Ausstellung und Veranstaltungen im Januar 2023 mit ausgewiesenen Expert*innen in der Nordstadtgalerie der Hochschule vor Ort als Teileinrichtung der Fachhochschule Dortmund danke ich sehr. Die technische Unterstützung durch Frank Schreiber und Cordula Herrmann sowie weiteren in der Hochschul-IT hat viele digitale Vernetzungen ermöglicht, für die ich ebenfalls herzlich danke.

Durch separate Fördermittel aus dem Hochschulentwicklungsplan (HEP) der Fachhochschule Dortmund wurde es mir möglich, eine digitale Landkarte »30 Jahre Deutsche Einheit – Orte der Forschung und Begegnung in NRW« zu erstellen. Unterstützt wurde ich in meinem Vorhaben intern von meinem Kollegen Prof. Dr. Marcel Hunecke, der mit mir die Thematik als bedeutsam für Aspekte der gesellschaftlichen Verantwortung der Fachhochschule Dortmund vortrug. Ihm danke ich dafür ebenso wie den Kolleg*innen aus dem HEP-Büro, namentlich Sebastian Huhsfeldt und Alexa Wirtz, und der Hochschul-IT, hier namentlich besonders Dominik Cuber, und meiner studentischen Hilfskraft, Frau Janine Krause aus dem Fachbereich Design. Als Informationsplattform bildet die Online-Landkarte umfangreich Ressourcen ab, die in NRW zur DDR- und Wiedervereinigungsthematik zur Verfügung stehen, und sie ist zum jetzigen Zeitpunkt das erste und einzige Übersichtsmedium zu dieser Thematik in NRW. Schulen, interessierte Einzelpersonen, Studierende und Initiativen können sich über diese Onlineressource zu den sie interessierenden Inhalten informieren, Exkursionen oder Recherche-Aufenthalte planen u. a.

Mit Blick auf die insgesamt fast sechsjährige Beschäftigung (seit Antragstellung) mit der Psychologie in der DDR und Wiedervereinigungsthemen danke ich auch allen, die in irgendeiner Weise mit Rat und Tat zur Seite standen, so zum Beispiel in den zahlreichen Bundes-, Staats- und Universitäts-Archiven, Universitäts- und Fachbibliotheken, Gedenkstätten, als Landesbeauftragte, Medienexpert*innen, als Expert*innen in Stiftungen oder Vereinen zur DDR- oder Wiedervereinigungsthematik oder als Kolleg*innen der Deutschen Gesellschaft für Psychologie (DGPs), hier besonders Herrn Prof. Dr. Dr. Andreas Maercker, und den Kolleg*innen der Historischen Kommission der DGPs »Instrumentalisierung der Psychologie in der DDR«, ausdrücklich und ebenfalls sehr herzlich.

Der kollegiale Austausch – interdisziplinär wie auch interprofessionell – hat den Fortgang und die Ausgestaltung des Teilprojektes befruchtet und an vielen Stellen gewinnbringend durch Gespräche mit den Kolleg*innen Ruth Curio, Katrin Teichmann, Dr. Andreas Seeber sowie Herrn PD Dr. Bahrke, Herrn PD Dr. Wolff, den Kollegen Prof. em. Dr. Helmut E. Lück und Herrn Dr. Jörg Rippe und Kolleg*innen im BDP ergänzt.

Als weitere Zeitzeug*innen und an dem Prozess der Wiedervereinigung der beiden deutschen Staaten persönlich Beteiligtem danke ich in besonderer Weise Herrn Staatssekretär a. D. Friedhelm Ost und Erika Ost und dem Ehepaar Warneke für viele interessante Gespräche. Für alle erreichten Ergebnisse danke ich nicht zuletzt auch Familie und Freund*innen, die meinen Forschungsauftrag mit großem Interesse über all die Jahre begleitet und »Raumgreifendes« durch die vielen Bücher toleriert haben.

Zu einem vor wenigen Jahren noch wenig bekannten Forschungsfeld, der Psychologie in der DDR, liegen nun umfangreiche Ergebnisse auch als Podcast-Serie vor, die vor allem dem wissenschaftlichen Nachwuchs als eine gute Basis für das differenzierte Aufgreifen einzelner Themen dienen mögen.

Vor allem aber freue ich mich, durch die erfolgreiche Durchführung des Forschungsprojektes meinen Beitrag zu einer Schließung von »Wissenslücken über die DDR« (Bundesministerium für Bildung und Forschung, 2018) geleistet zu haben.

Dortmund/Bad Honnef im September 2023
Susanne Guski-Leinwand

Teil I

Einführung in Thematik und BMBF-Teilprojekt »Psychologie unter politischem Diktat und Justiz« (2019–2022/23, Förderkennzeichen 01UJ1908BY)

Einführung

Das vorliegende Buch stellt nach Erscheinen der Zwischenergebnisse (Strauß, Erices et al., 2022) erweiternd die Ergebnisse des vom Bundesministerium für Bildung und Forschung (BMBF) geförderten Teilprojekts »Psychologie unter politischem Diktat und Justiz« innerhalb des Forschungsverbundes »Seelenarbeit im Sozialismus: Psychologie, Psychotherapie, Psychiatrie (SiSaP)« vor, das über einen Zeitraum von vier Jahren im Rahmen der ersten Förderphase des BMBF-Rahmenprogrammes für die Geistes- und Sozialwissenschaften »Gesellschaft verstehen – Zukunft gestalten« (Bundesministerium für Bildung und Forschung, 2020) gefördert und um vier weitere Monate kostenneutral verlängert wurde, um die pandemiebedingten Verzögerungen im Forschungsverlauf (Archiv- und Bibliotheksschließungen, Reiseverbote etc.) ansatzweise aufzufangen (Förderzeitraum 2019–2022 und kostenneutral verlängert bis April 2023 einschließlich; Förderkennzeichen 01UJ1908BY). Es wurde an der Fachhochschule Dortmund im Fachbereich Angewandte Sozialwissenschaften (FB 8) unter Leitung der Autorin durchgeführt.

Die vorliegende Publikation ist in fünf Teile gegliedert. Innerhalb dieser fünf Teile wurde historische Literatur herangezogen, die Rechtschreibweise und Genderbezogenheit ist in den Zitaten und teilweise auch den Quellenangaben zwar veraltet, jedoch korrekterweise dann so übernommen worden.

Teil I führt in die Thematik und Zielsetzungen des BMBF-Forschungsverbundes und das BMBF-Teilprojekt ein. Zusätzlich werden Grundinformationen zur Thematik gegeben. Unter der Orientierung im Teil II »Psychologie als Wissenschafts- und Referenzdisziplin im Kalten Krieg: Die Perspektive der DDR« folgt eine Einbettung der Thematik in den politisch-historischen Rahmen mit Bezug zu bildungswissenschaftlichen Vorarbeiten aus den 1970er und 1980er Jahren. Teil III stellt unter der Orientierung »Akademische Psychologie in der DDR« die Rahmenbedingungen und Ausgestaltung der Psychologie in den Direktstudiengängen (und später auch Fernstudiengängen) an den Universitäten in der DDR vor. Hierin wird auch auf die Institutionalisierung und Politisierung der Psychologie, unter anderem über ihre Fachgesellschaft, die Gesellschaft für Psychologie (in) der DDR (GfP), eingegangen. Teil IV steht unter der Orientierung »Verwertungen der Psychologie zu Zwecken politischer Repression« und gibt einen Einblick in die Nutzung psychologischer Kenntnisse in der Arbeit und hochschulischen Bildung des Ministeriums für Staatssicherheit (MfS) einschließlich einer Tabelle ausgewählter Manuskripte mit Bezug zu psychologischen Themen. Ebenso ist eine Übersicht über Diplomarbeiten mit psychologischem Bezug aus dem Bestand der Juristischen Hochschule (JHS) des MfS (damals in Potsdam ansässig) beigefügt. In diesem Teil IV wird auch eine Einordnung der Operativen Psychologie gegeben.

Teil V als »Diskussion/Ausblick« geht hierüber hinaus, indem eine Gesamtauswertung der bis dahin dargestellten Ergebnisse und ein Ausblick auf Forschungsdesiderata gegeben wird. Ergänzend wird in einem Anhang eine Übersicht über den gut vier Jahrzehnte langen Verlauf der akademischen Psychologie in der DDR präsentiert unter Berücksichtigung der auf sie einwirkenden politischen Ereignisse, Kontrollen und Instanzen. Zum Abschluss ist ein Quellenverzeichnis sortiert nach Archivalien und Publikationen mit Zeitschriften- und Zeitungsaufsätzen jeweils alphabetisch sortiert beigefügt.

Vor diesem Hintergrund erscheint es besonders geboten, die im Zusammenhang mit der ersten Förderphase erzielten Ergebnisse in ihrem Gesamtzusammenhang darzustellen und bisherige Publikationen zur Thematik und aus dem BMBF-Teilprojekt zu ergänzen (Maercker & Guski-Leinwand, 2018; Guski-Leinwand & Nussmann, 2021; Guski-Leinwand & Maercker, 2022; Guski-Leinwand & Bredenkamp, 2023; Nussmann & Guski-Leinwand, 2023a, 2023b; Nussmann, 2023; Guski-Leinwand & Nussmann, 2023). Zu der Darstellung der Ergebnisse werden in der vorliegenden Publikation so weit wie möglich zeitgenössisch erschienene Arbeiten des 20. Jahrhunderts (und so weit nötig auch einzelne aus dem 19. Jahrhundert) in ihrer Originalfassung als erläuternde Quellen neben den Archivalien herangezogen. Diese werden als Zeitzeugnis und nicht etwa als veraltete Publikationen betrachtet, sondern ebenso wie die Archivalien wegen ihrer Qualität der Zeitbezeugung besonders wertgeschätzt und deshalb vielfach mit herangezogen. Dies geschieht nicht zuletzt auch zu dem Zweck, dass weitere Forschungen eine rasche und umfassende Orientierung in Bezug auf die Quellen erhalten.

Als weitere Beiträge zur Thematik sind besonders auch die Arbeiten der 2017 vom Vorstand der Deutschen Gesellschaft für Psychologie (DGPs) eingesetzten Historischen Kommission »Instrumentalisierung der Psychologie in der DDR« zu nennen (Maercker et al., 2022; Guski-Leinwand & Maercker, 2022, S. 123–125), da hierdurch ein erweiterter interdisziplinärer Austausch und Untersuchungen zur Thematik stattfinden konnten (vgl. Maercker & Gieseke, 2021; Strauß, Erices et al., 2022; Maercker et al., 2022).

Wenngleich ein mehr als vierjähriger Untersuchungszeitraum lang und intensiv war, so können die Ergebnisse nur eine Annäherung an komplexe gesellschaftliche und fachliche Zusammenhänge in 40 Jahren DDR sein. Unter dieser Betrachtung mögen die dargelegten Ergebnisse aufgenommen und auch auf weitere, bezugswissenschaftliche Kontexte übertragen werden.

Hierzu ist auch der institutionelle Hintergrund, vor dem die Beantragung und Durchführung des Forschungsprojektes zur Psychologie in der DDR stattfand, zu nennen: Die Aufarbeitung der Psychologie in der DDR ist als erweitertes Grundwissen zur Professionsgeschichte der Sozialen Arbeit von Bedeutung, stellt die Psychologie doch eine Bezugswissenschaft bzw. Referenzdisziplin für die Soziale Arbeit dar. Neuere vergleichende Arbeiten zur Sozialen Arbeit unter östlichen und westlichen Auffassungen liegen bereits vor (z. B. Krieger, 2015; Kuhlmann, 2014; Müller, 2006). Das BMBF-Teilprojekt am Fachbereich Angewandte Sozialwissenschaften/FB 8 an der Fachhochschule Dortmund war somit in vielerlei Hinsicht inhaltlich passend angesiedelt, weil hierdurch ein Wissenstransfer stattfand, der vor allem für die Lebenswelten derer sensibilisiert und begleitend befähigt, deren Leben sich zwischen Repression und Resilienz in der DDR stattgefunden hatte und gegenwärtig in Kontexten der Professionsgeschichte der Sozialen Arbeit (z. B. Nöthling, 2009; Kuhlmann, 2014) als auch der politischen Bildung wie auch der Sozialen Arbeit im gerontologischen und geriatrischen Bereich relevant ist (vgl. Böhnisch, 2010): Soziale Arbeit, die sich als Menschenrechtsprofession – auch für ältere Menschen (Aner & Löffler, 2020) – versteht, interessiert sich und engagiert sich besonders auch für jene, deren Menschenrechte unter Diktaturen wie der SED-Diktatur eingeschränkt und deren Lebenswelten beschnitten, oft sogar zerstört wurden. Grundsätzlich bedarf es im Rahmen der Untersuchung von DDR-Themen immer auch der Reflexion der eigenen Werthaltungen. Diese Thematik stellt auch einen eigenen Forschungszweig innerhalb der DDR-Forschung dar (vgl. hierzu z. B. Weber, 1997).

Das Lernen aus der deutsch-deutschen Geschichte befähigt zu einem – auch Werte reflektierenden – Handlungswissen und Handlungskompetenz, die auch für andere Kontexte von Flucht, Verfolgung und Migrationserfahrungen bedeutsam bzw. auf diese übertragbar sind. Dazu fanden an der Fachhochschule Dortmund zur Verstetigung der Forschungsinhalte in die Lehre zahlreiche Lehrveranstaltungen statt, die auch das Thema Fürsorge in der DDR unter der heutigen Auffassung professioneller Sozialer Arbeit zum Gegenstand hatten. Auch in Lehrveranstaltung an der Friedrich-Schiller-Universität in Jena für Nebenfachstudierende der Psychologie wurden Lehrveranstaltungen zu den hiesigen Forschungsthemen von der Autorin durchgeführt.

Für die zweite Förderphase des Teilprojektes, die im Februar 2023 fristgerecht für den geplanten Beginn 2024 beantragt wurde, wurden verschiedene Forschungsdesiderata und Aktivitäten definiert. Bis zum Zeitpunkt der Druckvorbereitung zur vorliegenden Publikation blieb dieser Antrag ohne weitere Förderzusage offen.

Deutsch-deutsche Forschung zur Psychologie im 20. Jahrhundert

Das Interesse an der vergleichenden Forschung zur akademischen Psychologie nahm in der Bundesrepublik bereits gegen Ende der 1960er Jahre seinen Anfang: Hierzu gehört auch die Verortung aus der Perspektive der Politischen Psychologie und die Einbeziehung der Untersuchung internationaler bzw. deutsch-deutscher Beziehungen als Gegenstand der Sozialwissenschaften (vgl. Danckwortt, 1966).

Zum stattgefundenen BMBF-Forschungsprojekt zur Psychologie in der DDR (2019–2022/23) gibt es eine historische Verbindung zum Standort des Teilprojektes in Dortmund, der im Zusammenhang mit der deutsch-deutschen Forschung zuerst zu erwähnen ist: Zum Ende der 1960er bzw. Anfang der 1970er Jahre wurden auf Initiative des damaligen parteilosen Bundesministers für Bildung und Wissenschaft, Hans Leussink (1969–1972), Untersuchungen zum Thema »Bildung und Wissenschaft in der DDR, der Sowjetunion und anderen sozialistischen Ländern als Lehr- und Forschungsthema an den Hochschulen der Bundesrepublik« durchgeführt (BArch KO, Bestand Der Bundesminister für Bildung und Wissenschaft. Arbeitsstelle für vergleichende Bildungsforschung Uni Bochum, Allgemeines. Signatur B138/66632, S. 1). Die Pädagogische Hochschule Ruhr Abteilung Dortmund stand in den 1970er und 1980er Jahren im bildungswissenschaftlichen Kontakt mit der Ruhr-Universität in Bochum bzw. der dortigen Arbeitsstelle für vergleichende Bildungsforschung am Institut für Pädagogik unter Leitung von Prof. Dr. Oskar Anweiler. Hier wurden die Bildungshorizonte in der DDR systematisch über gut ein Jahrzehnt lang untersucht (vgl. Anweiler, 1990; Anweiler et al., 1990; Anweiler et al., 1992a). Die Psychologie an den Universitäten in der DDR zählte hier zu den Einzelthemen in den Untersuchungen.[1]

1 Die Pädagogische Hochschule Ruhr wurde später in Bereiche der Technischen Universität Dortmund eingegliedert. Die Fachhochschule Dortmund befindet sich in Teilen heute am gemeinsamen Campus (Universitätsbibliothek TU Dortmund, 2023, https://ub.tu

Zusätzlich zu den zuvor genannten Forschungsaktivitäten im akademischen Raum Bochum und Dortmund gab es weitere sozialwissenschaftliche Gruppen. Eine Untersuchung über den Verlauf der bundesdeutschen DDR-Forschung vor 1990 hat Hüttmann (2008) vorgelegt, der unter anderem Ergebnisse präsentiert, wonach sich die DDR-Forschung allgemein ab den 1960er Jahren unter der sogenannten Entspannungspolitik zu etablieren begann (vgl. hierzu auch Baske & Engelbert, 1966), wobei vereinzelte Nachweise aber bereits für den Zeitpunkt um 1950 gefunden wurden (Hüttmann, 2008, S. 39–51).

Innerhalb der bundesdeutschen Forschungsprojekte unterlag die DDR-Forschung unterschiedlichen Disziplinen und Schwerpunkten: So zum Beispiel an der Universität Erlangen, Institut für Gesellschaft und Wissenschaft, unter Leitung von Prof. Dr. Hans Lades, wo verschiedene Disziplinen in der DDR zu dieser Zeit näher untersucht wurden, darunter auch die Psychologie in der DDR (vgl. Gasch, 1984). Diese Form der Ostforschung wurde in der DDR in den Kreisen der Juristischen Hochschule des Ministeriums für Staatssicherheit in Potsdam als »imperialistische Ostforschung« bezeichnet (Stasi-Unterlagen-Archiv, Bestand Juristische Hochschule des MfS, BStU JHS/21808, Bd. 1–3) und wurde als Teil einer »Psychologischen Kriegsführung« vonseiten der Bundesrepublik Deutschland angesehen, worauf inhaltlich in Teil II dieses Buches noch näher eingegangen wird.

Ebenso war am Osteuropa-Institut der Freien Universität in Berlin ein von der Deutschen Forschungs-Gemeinschaft (DFG) geförderter Sonderforschungsbereich »Sowjetunion« zur Untersuchung sowjetischer Einflüsse auf die Bildung in der DDR und den sozialistischen Ländern unter Leitung von Prof. Dr. Klaus Meyer (1928–2007) eingerichtet worden. Der Psychologie und Philosophie in der DDR widmete sich später ebenfalls an der FU Berlin im Zentralinstitut für Sozialwissenschatliche Forschung (ZI 6) der Politikwissenschaftler Norbert Kapferer und untersuchte besonders die Psychologie in ihrem Ringen um wissenschaftliche Expertise innerhalb des politisch-ideologischen Spannungsfeldes (Kapferer, 1987, 1989). In München war Prof. Dr. Peter Christian Ludz (1931–1979) einer der renommiertesten DDR-Forscher, der sich bereits seit Ende der 1950er Jahre wissenschaftlich mit der DDR auseinandersetzte. Ludz war Herausgeber

-dortmund.de/die-ub/aktuelles/detail/digitale-vorlesungsverzeichnisse-der-paedagogischen-hochschule-ruhr-34958/ [12.9.2023]).

des *DDR-Handbuch[s]* mit zwei Auflagen 1975 und 1979 (Bundesministerium für Innerdeutsche Beziehungen, 1979). In einer postum erschienenen Biografie wurde die Vielseitigkeit der Arbeiten von Ludz vorgestellt (Buchstein, 1989). Unter dem Bundesminister für innerdeutsche Beziehungen, Egon Franke, leitete Ludz in der zweiten Hälfte der 1970er Jahre den »Arbeitskreis für vergleichende Deutschlandforschung« und kritisierte die Vermischung ideologischer Werthaltungen mit wissenschaftlicher Forschung in der DDR (Ludz, 1976).

Daneben existierten vereinzelt auch bildungswissenschaftliche und pädagogische Forschungsinitiativen zur DDR-Thematik bzw. sozialistischen Bildungskonzeptionen an der Philipps-Universität und dem Johann-Gottfried-Herder-Institut jeweils in Marburg, am Max-Planck-Institut für Bildungsforschung in Berlin und am Deutschen Institut für internationale pädagogische Forschung in Frankfurt/Main sowie zu ausgewählten Anlässen auch bei einzelnen wissenschaftlichen Gesellschaften (BArch KO, B 138/66635, Memorandum, S. 6–8). Außerdem gab es einzelne Publikationen aus dem Kreis der Psychologie (z. B. Retter, 1970).

Innerhalb dieser verschiedenen Initiativen und Einrichtungen standen die allgemeinen, auch die akademischen Entwicklungen in der DDR im Zentrum des Forschungsinteresses. Die akademische Psychologie in der DDR war erst im Rahmen der bildungswissenschaftlichen Untersuchungen durch das Bochumer Institut, Prof. Anweiler, ein eigener, wenn auch kleinerer Untersuchungsgegenstand, der hinsichtlich der institutionellen Rahmenbedingungen betrachtet wurde, zu denen nicht nur die Universitätsinstitute gehörten, sondern auch die Gesellschaft für Psychologie (in) der DDR als akademische Fachgesellschaft (vgl. hierzu ausführlicher Guski-Leinwand & Bredenkamp, 2023).

Verwertung der Psychologie versus Angewandte Psychologie – einige Vorbemerkungen

Für die Untersuchungen im BMBF-Teilprojekt Psychologie unter politischem Diktat und Justiz sollte unter anderem auch der Frage nach den Verwertungen psychologischen Fachwissens für geheimdienstliche Zwecke des MfS nachgegangen werden. Bevor weiter unten das Teilprojekt mit seinen Zielsetzungen kurz vorgestellt wird, soll bereits hier erläutert werden, aus welchem Grund der Begriff der Verwertung – und nicht der Begriff der Anwendung bzw. Angewandten Psychologie – bei der Untersuchung der Psychologie-Inhalte in der Operativen Psychologie des MfS leitend war.

Laut dem *Digitalen Wörterbuch der deutschen Sprache* (DWDS) umschreibt der Begriff der Verwertung ein »Nutzbarmachen« oder auch »das (erneute) Verwenden, Auswerten von etw. (das noch nicht verarbeitet oder nicht mehr in Gebrauch ist)« (Berlin-Brandenburgische Akademie der Wissenschaften, 2023). Auf der Internetplattform Wiktionary wird der Begriff der Verwertung beschrieben als »nutzbringende Verwendung [...] einer Erfahrung oder von Kenntnissen« (Wikimedia Foundation Inc., 2022). Im Rahmen der recherchierten Manuskripte für das BMBF-Teilprojekt kommen diese Nutzungs- und Verwendungsabsichten deutlich zum Tragen: In den Manuskripten, die in diesem Zusammenhang für die Studierenden an der Juristischen Hochschule des MfS in Potsdam oder für MfS-Mitarbeitende in unterschiedlichen Abteilungen oder Dienststellen zur Erfüllung ihrer Aufgaben zur Verfügung gestellt wurden, erscheint die Begrifflichkeit »Nutzung« häufig bereits im Titel des Dokumentes. Beispiele hierfür zeigen sich in den Titeln von Studien- oder Lehrmaterialien des MfS als: »Psychologische Grundlagen, Prinzipien und Methoden der Persönlichkeitsbeurteilung und deren Nutzung in der politisch-operativen Arbeit« (BStU Berlin MfS JHS 1474) oder »Die psychologischen Prozesse – ihre Wirkung und Nutzung in der politisch-operativen Arbeit« (BStU MfS KD Langensalza 352, Blatt 1 bis 175) oder »Die psychischen Eigenschaften der Persönlichkeit – ihre Wirkung und Nutzung in der politisch-operativen Arbeit« (BStU MfS KD Langensalza 352, Blatt 176–298). Weitere Beispiele finden sich in Bezug auf Teilbereiche der Psychologie, wie zum Beispiel der Sozialpsychologie in einem Lehrdokument des MfS für eine Kreisdienststelle (KD): »Die Nutzung der sozialpsychologischen Gruppenmerkmale für die Analyse von und die Einwirkung auf operativ interessierende Gruppen« sowie »Die Nutzung sozialpsychologischer Erkenntnisse für die Einschätzung des Entwicklungsstandes tschekistischer Kollektive« und »Sozialpsychologisch nutzbare Bedingungen und Zusammenhänge für die Entwicklung und Festigung tschekistischer Kollektive« (BStU MfS KD Langensalza 379). Besonders unter der Formulierung der Nutzbarmachung, wie im letztgenannten Beispiel, kommt der Charakter der Übertragung von einem Fachwissen zu einem Dienstanliegen oder einer Dienstaufgabe des MfS besonders deutlich hervor und entspricht hiermit dem Bedeutungshorizont von Verwertung, wie er beim *Digitalen Wörterbuch der deutschen Sprache* (s. o.) als »Auswerten von etw. (das noch nicht verarbeitet [...])« ist, angegeben ist. Denn es wird erkennbar, dass es sich bei diesen Verwertungen aus den Fachkenntnissen der Psychologie um ein selektiv ausgewähltes Wissen handelt, das auf abgegrenzte Aufgabenstellungen des MfS hin genutzt wurde und in dieser Art zuvor jedenfalls nicht vorhanden war, also ein »Auswerten von etwas, das noch nicht verarbeitet ist«, hiermit stattfand.

Die beschriebene Nutzung in den Reihen des MfS unterscheidet sich also von der Angewandten Psychologie und deren Zielsetzungen dadurch, dass die Psychologie die wissenschaftlichen Kenntnisse über das »Erleben und Verhalten« von Menschen (und als solche war sie zu Zeiten der DDR bereits in Westdeutschland 1961 definiert; vgl. Lückert, 1961, S. 560–561) für die Lebens- und Erlebenshorizonte von Menschen anbot. Dabei waren den Menschen selbst die Probleme im jeweiligen Anwendungskontext zumeist bekannt, wie es zum Beispiel aus Anwendungsbereichen der Wirtschaftspsychologie, der Erziehungspsychologie, Klinischen Psychologie, Politischen Psychologie u. a. (vgl. Lückert, 1961, S. 567) deutlich wird. Dorsch fasste dies für den gleichen Zeitraum (1963) zusammen als »Beteiligung an den Aufgaben des Alltagslebens« (S. 10) der Menschen.

Die Verwertung psychologischer Kenntnisse für das MfS hingegen war keine Beteiligung der Psychologie aus ihrer eigenen Blickrichtung heraus, das heißt »von der Psychologie her« (Dorsch, 1963, S. 10) und den Fachvertreter*innen der akademischen Welt offenbar nicht bekannt. Die Verwertung psychologischer Kenntnisse für die SED-Politik und im MfS schließlich sogar als »Operative Psychologie« verstärkte und präzisierte sich in den 1960er Jahren und wurde erst nach der Friedlichen Revolution öffentlich bekannt (z. B. durch Behnke & Fuchs, 2013 [1995]).

Bei der Unterscheidung dieser Begrifflichkeiten »Anwendung« versus »Verwertung« handelt es sich folglich nicht etwa um vernachlässigbare kleinere Unterschiede, sondern es führen diese Unterschiede schließlich zu einem Verantwortungsrahmen, der sich im Falle von (geheimdienstlich-staatlichen) Verwertungen deutlich von jenem der (fachlichen) Anwendung unterscheidet. Dieser Verantwortungsrahmen ist in Teil IV im Kapitel über den »Hass als Ressource für die Psychologie!?« ausführlicher behandelt. Ergänzend zu den hier dargestellten Überlegungen ist im nachfolgenden Kapitel noch einmal genauer dargelegt, welche professionelle Haltung gegenüber der Anwendung der Psychologie aus ihren Fachkreisen zu Zeiten der DDR bzw. zu Zeiten der Entstehung der ersten Manuskripte mit psychologischen Bezügen im MfS zugrunde lag und welches in den westlichen Landesteilen Deutschlands.

Für die akademischen Fachkolleginnen und Fachkollegen der Psychologie aus der DDR war es Anfang der 1960er Jahre noch möglich, an westdeutschen Publikationen und Fachveranstaltungen bis circa Ende der 1960er Jahre zum Beispiel auch als Mitglieder aus der DDR in der Deutschen Gesellschaft für Psychologie (DGPs) (Lüer, 2011, S. 239) teilzuhaben und sich mit eigenen Beiträgen auf Kongressen der Psychologie wie zum Beispiel dem XVI. Internationalen Kongress für Psychologie in Bonn 1960 (vgl. Eckardt, 1995, S. 317) zu beteiligen. Auch erfuhren Personalia und Aktivitäten aus dem Fachkreis der Psychologie in der DDR im sogenannten Teil III des Mitteilungsorgans *Psychologische Rundschau* zu dieser Zeit noch gleichberechtigt eine Informationsplattform unter den »Diskussionen, Nachrichten, Berichte, Mitteilungen des Berufsverbandes Deutscher Psychologen« (Schriftführer der Deutschen Gesellschaft für Psychologie, 1960, S. 295).

(K)Ein Thema der Bildungsforschung?

Psychologie in geheimdienstlichen Verwertungen des MfS

Die in den Reihen des Ministeriums für Staatssicherheit (MfS) geheim existierende Operative Psychologie war innerhalb der Bildungsforschung der Bundesrepublik Deutschland damals ebenso wenig bekannt wie die Juristische Hochschule des MfS in Potsdam, an der dieses Fach entstand und aus eigenen, als »Verschluss-Sache (VS)«, »Vertrauliche Verschluss-Sache (VVS)« oder »Geheime Verschluss-Sache (GVS)« gekennzeichneten Manuskripten gelehrt wurde. In Listen über die Hochschulen und Universitäten in der DDR tauchte diese Einrichtung nicht auf (BArch KO, B 138/65712, S. 430–434). Die Autorenschaft dieser Manuskripte ist nicht immer ersichtlich, und oft geben sie meist nur den militärischen Dienstgrad (z. B. Major) und den Nachnamen preis. Wegen der hierbei fehlenden Nennung eines Vornamens konnte der berufliche Hintergrund der Autoren oder Autorinnen nicht mehr während der ersten Förderphase des BMBF-Teilprojektes untersucht werden. Wegen ihres geheimen Charakters war diese Form der Psychologie kein Thema oder Schwerpunkt für die vergleichende Bildungsforschung BRD-DDR im 20. Jahrhundert.

Die Ergebnisse aus dem BMBF-Teilprojekt zur Psychologie in der DDR stellen hierzu jedoch einen Beitrag dar, auch wenn dieser nicht als erschöpfend bezeichnet werden kann. Die Operative Psychologie des MfS ist ein Thema nicht nur für einen Teil der professionellen Kenntnis aus der eigenen Disziplingeschichte, sondern auch für viele Menschen, die sich mit diktatorischen Strukturen und den in ihr verwerteten Wissenshorizonten der Disziplinen beschäftigen oder – als Betroffene – Unrecht durch unsachgemäße Verwendung psychologischer Sachkenntnisse gegen die eigene Person erlitten haben. Auch die an der deutsch-deutschen Geschichte interessierte Bürgerschaft ist eine Rezipientin der hiesigen Ergebnisse und als solche tragen diese zu einem Teil der Bildungsforschung bei.

Die für die Zielsetzungen des BMBF-Teilprojektes recherchierten Manuskripte aus den Reihen des MfS dienten seit den frühen 1960er Jahren zur Vermittlung von ausgewähltem psychologischen Grundlagenwissen – überwiegend aus der marxistisch-leninistischen Psychologie – mit Bezug zur politisch-operativen Tätigkeit des MfS und waren größtenteils als Studien- und Lehrmaterialien gekennzeichnet. Die Titel der Manuskripte transportierten zumeist auch beide Kontexte, das heißt psychologische Fachaspekte auf der einen und den politischen bzw. politisch-operativen Bezug auf der anderen Seite, wie beispielsweise »Gegenstand, Aufgaben und Methoden der Psychologie in der politisch-operativen Tätigkeit des Ministeriums für Staatssicherheit« (BStU MfS JHS, Nr. 1864), inhaltlich wurde aber vor allem der Bezug zu den Zielen des MfS klar gestellt: »Die taktischen Formen und Methoden sind nicht allseitig erfolgreich, wenn nicht gleichzeitig die psychischen Besonderheiten der Menschen, die mit den Mitteln arbeiten bzw. gegen die sie eingesetzt werden, umfassend Beachtung finden« (BStU MfS JHS, Nr. 1864, Blatt 0026). Bereits aus diesem Manuskript unter der Autorenschaft eines Major Felber spricht der grundsätzliche Einsatz aller zur Verfügung stehenden Mittel gegen den oder die Menschen, wozu auch das psychologische Fachwissen zählte. Dies bezeugte der in einem Dokumentarfilm von Johann Feindt und Tamara Trampe nach der Friedlichen Revolution interviewte ehemalige Oberst beim MfS, Jochen Girke, der als ehemaliger Dozent an der Juristischen Hochschule in Potsdam und als an der Jenaer Universität diplomierter Psychologe befragt wurde (Feindt & Trampe, 1992): Er stellte »die Psychologie im Einsatz für den Menschen, im Einsatz für den Menschen, aber auch gegen Menschen« vor (Feindt &Trampe, 1992, Minute 3:55 bis 4:01). Hierzu sollte eine Entschlüsselung »äußerer Verhaltensweisen auf [...] die Motive, [...] die eigentlichen Absichten für das Tun« stattfinden (Feindt & Trampe, 1992, Minute 3:10 bis 3:22). Die dabei vom MfS festgestellten, aus Sicht des MfS politisch bedenklichen Kontakte bis hin zu Verbindungen zu feindlichen Geheimdiensten oder anderes sollten bei den Betreffenden die Motivlagen »mit Sachkunde« ergründen und auch »mit psychologischen Mitteln etwas dagegen machen« lassen (Feindt & Trampe, 1992, Minute 3:30 bis 3:50). Aus diesen Worten erscheint der Mensch in der DDR als jener »von der Psychologie gelenkte Mensch« (Gross, 1984, S. 8), als den der amerikanische Journalist Martin L. Gross (1925–2013) wiederum den Menschen in der westlichen Gesellschaft sah, die er als »die psychologische Gesellschaft« in seiner gleichnamigen Publikation kritisch untersuchte (Gross, 1984, S. 7–24). Nach Gross wurden Probleme des Menschen in der sogenannten psychologischen Gesellschaft

»nicht mehr als normale Abweichungen oder unschöne Schicksalswendungen betrachtet. Wir sehen in ihnen heute das Ergebnis innerer psychologischer Fehlanpassungen« (Gross, 1984, S. 12). Die Psychologie böte hierfür die Psychotherapie als eines ihrer Mittel zur Regulierung an.

Solche »Fehlanpassungen« gegenüber dem sozialistischen System der DDR sollten vermieden werden, wie auch aus den Aussagen des oben genannten Filmes von Feindt und Trampe (1992) deutliche wird. Würde diese Publikation 1979 nicht von Gross in den USA publiziert worden sein[2], könnte der Inhalt als sinnentsprechend zu den Verwertungen der Psychologie in den Reihen des MfS gelten, zeigt aber, dass die 1970er Jahre insgesamt stark von der Erstarkung der Psychologie durchdrungen waren, folgt man den weiteren Ausführungen in der deutschen Übersetzung von Gross (1984).

Aus den Aussagen zur Psychologie in den Reihen des MfS, wie oben aufgeführt, wird der politische Verwertungscharakter an psychologischem Fachwissen besonders deutlich und zeigt, dass seitens des MfS der Psychologie eine regulatorische Funktion für geheimdienstlich-politische Aufgaben durch diese spezifische Verwertung zukam. Bei der Auswahl der Fachinhalte in den Manuskripten des MfS wurde keine explizite Definition im Sinne einer Ausgrenzung von Fachwissen gefunden, sondern es wurde vielmehr alles, was augenscheinlich als hilfreich oder passend zur Erfüllung der Aufgaben des MfS erschien, aus der Psychologie in die Belange des MfS importiert. Hierzu gehörten in den weiteren Jahren dann auch Inhalte wie zum Beispiel aus dem Jahr 1967 über »Die Verhaltenseigenschaften der Persönlichkeit, Einstellung und Charakter« (BStU MfS JHS, Nr. 24051, Blatt 0035-0037) mit Betrachtung auch der zwischenmenschlichen Beziehungen (BStU MfS JHS, Nr. 24051, Blatt 0055-0059) bis hin zu Werkinterpretationen sowjetischer Psychologen und einer Ableitung der Wurzeln der Operativen Psychologie aus diesen (BStU MfS JHS 1617, Blatt 0006). In diesem Zusammenhang wurden auch wissenschaftstheoretische Grundlagenwerke aus der westlichen Welt beachtet wie zum Beispiel von Kuhn (1962) *Die Struktur wissenschaftlicher Revolutionen* (BStU MfS JHS 1617, Blatt 0058-0067). Später reichten die Manuskriptinhalte Mitte

2 Die digitalisierte Version der amerikanischen Erstauflage von »The Psychological society: a critical analysis of psychiatry, psychotherapy, psychoanalysis and the psychological revolution« ist verfügbar über: https://archive.org/details/psychologicalsoc0000gros/page/n15/mode/2up (6.8.2023).

der 1980er Jahre schließlich hin zu »Sozialpsychologische Grundlagen für die Analyse und Entwicklung von sozialen Beziehungen zwischen Menschen in der politisch-operativen Arbeit« (BStU MfS KD Langensalza, Nr. 379), die auch auf die Führung militärischer-geheimdienstlicher (sog. tschekistischer)[3] Kollektive inhaltlich Anwendung fanden. Wenngleich die Verwertung psychologischen Fachwissens in der Juristischen Hochschule Potsdam wohl zunächst nur für dortige Studierende der Rechtswissenschaften angelegt war, wurde dieses Spezialwissen auch für andere Diensttätigkeiten ohne akademischen Bezug im Verlauf der gut zwei Jahrzehnte zum Beispiel als »Fachschulfernstudium politisch-operative Fachrichtung für Angehörige in operativen Dienststellungen, Lehrgebiet Operative Psychologie« verbreitet (BStU MfS JHS, Nr. 23352).

Die hier aufgeführten Beispiele zeigen, dass die Verwertungen psychologischer Kenntnisse in Bereichen des MfS breit waren und sowohl nach innen, das heißt für die erfolgreiche Bewältigung von Aufgaben des MfS selbst, als auch nach außen, das heißt zu innenpolitischen Zwecken wie zur Stärkung der sozialistischen Gesellschaft und Einbeziehung ihrer Mitglieder als Informelle Mitarbeiter*innen, sogenannte IMs (vgl. Wieser, 2021), aber auch zur Schwächung kritisch bis feindlich eingestellter DDR-Bürgerinnen und Bürger bis zu außenpolitischen Zielerfüllungen als Feindbild Verwendung fanden und von der Bundesregierung der 1960er Jahre mit Sorge und eigenen Maßnahmen aufgegriffen wurden (vgl. hierzu Dörr, 2017, 2018; des Weiteren Sommer, 2015).

Die Psychologie wurde durch die marxistisch-leninistische bzw. sozialistische Ausrichtung nicht nur ideologisch eingeengt, sondern in der Form als »Operative Psychologie« den geheimdienstlichen Notwendigkeiten letztlich sogar untergeordnet, da sie in ihren eigenen fachlich-kritischen Diskussionen und Begrenzungen nicht vollständig in allen ihren Teilbereichen und Wissenshorizonten im Kontext des MfS abgebildet wurde. Insofern wird hier in diesem Zusammenhang auch nicht von einer Angewandten Psychologie oder einer Praktischen Psychologie gesprochen, sondern es wird explizit von Verwertung ausgewählter Fachinhalte auf Basis der zeitgeschichtlich maßgebenden Auffassung in der Psychologie gesprochen: Dorsch (1963) gab hierzu zusammenfassend die unterschiedlichen Auffassungen von Angewandter Psychologie und Praktischer

3 Zur Bedeutung »tschekistisch« siehe das Kapitel »Hass als Ressource für die Psychologie!?« in Teil IV.

Psychologie so wieder, dass sie »gleiche Ausdehnung bei verschiedenem Tiefgang haben« (Dorsch, 1963, S. 12) und dass die »Angewandte Psychologie [...] zur praktischen Beeinflussung, zur Gestaltung der menschlichen Verhältnisse« als »Gebiet des Fachpsychologen« (Dorsch, 1963, S. 11) auf der Basis von spezifischem Fachwissen und Ausbildung fungiert, wobei sie »gleichzeitig Menschenkenntnis und Menschenbehandlung« (Dorsch, 1963, S. 12) ausübt, die Praktische Psychologie hingegen »nur Menschenbehandlung ausübt« (Dorsch, 1963, S. 12; vgl. hierzu Benesch, 1958). Ganz grob könnte die Operative Psychologie als an dieses Verständnis einer praktischen Psychologie reichend eingeordnet werden, doch das Bild des Menschen in der Operativen Psychologie betont einseitig die politische Instrumentalisierung und Einengung auf Ansprechbarkeiten des Menschen auf staatssicherheitsdienstliche und geheimpolizeiliche Aspekte. Eine solche Eingrenzung, die damit auch die Psychologie als »gegen Menschen« (Feindt & Trampe, 1992, Minute 3:55 bis 4:01) gerichtet einsetzte, entzieht sich der vergleichbaren Kategorien der Angewandten Psychologie oder der Praktischen Psychologie: Nicht die »Gestaltung der menschlichen Verhältnisse« im Allgemeinen standen bei der Operativen Psychologie im Mittelpunkt, sondern – analog formuliert – die Gestaltung der politischen Verhältnisse. Wurden diese aus Sicht des MfS als von Menschen bedroht oder gefährdet angesehen, wurden Kenntnisse aus der Psychologie als Operative Psychologie dazu genutzt, die Auslöser und Einflussgrößen der eingeschätzten Bedrohung zu ermitteln und diese wiederum in ihrer psychodynamischen Wirkweise analysiert, um entsprechend zum Beispiel mit sozialpsychologischen Kenntnissen auf Gruppen und Gruppendynamik einzuwirken oder individuelle Motivationslagen mithilfe psychologischer Kenntnisse, unter anderem auch über Gesprächsführungstechniken in Vernehmungen, aufzuspüren. Insoweit ist die Operative Psychologie keinesfalls als eine »Angewandte Psychologie« zu bezeichnen, auch wenn in den Manuskripten des MfS fachliche Grundlagen mit Bezug zu akademischer Fachliteratur vermittelt wurden, da ihre Inhalte nicht durchweg von den bei Dorsch genannten »Fachpsychologen« (Dorsch, 1963, S. 11) fachlich angemessene Anwendung fanden. Ebenfalls ist sie nicht als Praktische Psychologie einzuordnen, selbst wenn sie – wie Arnold (1957, S. 5, zit. in Dorsch, 1963, S. 12) – nur ein »Minimum an psychologischen Grundkenntnissen« für »die Kunst und die Technik des Anwendens« (Dorsch, 1963, S. 12) voraussetzen würde: Mit Bezug auf Arnold setzte Dorsch ungesagt die fachlich zu absolvierenden psychologischen Praktika voraus, wie es zu dieser Zeit bereits zu einer professionellen Anwendung psychologischer Methoden und Fachkenntnisse gehörte (Pauli & Arnold, 1957). Solche sind in den Manuskripten der JHS des MfS nicht zu finden. Andernfalls hätten sie einer breiteren und damit auch öffentlicheren Mitwirkung von akademischen Psychologinnen und Psychologen bedurft und damit auch einer institutionellen Angebundenheit, die über den Geheimcharakter der JHS selbst als auch der Operativen Psychologie nicht umsetzbar war.

In Teil IV sind einige Signaturen und Titel ausgewählter Manuskripte aus den Stasi-Unterlagen-Archiven (BStU-Signaturen) tabellarisch beigefügt[4], die während des Förderzeitraums in das Bundesarchiv organisatorisch integriert wurden. Da die uns zur Verfügung gestellten Materialien überwiegend noch die BStU-Signaturen trugen, sind diese in der Tabelle als solche genannt. Bei Recherchen, die über die vorliegende Publikation hinausgehen, wird empfohlen, eine neue Signaturvergabe durch das Bundesarchiv zu prüfen, da durch die organisatorische Überleitung der Bestände beim BStU in die Organisation des Bundesarchivs ab 2022 gegebenenfalls neue Signaturen vergeben wurden.

4 Für die großartige Unterstützung bei Recherche und Bereitstellung diverser Unterlagen und Medien in den Stasi-Unterlagen-Archiven in Berlin und Erfurt geht ein sehr herzlicher Dank jeweils an Frau Roswitha Loos und Kolleg*innen (Berlin) und Frau Dr. Alrun Tauché und Herrn Andreas Bogoslawski (Erfurt) auch für die zusätzlichen Gespräche. Der im Bundesarchiv-Lichterfelde erhaltenen Unterstützung gilt ebenfalls Dank.

Die Schwerpunkte des BMBF-Teilprojektes »Psychologie unter politischem Diktat und Justiz«

Bei der Untersuchung der Psychologie in der DDR geht es um verschiedene Aspekte und Untersuchungsbereiche. Bei Antragstellung im Sommer 2017 wurden drei Forschungsschwerpunkte genannt, die über den Zeitraum von gut vier Jahren intensiv untersucht wurden: Zuvorderst die akademische Psychologie in den vier Jahrzehnten der SBZ und DDR, damit im Zusammenhang die Rolle der Ministerien, Behörden und staatlichen Institutionen und ihr Einfluss auf bzw. Nutzen aus der Psychologie und als weitere wichtige Säule die Verwertungen psychologischer Inhalte im Kontext des MfS, der von dort stattgefundenen Zersetzungsmaßnahmen und die damit einhergehenden Folgen für die davon Betroffenen. Zu der Frage nach den möglichen Langzeitfolgen missbräuchlich verwerteten psychologischen Wissens stand die Operative Psychologie und mit ihr der Bezug zu Zersetzungsmaßnahmen des MfS im Mittelpunkt. Neben der Recherche und Auswertung einschlägiger sogenannter grauer und geheim gehaltener Literatur aus dem MfS wurde im Rahmen des Teilprojektes eine Studie zu den Folgen von Zersetzung in Verbindung mit einer Qualifikationsarbeit als Promotion durchgeführt (vgl. hierzu auch Nussmann & Guski-Leinwand, 2023).

Die Ergebnisse aus den Untersuchungen mittels dieser Schwerpunkte tragen ganz allgemein zu einem erweiterten Wissen über akademische und geheimdienstliche Strukturen und Ziele in der DDR bei. Bei der Frage nach dem Stellenwert der hier präsentierten Ergebnisse für die Disziplin und das Professionswissen der Psychologie handelt es sich zweifelsohne um einen Mehrwert zu den weitgehend unbekannten politischen Vorzeichen und Einflüssen auf die Psychologie in der DDR, die nun im Einzelnen bekannt(er) werden und eine vertiefende Auseinandersetzung hiermit entstehen kann. Unter dieser Einordnung sind die Ergebnisse in erster Linie als ein umfassender Beitrag zur Geschichte der Psychologie zu sehen, der »Reflexionswissen« (Koch, 2021, S. 240–243) zur Verfügung stellt, das nicht nur auf professionseigene Aspekte fokussiert, sondern auch die »normativen Annahmen, die außerwissenschaftlichen Bereichen entspringen« (Koch, 2021, S. 241), kritisch in den Blick nimmt. Berufsethisch gehört dieses Wissen auch in den Bereich der psychologischen Psychotherapie, somit zur professionellen Haltung und gegebenenfalls psychotherapeutischen Behandlung von Personen mit SED-Diktaturerfahrung, die in leidvoller Weise mit der Ausnutzung oder dem Missbrauch psychologischer Fachkenntnisse in Berührung gekommen sind. Im Weiteren gehört dieses Wissen auch zu einem Teil des lebenslangen Lernens und hat auch für die Rolle der Psychologie als Referenzdisziplin oder Bezugswissenschaft Relevanz. Auch zu einzelnen Teildisziplinen der Psychologie, wie der Sozialpsychologie (vgl. Lenski, 2017, 2021; Krätzner-Ebert, 2021) oder der Forensischen Psychologie (Freese & Maercker, 2021; Eghigian, 2004). Aus Perspektive der Geschichtswissenschaft liegen umfangreiche Untersuchungen vor, die wertvoll für die Ergänzung des professionellen und historischen Fachwissens sind (z. B. Gieseke, 2021).

Dieser Beitrag steht vor dem Hintergrund der brisanten und ethisch hoch kritisierbaren bzw. ethisch-defizitären Verwertungen psychologischen Fachwissens durch staatliche und geheimdienstliche Stellen in der DDR zur Sicherung der SED-Diktatur, jedoch nicht unverbunden zu Gegenwart und Zukunft: Insgesamt lassen sich auf Basis der hier präsentierten Ergebnisse aus dem BMBF-Teilprojekt noch viele berufsethische und forschungsethische Fragen ableiten, welche für die gegenwärtige, aber auch spätere weiterführende Forschungen von Nachwuchswissenschaftler*innen bestimmend sein können. Außerdem geben die Ergebnisse mannigfaltige Impulse zur Diskussion von Verwertungsabsichten psychologischen Wissens, wenn diese mit psychologischer Gewalt oder Folter zusammenhängen (können) und auch weitere Fragen, so zu den psychischen Folgen missbräuchlich eingesetzten psychologischen Wissens, betreffen, die im Zusammenhang mit den Praktiken des MfS bereits seit Anfang der 1990er Jahre aufgeworfen werden (Behnke & Fuchs, 2013 [1995]; Maercker, 1995 u. v. a.). Im Vordergrund gegenwärtiger Untersuchungen zu den psychischen (Langzeit-)Folgen erfahrener SED-Diktatur gehören diese Fragestellungen zum Bereich der Gesundheitspsychologie, da der Einsatz psychologischen Wissens auch »gegen Menschen« (Feindt & Trampe, 1992, Minute 3:55 bis 4:01) stattfand und als Angriff zunächst auf die psychische Gesundheit zielte, mit manifesten Folgen für viele Betroffene, aber auch die psychische Integrität betraf, die sich in massiven Langzeitfolgen als Psychotraumatisierungen unterschiedlicher Art und mit unterschiedlichen Ausprägungen des (Vermeidungs-)Verhaltens zeigt (vgl. z. B. Trobisch-Lütge, 2004; Trobisch-Lütge & Behnke, 1998, 2015, 2016; Nussmann & Guski-Leinwand, 2023b). Insoweit betreffen sie auch die Fachinhalte der Klinischen Psychologie und der Psychotherapie.

Seitens der Politik ist der untersuchte Themenbereich seit einigen Jahrzehnten mit unterschiedlicher Ausrichtung von Interesse (Deutscher Bundestag, 1994; Ebert et al., 1995; Deutscher Bundestag, 2013). Hier ergeben sich inhaltliche Verbindungen über die Ergebnislage zu den Aufgaben der Politischen Psychologie, die sich Demokratisierungsthemen aus psychologischer Sicht widmet und die »wechselseitigen Beziehungen zwischen Individuum, Gesellschaft und Politik mit den Theorien und Methoden der Psychologie, insbesondere der Sozialpsychologie, der Differentiellen und der Entwicklungspsychologie, aber in interdisziplinärer Zusammenarbeit, vor allem mit Gesellschafts- und Wirtschaftswissenschaften« untersucht (Berufsverband Deutscher Psychologinnen und Psychologen, 2018b, S. 19). Somit sind die Ergebnisse des Teilprojektes auch für diesen Teilbereich der Politischen Psychologie relevant, wie er als Sektion im Berufsverband Deutscher Psychologinnen und Psychologen besteht und in der Psychologischen Hochschule in Berlin inhaltlich mit verortet ist. Deshalb ist der Politischen Psychologie ein eigenes Kapitel in diesem Buch gewidmet.

Unter professionsethischen Kriterien ist die Operative Psychologie in der DDR, wie sie durch das Ministerium für Staatssicherheit als eigene Lehrdisziplin hochschulisch institutionalisiert war, bereits vielfach Gegenstand von Untersuchungen gewesen (z. B. Richter, 2001; Maercker & Guski-Leinwand, 2018; Gieseke, 2021; Dörre, 2021; Koch, 2021; Wieser, 2021) und auch hinsichtlich ihres wissenschaftlichen Gehaltes kritisch während des Förderzeitraumes im interdisziplinären Austausch (erneut) untersucht worden (Richter, 2021; Schmiedebach, 2021; Busse, 2022; Maercker et al., 2022). Ergänzend zu den bereits vorliegenden Untersuchungen wird sie in der hiesigen Untersuchung bezüglich ihres gefährdenden Gehaltes für die psychische Gesundheit unter einem gesundheitspsychologischen Fazit abschließend betrachtet.

Teil II

Psychologie als Wissenschafts- und Referenzdisziplin im Kalten Krieg: Die Perspektive der DDR

Die strukturelle Einbettung der Psychologie innerhalb der staatlichen Organisation der DDR

Im vorliegenden Kapitel dieses Buches wird zunächst eine Orientierung gegeben, welche Einflüsse in der staatlichen Organisation auf die akademische Psychologie bestanden und welche Ministerien ein Interesse an psychologischem Fachwissen hatten.

Die Rolle und Bedeutung der Psychologie in der DDR nahm unter der SED-Diktatur eine zweigesichtige Stellung ein: Als akademische Disziplin führte sie an vier Universitäten mit einem Diplom-Studiengang zum Berufstitel »Diplompsychologe«[5], zu dem jeweils noch ein fachbezogener Titel als Fachpsychologe/Fachpsychologin erworben werden konnte. Dieser Diplom-Titel unterschied sich jedoch inhaltlich und von der ideologischen Ausrichtung der Wissenschaften allgemein in der DDR vom Diplom-Titel in der damaligen Bundesrepublik Deutschland bzw. gegenüber seiner Erstfassung unter nationalsozialistischer Grundausrichtung von 1941 (vgl. hierzu Gundlach, 2013). Außerdem existierten in der DDR Fernstudiengänge in Psychologie:

> »Wie in den meisten sozialistischen Ländern wurde auch in der DDR ein differenziertes Fernstudium an vielen Fach- und Hochschulen aufgebaut. Durch Fernstudien sollte das Qualifikationsniveau verbessert werden, ohne daß die Studierenden ihre Berufstätigkeit längere Zeit unterbrechen mußten. Außerdem wurde den Berufstätigen in ländlichen, hochschulfernen Regionen ein Studium erleichtert« (Siebert, 1998, S. 331).

Und »auch im Fernstudium war die politisch-ideologische Qualifizierung obligatorisch« (Siebert, 1998, S. 332). »Auf der V. Hochschulkonferenz der DDR 1980 wurde die Gleichrangigkeit der Weiterbildung mit

---

5 Damals gab es noch keine gendergerechte Schreibweise, daher hier als Originaltitel in der maskulinen Version übernommen.

der universitären Forschung und Ausbildung festgelegt« (Siebert, 1998, S. 332). Insgesamt wurde bei diesen Bestrebungen – auch unter Berücksichtigung der vermittelnden Institutionen wie der Gesellschaft »Urania« (vgl. Möhle, 1986, S. 15–17) – eine »Popularisierung von Wissenschaft« (Siebert, 1998, S. 328) festgestellt, die mit Propaganda-Aufgaben verstärkt seit dem Mauerbau 1961 vermischt wurde (Siebert, 1998, S. 329).

Ganz allgemein wurden für die Konzeption der Fernstudienlehrgänge die internationalen Bedingungen von UNESCO und akademischen Fachgesellschaften erfüllt sowie auch psychologische Erkenntnisse über das Lernverhalten Erwachsener ganz allgemein mit zugrunde gelegt (Möhle, 1986, S. 19; vgl. auch Siebert, 1998, S. 332). Für die 1980er Jahre nannte Möhle insgesamt 170 Fernstudienlehrgänge (Möhle, 1986, S. 13). Zu diesen gehörten auch psychologische Fernstudiengänge mit eigenem Studienplan.

Abbildung 1 verdeutlicht den Aufbau des Bildungssystems in der DDR für den innerhalb wie auch außerhalb der DDR bekannten Status an Hochschulen und anderen Bildungseinrichtungen.

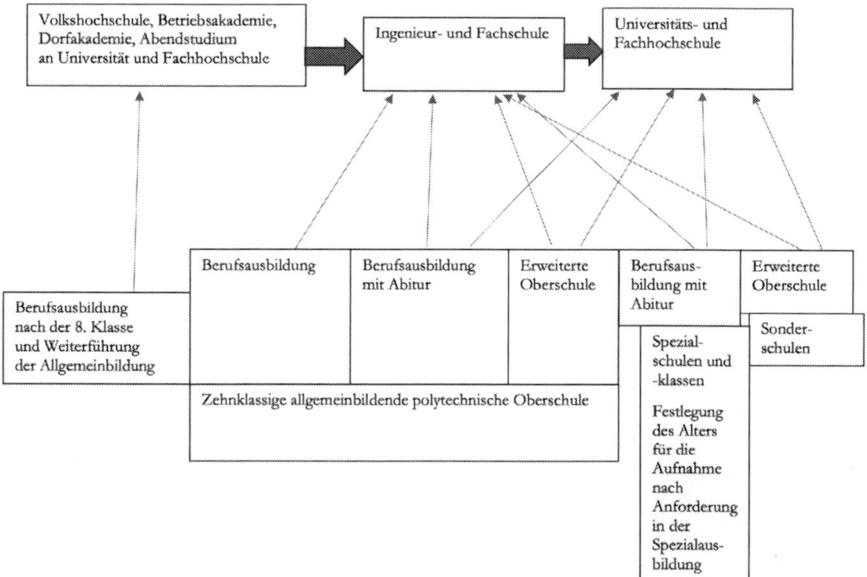

Abbildung 1: Zugänge zur Berufs- und akademischen Bildung im Bildungssystem der DDR (Schaubild in Anlehnung an BArch KO B138/42728, Blatt-Ziffer BW 202)

Die in der Abbildung 1 dargestellten Zugänge zu beruflichen und akademischen Bildungsinhalten und Bildungswegen sagen noch nichts über die Zugriffe der staatlichen Institutionen der DDR auf einzelne Disziplinen aus. Für die Psychologie ließen sich im BMBF-Teilprojekt für den Untersuchungszeitraum 2019 bis 2022 Interessenlagen und Archivalien aus folgenden Ministerien nachweisen: Zu allererst ist für die akademische Psychologie das Staatssekretariat für Hoch- und Fachschulwesen bzw. das daraus entstandene Ministerium für Hoch- und Fachschulwesen zu nennen, daneben aber auch das Ministerium für Volksbildung und im Zuständigkeitsbereich des Ministeriums der Justiz zum einen die Generalstaatsanwaltschaft, zum anderen aber auch das Ministerium für Staatssicherheit. In Teil IV ist zu den Interessen und Verwertungsabsichten dieser verschiedenen Ministerien Näheres beschrieben.

Studienpläne, das Berufsbild für Diplompsychologen (Wissenschaftlicher Beirat für Psychologie, 1960b) und der zugehörige Studienplan (Wissenschaftlicher Beirat für Psychologie, 1960a) sind im Rahmen des BMBF-Teilprojektes in Zusammenarbeit mit dem Archiv der TU Dresden als Digitalisate zur Verfügung gestellt worden[6]. Im Anhang dieses Buches ist eine Übersicht über die Internet-Links zu den betreffenden Dokumenten und weiteren Digitalisierungen aus dem Förderzeitraum 2019 bis 2022/23 gegeben.

Im Bereich der geheim gehaltenen Einrichtungen, wie der JHS des MfS in Potsdam-Eiche/Golm, wurden rechtswisssenschaftliche Direktstudiengänge und ebenfalls ab 1960 Fernstudienlehrgänge eingerichtet (Universität Potsdam, 2020a): »Die Studiengänge der JHS schlossen sowohl im Direkt- als auch im Fernstudium mit einem rechtswissenschaftlichen Diplom ab. Somit war die Ausbildung in Eiche formell einem rechtswissenschaftlichen Studium einer anderen DDR-Hochschule gleichgestellt« (Universität Potsdam, 2020b). Innerhalb dieser gab es eine weitere, anders gelagerte, konkret: geheimdienstlich verwertbare Perspektive auf die Psychologie: Ausgewählte psychologische Inhalte wurden in Manuskripten und Lehrveranstaltungen für Mitarbeitende des Ministeriums für Staatssicherheit bzw. für die Bewältigung von Aufgaben und Zielsetzungen des Ministeriums für Staatssicherheit genutzt und – anders als es die akademische Zielsetzung vorsah – auch »gegen Menschen« (Feindt & Trampe, 1992,

6 An dieser Stelle danke ich nochmals sehr herzlich Frau Angela Buchwald für die unkomplizierte und erfolgreiche Zusammenarbeit.

Minute 3:55 bis 4:01), das heißt DDR-Bürgerinnen und Bürger eingesetzt. Die Verwertung psychologischer Inhalte in Manuskripten und Archivalien aus den verschiedenen Jahrzehnten des MfS, wie es bereits zuvor schon benannt wurde, reicht zu Aspekten der »Psychologischen Kriegführung« hinüber, wie sie von der DDR ausgehend von der Bundesrepublik Deutschland eingeschätzt wurde. Hierum soll es im folgenden Kapitel gehen.

»Psychologische Kriegführung«

Wenn im folgenden Kapitel von »Psychologischer Kriegführung« die Rede ist, so knüpft dies an den – um das Genitiv-S bereinigten – Begriff des DDR-Historikers Zazworka (1961, 1962 an)[7]. Diese Form der »Kriegführung« wurde der BRD zugeschrieben und wird im Folgenden vorgestellt, da diese politische Überzeugung sich wie ein Schlüssel zum Verständnis der psychologischen Verwertungen in der DDR erkennen lässt.

Zunächst aber soll der historische Hintergrund umrissen werden, vor dem die Überzeugungen und Konsequenzen auf eine Psychologische Kriegführung der BRD in der DDR entstanden, da sie eng mit den Schutzfunktionen zusammenhängen, die der Sozialismus bieten sollte:

Konzeptionell war der Sozialismus bereits lange vor Gründung der DDR im Zusammenhang mit dem neu erstarkten Nationalsozialismus in seinen unterschiedlichen innen- und außenpolitischen Funktionen – damals noch als Ständekonzept, das auch Berufsstände betraf – beschrieben worden (Schelsky, 1934, S. 33–40): Innenpolitisch kam dem Staat die Aufgabe der »Leitung und Ordnung aller Lebensgebiete des Volkes«, wozu auch »alles, was im Heereswesen, in der Verwaltung, in der Rechtsprechung als Aufgabe ersteht«, zählte (Schelsky, 1934, S. 32). Der Volkswirtschaft kam dabei die Aufgabe zu, »die Bedürfnisse dieses Körpers zu befriedigen« (Schelsky, 1934, S. 32). Auch sämtliche Themen der Gesunderhaltung und Gesundheitsförderung hatten hier ihren Platz. Die außenpolitischen Funktionen waren defensiv als Schutzfunktionen – bei Schelsky (1934, S. 32) noch bezogen auf den »Volkskörper« formuliert – »gegen äußere Feinde, überhaupt die Regelung der Beziehungen mit anderen Völkern« (Schelsky, 1934, S. 32) formuliert. Für den Sozialismus an sich – bei Schelsky dann im

7 In der Bundesrepublik Deutschland schrieb man diesen Begriff unter Verwendung des Genitivs, hierzu gab es unter dem Titel *Psychologische Kriegsführung* eine Publikation des Ministeriums für Verteidigung 1961 (vgl. Dörr, 2017, 2018).

weiteren Verlauf auch als Nationalsozialismus bezeichnet (Schelsky, 1934, S. 29). Die (national-)sozialistische Grundforderung an die Staatsbürgerschaft bezog sich – nach einem Hitler-Zitat bei Schelsky (1934, S. 30) – auch auf »seelisch gleichartige[r] Lebewesen«. Hier knüpfen die frühen Vorstellungen von einer sozialistischen Lebenshaltung und Erziehung an, welche die Haltung zum Sozialismus als bedingend für die Handlungen ansahen, »denn erst das Handeln der Menschen macht aus einer Ordnung Wirklichkeit« (Schelsky, 1934, S. 34).

In der DDR manifestierten sich solche frühen konzeptionellen Forderungen nach sozialistischer Lebenshaltung bzw. Lebensweise 1958 als »10 Gebote für den neuen sozialistischen Menschen« (s. Abb. 2), präsentiert auf dem V. Parteitag der SED[8] durch Walter Ulbricht (Ulbricht, 1958), und wenige Jahre später 1965 im »Gesetz über das allgemeine sozialistische Bildungssystem« (Der Vorsitzende des Staatsrates der Deutschen Demokratischen Republik, 1965).

Bei der Untersuchung der DDR lässt sich diese frühe Konzeption in allen genannten Bereichen nachvollziehen und bedeutete somit auch für die Psychologie, dass sie unterschiedlichen, das heißt innen- und außenpolitisch verschiedenen Zielsetzungen und Zugriffen unterlag:

Innenpolitisch ging es in der DDR um Herstellung bzw. Sicherung der sozialistischen Gesellschaft und Wirtschaft, zu der zuverlässig nur sogenannte sozialistische Persönlichkeiten beitragen konnten. Die sozialistische Persönlichkeit leitete sich aus der marxistisch-leninistischen Philosophie ab: »Die politische, die ideologische Haltung der Menschen, ihre charakterlichen Qualitäten und ihre geistig-kulturellen Ansprüche sind wichtige Triebkräfte des gesellschaftlichen Fortschritts und der Entwicklung der Menschen zu sozialistischen Persönlichkeiten« (Miller, 1974, S. 129). Dies war bedeutsam für die Psychologie im Zusammenhang mit der Persönlichkeitspsychologie und auch der Entwicklungspsychologie, insofern stellte die sozialistische Persönlichkeit für die Psychologie eine Herausforderung dar, denn der »politische Aspekt menschlicher Entwicklung« ließ keine »apolitische[r] Betrachtung menschlicher Persönlich-

8 Die Unterlagen aus den Parteitagen der SED sind archiviert im Bundesarchiv in Berlin-Lichterfelde unter der Signatur DY 30 und zu einzelnen Rubriken recherchierbar. Eine Übersicht über alle stattgefundenen Parteitage aus dem Bundesarchiv ist online verfügbar: https://www.bundesarchiv.de/sed-fdgb-netzwerk/html/gremien.html?mode=SED&cat=24 (12.9.2023).

Abbildung 2: *10 Gebote des neuen sozialistischen Menschen* (V. Parteitag der SED am 10.7.1958 in Berlin; Quelle: Robert-Havemann-Gesellschaft)

keitsentwicklung« zu (Miller, 1974, S. 134). Auch war die Psychologie nicht explizit als Wissenschaft in Beziehung zur marxistisch-leninistischen Psychologie diskutiert worden (Hörz, 1974). Für Psychologinnen und Psychologen sollte die »Entwicklung bestimmter sozialer Typen von Persönlichkeiten« auf Lenin bezogen aus der Perspektive bzw. »vom Standpunkt des Politikers betrachtet« werden (Institut für Marxismus-Leninismus beim ZK der KPdSU/Lenin, 1970, S. 534, zit. in Miller, 1974, S. 134 und S. 135). Auf dieser Basis war der Mensch und seine Persönlichkeitsentwicklung vollkommen vereinnahmt, das Ich war vereinnahmt (vgl. Stahl, 2001):

> »Die Grundpositionen der marxistischen Theorie vom Menschen im weiteren Sinne und vom Individuum und der Persönlichkeit im engeren Sinne sind untrennbar mit der philosophischen Bestimmung der Gesellschaft, von Biologischem und Sozialem, von Notwendigkeit und Freiheit und vielen anderen philosophischen Problemen verbunden. In der bürgerlichen Ideologie [...] ist es üblich, Gesellschaftliches und Individuelles, Soziales und Biologisches entgegenzusetzen. Die marxistische Philosophie hingegen betrachtet Gesellschaftliches und Individuelles, Soziales und Biologisches in theoretischer wie methodologischer Hinsicht als untrennbar miteinander verbundene Seiten der umfassenden Problematik des Menschen« (Miller, 1974, S. 141 und S. 142).

Über diese Definition war in der DDR nicht zuletzt auch ein Einfallstor über Psychologie und Pädagogik in die psychische Entwicklung des Menschen zu dessen Politisierung gegeben worden. Sobald Zweifel an der Zuverlässigkeit einer sozialistischen Persönlichkeit im Einzelnen oder im Bildungs- und Erziehungsauftrag in der DDR aufkamen oder Einbußen beim Beitrag zur sozialistischen Gesellschaft in irgendeiner Form bekannt wurden, war es möglich, dieses zu überwachen, zu steuern oder mannigfaltig zu sanktionieren: Die oben im Zitat genannte Bestimmung der Persönlichkeitsentwicklung reicht zu jener »Strategie einer Diktatur« (Pingel-Schliemann, 2004) hinüber, die als Zersetzung – erlassen über die MfS-Richtlinie 1/76 (s. hierzu Pingel-Schliemann, 2004, S. 198–201; Ministerrat der Deutschen Demokratischen Republik, Ministerium für Staatssicherheit, Der Minister, 1976) – zahlreiche Beispiele lieferte, wie die genannten Bereiche Soziales und Biologisches, Gesellschaftliches und Individuelles methodisch unterminiert wurden und zu zerstörten Biografien von Menschen führten, denen sich das MfS bemächtigte. Dies reichte von Einflussnahmen auf einzelne Personen als Kinder, Jugendliche oder Erwachsene und betraf auch Eltern bzw. Erziehungsberechtigte und fand durch entsprechend ausgestattete Institutionen statt (von der Schule über Jugendvereinigungen bis zum Arbeitgebenden). Nicht zuletzt die Sicherung der Produktivität und damit die ökonomische Sicherung des SED-Staates über die »Fünfjahrpläne« der SED spielten hier auch maßgebend mit hinein (Friedrich-Ebert-Stiftung, 1982).

Außenpolitisch drohten aus Sicht der DDR ebenfalls Einflussnahmen (auch) auf die sozialistische Persönlichkeit, die durch »Psychologische Kriegführung« der BRD durch Propagandamaßnahmen beeinflusst schien.

Beide Perspektiven – innen- wie auch außenpolitisch – zielten in Bildungs- und Erziehungsthemen auf eine »ideologische Unterstützungsfunktion für die ökonomische Integration« (BArch KO, B 138/66635, RGW und Bildungspolitik, S. 7) der DDR in den Verbund mit den sozialistischen Staaten. Zu solchen Zwecken nahm man auch das psychologische Fachwissen unter anderem zur Produktivitätssicherung zur Hilfe (Guski-Leinwand & Nussmann, 2021), und um politische Forderungen der DDR einerseits, aber auch Bedrohlichkeiten aus dem Ausland andererseits abwehren zu können (vgl. hierzu Guski-Leinwand & Maercker, 2022). Als besonders kritischer Aspekt ist hierbei die Verwertung psychologischen Fachwissens durch das Ministerium für Staatssicherheit zu nennen, wie weiter unten in Teil IV noch ausführlicher dargestellt wird (vgl. Maercker & Guski-Leinwand, 2018).

Die akademische Psychologie in der DDR ist jedoch nicht wie eine »uniforme Staatspsychologie« zu sehen, wie es im Rahmen der Aufarbeitung der Pädagogik in der DDR beispielsweise als »uniforme Staatspädagogik« benannt wurde oder wird (Krüger & Marotzki, 1994, S. 7), wenngleich auch Begrifflichkeiten wie »Psychologische Kriegführung« auf eine mögliche bzw. wie auch immer geartete Staatspsychologie hindeuten könnten (siehe in Abgrenzung hierzu das Kapitel zur Einordnung und Definition der Operativen Psychologie in Teil IV).

In der DDR war der Terminus »Psychologische Kriegführung« kein geheimer Begriff, sondern lexikalisch öffentlich zugänglich als

> »eine Art der imperialistischen Kriegsvorbereitung und eine spezifische Kampfform während der Kriegshandlungen, mittels der die herrschenden Kreise der imperialistischen Staaten unter Anwendung von Propaganda, Terror u. a. Mitteln versuchen, die eigenen Völker und die Völker ›gegneri-

> scher‹, verbündeter und neutraler Länder politisch-ideologisch, moralisch und psychologisch im Interesse ihrer aggressiven Strategie zu beeinflussen« (Böhme et al., 1973, S. 692).

Diese Definition hielt sich gleichlautend noch bis 1988 (Böhme et al., 1988, S. 797). Aus dieser Definition geht das Feindbild, das mit der BRD und der mit ihr verbündeten Staaten verbunden war, sehr eindeutig hervor. Die Betonung einer psychologischen Beeinflussung zu politischen Zwecken verzerrt die Anliegen einer akademischen Psychologie (und auch der Politischen Psychologie; vgl. Jacobsen, 1963, S. 9–16) und verweist inhaltlich auf ein Konstrukt, das bereits im Ersten Weltkrieg als »Psychopolitik« (Kjellén, 1920) Erkenntnisse aus wissenschaftlichen Disziplinen zur Durchsetzung und Stärkung politischer Konzepte bzw. politisch-militärischer Interessen zur Nutzung definierte und für die Zeit nach dem Zweiten Weltkrieg geänderte Ausrichtung und Anpassungen erhielt (Feldkeller, 1947).

Zum Zeitpunkt der Teilung der beiden deutschen Staaten durch den Mauerbau in der DDR Anfang der 1960er Jahre erschienen in der DDR vom Autor Gerhard Zazworka (1961, 1962) kurz hintereinander zwei Buchauflagen zum Thema *Psychologische Kriegführung*.

Diese Publikationen Zazworkas entstanden wohl einerseits als Reaktion auf die Ereignisse um den Eintritt der Bundesrepublik Deutschland 1955 in die NATO und die damit geführte »Politik der Stärke«, die – anders als von der Bundesrepublik Deutschland erwartet – »eine deutliche Wendung der sowjetischen Politik« nach sich zog. »Die Haltung der Sowjetunion war nichts anderes als Machtpolitik« (Schmid, 1968, S. 63), die sich als solche bereits vor Eintritt der Bundesrepublik Deutschland in die NATO angekündigt hatte (Schmid, 1968, S. 43): Wiedervereinigungspläne mit der DDR waren gescheitert, mehrere sogenannte Deutschlandpläne waren von SPD und FDP in den Jahren 1955 von 1959 (Schmid, 1968, S. 68–71) eingebracht worden, doch als die Sowjetunion Anfang März 1959 mitgeteilt hatte, die Angelegenheiten der zwei deutschen Staaten bei diesen zu belassen und sich nicht in diese einzumischen (Schmid, 1968, S. 48), wurde auch unter der Einführung einer eigenen Staatsangehörigkeit DDR der »Begriff »gesamtdeutsch« faktisch abgeschafft« (Schmid, 1968, S. 49). Mit Inkrafttreten des Staatbürgerschaftsgesetzes im Februar 1967 war dann die bis dahin für die Bürgerinnen und Bürger beider deutschen Staaten geltende gemeinsame deutsche Staatsbürgerschaft beseitigt (Der Vorsitzende des Staatsrates der Deutschen Demokratischen Republik, 1967).

Andererseits erscheinen die insgesamt zwei – sich in Teilen voneinander unterscheidenden – gleich betitelten Auflagen von Zazworka (1961, 1962) über psychologische Kriegführung (das Genetiv-s fehlt in den Titeln) als Reaktion auf die angloamerikanische Veröffentlichung und deutschsprachige Übersetzung des Buches von Paul M. A. Linebarger *Psychological Warfare* unter dem Titel *Schlachten ohne Tote* aus dem Jahr 1960[9] (s. Abb. 3)

Abbildung 3: *Psychologische Kriegführung* (Zazworka, 1961, 1962)

Die »Psychologische Kriegsführung« bzw. »pychological warfare« wurde von Linebarger (in deutscher Übersetzung) definiert als »die Beeinflussung des Feindes (Soldaten wie Zivilpersonen) zur Ergänzung und Unterstützung von normalen militärischen Operationen durch ein System von Massenbeeinflussung« (Linebarger, 1960, S. 7), die eine »vollkommene oder scheinbar vollkommene zeitliche und thematische Abstimmung der politischen Propaganda auf umstürzlerische und militärische Bemühun-

9 Der DDR-Militärhistoriker Gerhard Zazworka griff in seinem Standardwerk *Psychologische Kriegführung* (1962) Linebarger sogar in persona an, indem er ihn mehrfach in tendenziöser, oftmals lückenhafter Weise zitierte. Die Hauptform der »Psychologischen Kriegführung« war demnach die »imperialistische Propaganda« (Zazworka, 1962, S. 25).

gen von Diktatoren in Verbindung mit der Anwendung der Ergebnisse moderner Psychologie zur Erreichung politischer und militärischer Ziele« (Linebarger, 1960, S. 7) voraussetzen. Eine Psychologische Kriegführung wird begleitet durch eine »Psychologische Verteidigung«, die wiederum eine »spezifische Form der geistigen Auseinandersetzung mit jedem Radikalismus und dem aggressiven Weltkommunismus im besonderen auf allen Lebensgebieten des Volkes in Abwehr und Gegenwehr zum Erhalten der freiheitlich-demokratischen Lebensform« (Linebarger, 1960, S. 8) darstellt. Eine so verstandene Verteidigung bezog sich vor allem auf Propaganda-Mittel, »Demagogie« und »Betrug« waren demnach die Propaganda-Methoden der »Psychologischen Kriegsführung«, ebenso auch das Aufhetzen der militärischen Funktionäre gegeneinander (Zazworka, 1962, S. 45). Dies waren Methoden, wie sie auch bereits aus dem Zweiten Weltkrieg bekannt waren, wie zum Beispiel die »Mobile Radio Broadcasting Company« (MRBC) als eigenständige Einheit der US-Army im Einsatz in Frankreich (The Psychological Warfare Division, 1945, S. 19) oder seit Ende 1943 als Abwurf von sogenannten »Leaflet Bombs« (»Flugblattbomben«) durch amerikanische Flugzeuge über feindlichem Gebiet (The Psychological Warfare Division, 1945, S. 47ff.). Die 1944/45 an der Westfront aktive »Psychological Warfare Division« (PWD) erfüllte ihren Dienst nach detaillierten strategischen Direktiven (The Psychological Warfare Division, 1945, S. 141ff.) und reicherte diese durch psychologisches Wissen an. Nach Linebarger (1960, S. 41f.) handelte es sich bei der Psychologischen Kriegführung um einen Teil einer »wissenschaftlichen Kriegführung«, die sich aus Erkenntnissen unterschiedlicher Disziplinen nährt(e)[10] und in der es nicht auf den direkten Einsatz (oder man könnte auch sagen Kenntnis) der Expertinnen und Experten ankam: *»Auf Psychologen in persona kann verzichtet werden, nicht aber auf die Methoden der wissenschaftlichen Psychologie«* (Linebarger, 1960, S. 42). Psychologische Kriegführung wurde (oder wird immer noch) über Propagandamaßnahmen realisiert und bedurfte – gemäß Situation im Zweiten Weltkrieg – einer Bündelung verschiedenster medialer Möglichkeiten: *»Psychological Warfare intelligence differs from other military intelligence in the sense that it must gather material not only for an appreciation of the situation but also for actual production in the various media«* (The Psychological Warfare

10 Hierzu wurden auch »die Anthropologie, die Soziologie, die politische Wissenschaft, die Volkswirtschaft, Geländestudien und andere Spezialwissenschaften« gezählt.

Division, 1945, S. 29). Aufgabe war es zu dieser Zeit, mit allen ihnen zur Verfügung stehenden Medien auf den jeweiligen Rezipienten einzuwirken: »*PWD, as the articulation of the Supreme Commander to the people of enemy and enemy-occupied countries, utilized all its available media for the simple purpose of telling the various audiences what the Supreme Commander wished them to do, why they should do it, and what they might expect if they carried out the Supreme Commander's wishes*« (The Psychological Warfare Division, 1945, S. 20).

Grundsätzlich ist jedoch zu unterscheiden, dass die genannten Auffassungen und Aktionen während eines militärisch ausgetragenen Zweiten Weltkrieges stattfanden, der unter diesen Aspekten auch als »Nervenkrieg« bezeichnet wurde (Linebarger, 1960, S. 56). Die USA sahen sich nach 1945 in eine Zeit des »weder Krieg noch Friedens« versetzt, woher die maßgebende Wortschöpfung »Der kalte Krieg« ebenso rührt wie Churchills »Eiserner Vorhang« (Linebarger, 1960, S. 265). Das sozialistische Lager kehrte in politischer und wissenschaftlicher Hinsicht die von Linebarger definierte »Psychologische Kriegsführung« mit antiamerikanischer bzw. antiwestlicher Stoßrichtung um: In der DDR trat der SED-Chefideologe Kurt Hager unter diesem politischen Schlagwort im Parteiorgan »Neues Deutschland« gegen die »Bonner Machthaber« sowie gegen die »westdeutschen Imperialisten und Militaristen« an.[11] Akademischerseits fand der Begriff zeitgleich in verschiedene Diskurse Eingang: So fand am »Institut für Marxismus-Leninismus« der Universität Jena eine interdisziplinäre wissenschaftliche Konferenz zur »Entlarvung der psychologischen Kriegführung« als »Beitrag zur Bändigung des westdeutschen Militarismus« statt.[12]

Dem entgegen oder besser: dem entsprechend bezogen sich die bei Zazworka (1961, 1962) dargelegten Aktivitäten der Bundesrepublik und ihrer Verbündeten jedoch auf Ereignisse in Verbindung mit Nato-Aktivitäten *nach* dem Zweiten Weltkrieg, also während des sogenannten Kalten Krieges, der nicht als militärischer Krieg im Sinne eines Angriffs- und Verteidigungskrieges ausgetragen wurde und einem »heißen Krieg, der militärische Überfall auf die sozialistischen Länder« (Zazworka, 1961, S. 5), begrifflich gegenübergestellt wurde. Psychologische Kriegführung hatte aus Sicht der DDR wesentlich »die Verbreitung von Furcht in allen

11 *Neues Deutschland*, 13.10.1960, 15. Jg., Nr. 283, S. 5.

12 *Wissenschaftliche Zeitschrift der Friedrich-Schiller-Universität Jena*, 1960/61, Jg. 10, S. 2ff.

ihren Schattierungen« zum Ziel (Zazworka, 1961, S. 56).[13] Linebarger sah die entsprechenden Fronten klar umrissen. Die »Kommunisten der Welt« angeblich in einem »Kreuzzug« gegen die USA (Linebarger, 1960, S. 301): auf der einen Seite die Westmächte, auf der anderen Seite die Sowjetunion und ihre »Satelliten« (Linebarger, 1960, S. 305), darunter also auch die DDR. »Die psychologische Kriegführung«, so Linebarger, könne »wie auch immer sie in Zukunft genannt werden mag, aus dem Arsenal des modernen Krieges nicht weggedacht werden« (Linebarger, 1960, S. 320f.).

Der Psychologischen Kriegführung wurde prinzipiell eine zerstörerische Wirkung zugedacht: »The aims of psychological warfare are to destroy the fighting morale of our enemy, both at home and at the front, and to sustain the morale of our Allies« (The Psychological Warfare Division, 1945, S. 21). Diese zerstörerische Wirkung wurde infolge auch durch Befragungen bzw. Vernehmungen realisiert, wie sie in der Zeit des geteilten Deutschlands bzw. des Kalten Krieges auch Praxis des Ministeriums für Staatssicherheit in der DDR waren (vgl. Fuchs, 1978). Hierdurch sollten Gegner*innen zu einem Meinungswechsel bzw. einer Einstellungsänderung bewegt oder auf eine gewisse Weise bestraft werden.[14]

Somit spielen auch ideologische Einflüsse innerhalb der Psychologischen Kriegsführung eine bedeutsame Rolle (vgl. Linebarger, 1960, S. 45–47). Psychologisch interessierende Aspekte einer Ideologie betreffen dabei das Bild von Persönlichkeit und Gesellschaft innerhalb der spezifischen Ideologie. In der DDR wurden Persönlichkeit und Gesellschaft unter den

---

13 Zazworka benutzte hierfür den Begriff »Aggressionskrieg« zur Umschreibung der NATO-Absichten (Zazworka, 1961, S. 7) und schuf hiermit einen Bezug zur psychologischen Aggressionsforschung.

14 Für die Zeit des Zweiten Weltkrieges galt, dass der Besiegte zunächst durch gezielte Befragungen, nämlich anhand von »Subjects of Interrogation«, analysiert werden sollte (The Psychological Warfare Division, 1945, S. 240). Im Anschluss daran planten die Siegermächte eine Manipulation bzw. politische Umerziehung: Die »re-education« sollte demnach mit einem »controlling« von »thought and expression« einhergehen (The Psychological Warfare Division, 1945, S. 24). *»Im kalten Krieg ist die freie Welt verpflichtet zu kämpfen, aber nicht verpflichtet zu siegen, während die Kommunisten dem wirklichen, wenn auch entfernten Triumph ihres Systems in der ganzen Welt verpflichtet sind. Die Bürger der Vereinigten Staaten können daher das Überleben der USSR oder seiner Vernichtung oder seiner Verdrängung durch ein demokratisches Rußland mit Gleichmut betrachten. Die sowjetischen Bürger ihrerseits – gleich welcher Klasse – können sich nicht so von dem Kampfe distanzieren«* (Linebarger, 1960, S. 267).

sozialistischen Vorzeichen gleichsam zusammengezogen. Im *Wörterbuch der Psychologie* (Clauß et al., 1981a) wird Persönlichkeit unter einer eingeengten und einer erweiterten Definition präsentiert: Aus Sicht der marxistischen Philosophie wird Persönlichkeit definiert als

> »das menschliche Individuum vorwiegend unter dem Aspekt seines *gesellschaftlichen* Wesens. Der P. begriff wird hier eingeschränkt auf die Kennzeichnung der Funktionen des Individuums im gesellschaftlichen Leben, seiner gesellschaftlichen Bedeutung sowie derjenigen determinierten Eigenschaften, die das Individuum zur Ausübung seiner gesellschaftlichen Funktion befähigen […] diejenigen psychischen Eigenschaften des Menschen als P.eigenschaften bezeichnet, die die *Beziehungen des Individuums zur Gesellschaft* bzw. zu anderen Menschen zum Ausdruck bringen« (Clauß et al., 1981c, S. 444f., Kursivdruck i. Orig.).

Als erweiterte Auffassung von Persönlichkeit galt ab den späten 1970er Jahren: »Der Mensch wird als *biopsychosoziales Wesen* charakterisiert, das gerade infolge seiner spezifischen biologischen Organisation alle Voraussetzungen hat, zu einem *bewußt handelnden gesellschaftlichen Wesen*, also zur P. zu werden, die durch den gesellschaftlichen Prozeß in der Lage ist, die Natur, die Gesellschaft und sich selbst zu verändern, zu beherrschen« (Clauß et al., 1981c, S. 445, Kursivdruck i. Orig.). Persönlichkeitsentwicklung wird inhaltlich entsprechend über einen Prozessbegriff definiert als »Prozeß der aktiven Aneignung der gesellschaftlichen Verhältnisse durch das Individuum« (Clauß et al., 1981d, S. 447). Aneignung steht dabei dem biologischen Begriff der Anpassung gegenüber und fordert das Individuum auf, sich aktiv die »Errungenschaften der gesellschaftlich-historischen Entwicklung als Gattungserfahrung« anzueignen (Clauß et al., 1981b, S. 31). Im Kern ist dies die Auffassung des historischen Materialismus, wonach die durch »Arbeitstätigkeit erzeugten Produkte[n] geistige Kräfte und Fähigkeiten, allgemein menschliche Wesenskräfte, vergegenständlicht« wiederspiegeln (Clauß et al., 1981b, S. 30f.).

Unter eine solche Persönlichkeitsauffassung fällt dann auch eine Aneignung von Aspekten Psychologischer Kriegführung, die insofern unter der Setzung der sozialistischen Persönlichkeit(en) in der DDR enthalten war, wie sie von Walter Ulbricht auf dem V. Parteitag der SED 1958 vorgestellt wurde und nach deren erstem Gebot musste sie sich für die »unverbrüchliche Verbundenheit aller sozialistischen Länder einsetzen« (Bildungsserver Berlin-Brandenburg.de, S. 2; vgl. Ulbricht, 1958). Mit dieser Politisierung der Persönlichkeit zeigt sich auch ein Brückenschlag hin zur Auffassung einer Psychologischen Kriegführung durch den Westen. Welche Auffassungen auf westlicher Seite hierzu bestanden, sollte im Forschungsprojekt zwar nicht vorrangig überprüft werden, doch es erschien inhaltlich interessant, wie sich zum Zeitpunkt der 1960er Jahre die Bundesrepublik Deutschland zu dieser Thematik aufgestellt hatte. Hierzu wurden Archivalien zu dieser Thematik aus bundesrepublikanischem Bestand der 1960er Jahre im Rahmen des Forschungsprojektes zwar recherchiert, sie konnten jedoch aus kapazitären Gründen unter der Coronapandemie und den damit längerfristig bestehenden Einschränkungen leider nicht mehr eingesehen bzw. ausgewertet werden. Die im Bundesarchiv/Militärarchiv in Freiburg im Bestand BW 2 Bundesministerium der Verteidigung – Generalinspekteur und Führungsstab der Streitkräfte im Kapitel 25 Militärische Führung befindlichen Unterlagen reichen unter der Kategorie »25.8 Psychologische Kampfführung« (abgekürzt PSK) von der Organisation Psychologischer Verteidigung über ihre Aufgaben (Signatur BArch BW2/4436 oder unter der Signatur BArch BW 2/7160). Für den Zeitpunkt 1970 erfolgte eine Umbenennung in »Psychologische Verteidigung« (abgekürzt als PSV) (beispielsweise unter der Signatur BArch BW 2/7078). Auch Treffen zwischen Willy Brandt und Willy Stoph als Repräsentant der DDR 1970 (Signatur BArch BW2/7080) sind unter Aspekten der Psychologischen Verteidigung dokumentiert. Stoph hatte auf dem VI. Parteitag der SED 1963 bereits gefordert, »daß sich die Partei-, Staats- und Wirtschaftsfunktionäre außer Fachkenntnissen auch die ›einfachsten Grundsätze der Pädagogik und Psychologie‹ aneignen, um die ›Führung der Menschen‹ zu verbessern« (Bundesministerium für Gesamtdeutsche Fragen, 1964, S. 21).

Besonders interessant ist im Zusammenhang mit Psychologischer Kriegführung und Verteidigung die Orientierung auf Hass und die (psychologische) Lehre über den Hass zu erkennen: Im Bestand des Bundesarchivs befinden sich aus der Laufzeit 1969 bis 1973 Dokumente zur »Hasserziehung«, wie sie aus der NVA und der Armee der Sowjetunion offenbar bekannt war und analysiert wurde (Signatur BArch/BW 2/22278, Bd. 47).

Die psychologischen Vorzeichen zu einer solchen »Hasserziehung« erschienen im Zusammenhang mit dem hiesigen Forschungsprojekt interessant und wurden anhand anderer Archivalien näher untersucht (s. hierzu auch in Teil IV das Kapitel »Hass als Ressource für die Psychologie!?«).

Weitere Archivalien, die in diesen Zusammenhang gehören und Auswirkungen einer Psychologischen Kriegführungen auf Einzelne, das heißt DDR-Bürgerinnen und -Bürger betrafen, lassen sich im Bestand der Zentralen Erfassungsstelle der Landesjustizverwaltungen (damals in Salzgitter ansässig) recherchieren, konnten im Rahmen des Forschungsprojektes jedoch leider nicht vertiefend recherchiert und untersucht werden, obwohl dies zu Beginn des Forschungsprojektes geplant war. Jedoch sind im Zusammenhang psychologischer Verteidigung einzelne Archivalien im Bestand des Bundesarchivs für die Laufzeit 1962 bis 1965 gefunden worden (z. B. Signatur BArch BW 2/7092: Zusammenarbeit mit der Zentralen Erfassungsstelle der Landesjustizverwaltungen in Salzgitter).

Über die Geschichte der Psychologischen Kampfführung bzw. Psychologischen Verteidigung in der BRD und im Zusammenhang mit der DDR liegt außerdem eine umfangreiche Untersuchung als Dissertation von Drews (2006) vor. Hierin wurde unter anderem herausgearbeitet, dass – durch die Medien – im Verlaufe des Jahres 1989 kritische Fragen zur ethischen Haltbarkeit einer Psychologischen Verteidigung in der BRD aufgeworfen und öffentlich diskutiert wurden.

Seit dem Erscheinen von Linebargers Standardwerk sind mehrere Jahrzehnte vergangen. Psychologische Krieg(s)führung ist zwar noch ein journalistisch verwendeter Begriff, staatlicherseits wurde er jedoch im Zuge der Wiedervereinigung der beiden deutschen Staaten verändert: Im Frühjahr 1990 schloss der damalige Bundesverteidigungsminister Gerhard Stoltenberg dieses Kapitel aus der Bundeswehr des dann anschließend geeinten Deutschlands aus (Drews, 2006, S. 26).

Politische Psychologie in der BRD als Psychologische Kriegführung aus Sicht der DDR

In der DDR herrschte die Auffassung, dass mit der Psychologischen Kriegführung eine Vielzahl an Maßnahmen und Möglichkeiten verbunden war, die über die Massenmedien von der westlichen Seite, vor allem der Bundesrepublik Deutschland, verwirklicht wurden. Wenn solche Aktivitäten stattfanden, wurde dies innerhalb der staatlichen Kommunikation in der DDR als »Politisch-ideologische Diversion (PiD)« bezeichnet, womit ein spaltendes Beeinflussen der DDR-Bevölkerung zugunsten der BRD gemeint war. Ein Beispiel einer solchen politisch-ideologischen Diversion stellte für die DDR im Kern die Politische Psychologie dar, wie sie in der Bundesrepublik ab Mitte der 1950er Jahre aus der Bundeszentrale für Heimatdienst mit Anhang eines »Ostkollegs« 1957 kam, welche die »psychologische Abwehr des Kommunismus« zur Aufgabe hatten (Hentges, 2013, S. 7 und S. 442; vgl. auch BArch KO, Signatur B 106/3275, Band 2). Diese und andere Aktivitäten in Westdeutschland wurden als »Ostforschung« subsummiert und diese wiederum 1959 von der DDR als »Ideologie des westdeutschen Revanchegeistes« bezeichnet (Paschuto, 1959, S. 599–616). Im Jahr 1958 erfolgte auch die Bildung einer Sektion Politische Psychologie im Berufsverband Deutscher Psychologen e.V., der 1947 gegründet worden war (Berufsverband Deutscher Psychologinnen und Psychologen, 2023a). Zur Geschichte der Politischen Psychologie liegen bereits Arbeiten vor (z.B. Deutsch & Boehnke, 2022), doch sollen an dieser Stelle aussagekräftige Aspekte herausgearbeitet werden, die sich auf die Genese der Politischen Psychologie während des Kalten Krieges und ihre Rezeption in der DDR beziehen.

Die Begrifflichkeit »Politische Psychologie« war jedoch historisch belastet und in dieser Belastung später auch als »töricht« bezeichnet worden, da sie in »einem totalitären politischen System« hierfür einen Anschluss erhalten hatte (Dorsch, 1963, S. 173). So lauteten Titel von Tagungen 1959 zunächst »Überwindung von Vorurteilen« (Danckwortt, 1959, S. 231) oder »Psychologie der Politik« (Hylla, 1960), gefolgt von weiteren

Tagungen wie zum Beispiel zu »Autoritarismus und Nationalismus« 1960 (Jaide, 1960), die zumeist auch von politischen Stiftungen oder Bildungsträger*innen ausgerichtet wurden und unterschiedlich politisierte Perspektiven für die Psychologie forderten.

Die Aufgaben und Institutionalisierungen im Zusammenhang mit der Bundeszentrale für Heimatdienst stellten für die DDR eine »ideologische Verseuchung« im Zusammenhang mit Psychologischer Kriegführung dar (Zazworka, 1961, S. 5), zu deren weiteren Institutionen in der Bundesrepublik Deutschland auch das »Vertriebenenministerium« zählte (Zazworka, 1961, S. 39), das frühere Bundesministerium für Vertriebene, Flüchtlinge und Kriegsgeschädigte, das von 1949 bis 1969 bestand (vgl. hierzu z. B. Hoffmann, 2003).

Diese erste bildungspolitische Bundeszentrale wurde gegründet, da Bundeskanzler Konrad Adenauer auf einer Kabinettssitzung im September 1951 die Entfremdung der deutschen Bevölkerung zur Demokratie und Politik der Bundesregierung thematisierte (Hentges, 2013, S. 163) und als ihre Aufgabenbereiche »die Hinführung des deutschen Volkes zum demokratischen Gedanken und zur europäischen Idee, die Aufklärung der Bevölkerung über die Tatsachen und Unterlagen, die für die Regierungspolitik maßgebend sind« (BArch KO, Signatur B 145/1583, zit. in Hentges, 2013, S. 164), die Auseinandersetzung mit dem Kommunismus hingegen war zu dieser Zeit noch nicht als explizite Aufgabe der Bundeszentrale, sondern des Bundesministeriums für gesamtdeutsche Fragen verankert (Hentges, 2013, S. 441). Von ihrer Gründung 1955 an bestand die Bundeszentrale für Heimatdienst bis 1963 als Vorgängerorganisation der auch gegenwärtig bestehenden Bundeszentrale für politische Bildung (vgl. Hentges, 2013, S. 6) und damit auch ab 1956 ihr Auftrag zur intensivierten Auseinandersetzung mit dem Kommunismus (Hentges, 2013, S. 445), der nicht unumstritten war (Hentges, 2013, S. 446). Während der späten 1950er Jahre bestanden in diesem Zusammenhang auch intensive Verbindungen des Ostkollegs an der Bundeszentrale für Heimatdienst zum amerikanischen Geheimdienst CIA (Hentges, 2013, S. 443), wodurch die Relevanz der von dort kommenden Politischen Psychologie für die DDR und ihre Staatssicherheitsorgane nachvollziehbar wird. Auch die Verwertung psychologischen Fachwissens und die Begründung einer Operativen Psychologie durch das Ministerium für Staatssicherheit an der Juristischen Hochschule in Potsdam stehen hier in einem unmittelbaren Zusammenhang mit den psychologischen Abwehrforderungen gegenüber dem Kommunismus durch die bundesrepublikanische Regierung der

1950er Jahre. Hierauf wird weiter unten in Teil IV noch näher eingegangen, erste Bezüge zwischen den beiden Staatssystemen zu dieser Thematik sollen im vorliegenden Kapitel jedoch bereits beispielhaft präsentiert werden.

Unter dem Auftrag der Bundeszentrale für Heimatdienst und der Forderung nach psychologischen Abwehrkonzepten sollte die Politische Psychologie in einem eigenen Referat unter der Leitung des Psychologen Walter Jacobsen (1895–1986)[15] verankert werden. Gemeinsam mit Kollegen sah Jacobsen »Politische Psychologie als Aufgabe unserer Zeit« (Aurin et al., 1963), wie es der gleichnamige Titel des ersten Bandes der Reihe *Politische Psychologie* transportierte. Im Rahmen der Politischen Psychologie wurden auch »Vorstellungen über den Kommunismus« untersucht und von den »pseudowissenschaftlichen Vorstellungen von der Beeinflussung des einzelnen« abgegrenzt (Wolf, 1963, S. 90–93). Als Politische Psychologie angesehen wurde »jenes Arbeitsgebiet der Psychologie, das ausgewählte Erscheinungen in der Politik zum Gegenstand seiner Forschungen macht. [...], nicht aber, daß sie selbst, qua Forschung, Pädagogik betreibt [...] oder gesellschaftliche Beziehungen pflegt. [...] Psychologie, soweit sie sich mit politischen Erscheinungen befaßt« (Jacobsen, 1963, S. 9). Jacobsen nahm in diesem Zusammenhang auch eine Abgrenzung vor, dass Politische Psychologie keine Psychologie im eigentlichen Sinne sei, das heißt, auf das Erleben und Verhalten der Menschen hinsichtlich politischer Linientreue in eine bestimmte Richtung einwirkt. Hierin unterscheidet sie sich stark von einer Politisierung in der Psychologie: »[W]ir wollen nicht (psychologisch) politisieren, sondern Erkenntnisse sammeln, Wissenschaft betreiben« (Jacobsen, 1963, S. 8).

Unter der Erstarkung des Antisemitismus Ende der 1950er/Anfang der 1960er Jahre in der Bundesrepublik Deutschland – in dessen Zusammen-

15 Walter Jacobsen publizierte Zeit seines Lebens (mindestens) ca. 30 deutschsprachige Beiträge als Autor oder Herausgeber und über 30 Beiträge in schwedischer Sprache zu Themen der Berufsberatung und -wahl. Für letztere Information danke ich herzlich seiner Nichte, Gründungs- und Vorstandsmitglied der Walter-Jacobsen-Gesellschaft, Frau Birgit Kassovic, Hamburg. Zur Vita Walter Jacobsens siehe die Gedenkseite anlässlich seines 125. Geburtstages auf der Website der Walter-Jacobsen-Gesellschaft: https://www.walterjacobsengesellschaft.de/wa_files/a_2020-11-29_walter%20jacobsen%20zum%20125.%20geb._lebensdaten__.pdf, abgerufen am 30.07.2023, 12:40 Uhr. Außerdem findet sich im Zusammenhang mit der Gründung des Berufsverbandes Deutscher Psychologinnen und Psychologen auf der Webseite des Berufsverbandes eine Dokumentation Weiteres zu Engagement und Tätigkeit Walter Jacobsens (Berufsverband Deutscher Psychologinnen und Psychologen, 2023b).

hang die DDR in Medien auch über die Werdegänge von Lehrstuhlinhabern der Psychologie in der Bundesrepublik Deutschland wirkungsvoll berichtete[16] – wurden Struktur und Schwerpunkte der Bundeszentrale für Heimatdienst neu verhandelt und das Referat Psychologie schließlich aufgelöst (Hentges, 2013, S. 447). Zeitlich fiel dies mit der Pensionsgrenze Walter Jacobsens zusammen, jedoch gründete er die zwischen 1963 und 1969 erscheinende Reihe *Politische Psychologie*, die später unter der Herausgabe zunächst von Helmut Moser (1981) und in Zusammenarbeit mit weiteren Herausgebern (z. B. Preiser, 1982, 1983; Moser & Preiser, 1984; Kohr et al., 1983; Günther, 1984) in den 1980er Jahren als *Fortschritte der Psychologie* eine Fortsetzung fand mit Schwerpunkten der Untersuchung und Reflexion gegenwärtiger politisch-gesellschaftlicher Thematik und politischer Entscheidungsprozesse (Lösel & Skowronek, 1988), zu der besonders auch die Auseinandersetzung mit Jugend und Umweltthemen gehörte (z. B. Stiksrud, 1984; Günther & Winter, 1984). Hierzu sei angemerkt, dass auch in der DDR die Orientierung auf die junge Generation und die Auseinandersetzung mit Umweltthemen stattfand, innerhalb derer auch ein anderes politisches Bewusstsein in der DDR zum Beispiel im Rahmen umwelt- und friedenspsychologischer Engagements entstand (vgl. Guski-Leinwand, 2023a). Im Jahr 1966 gründete Jacobsen mit einem Kreis aus den Kollegien der Deutschen Gesellschaft für Psychologie und der Deutschen Vereinigung für Politische Bildung den »Arbeitskreis Psychologie der politischen Bildungsarbeit« (Preiser, 1986, S. 217).

Die Auseinandersetzung mit dem Sozialismus in den Ostländern, besonders der DDR, wurde in einer neueren Untersuchung als »immer auch begleitet von Feindbildkonstruktionen« (Hentges, 2013, S. 448) herausgearbeitet, die aus den Reihen der Politischen Psychologie zu Zeiten des Bestehens der DDR unter Aspekten des Ost-West-Konfliktes untersucht wurden (Preiser, 1987). Unter diesen und anderen politisch-gesellschaftlichen Themen stand und entstand die Politische Psychologie nach dem Zweiten Weltkrieg[17], die in den eigenen Fachkreisen der Psychologie über

16 Vgl. hierzu den in Ostberlin erschienenen Artikel im *Forum*: Zur Situation der westdeutschen Psychologie (Anonym), 1960, 14. Jg., Heft 23, S. 1–4.

17 Bereits im Nationalsozialismus wurde der Begriff »Politische Psychologen« in Publikationen verwendet, hier damals namentlich in Bezug auf Adolf Hitler unter der Autorenschaft des Bonner Universitätsprofessors Walther Poppelreuter (1934). Von dieser – psychopolitischen – Verwendung des Begriffes ist der hiesige Begriff »Politische Psychologie« streng zu unterscheiden und zu trennen.

viele Jahre keinen leichten Stand hatte und erst ab der ersten Hälfte der 1980er in den eigenen Kreisen auf größeres Interesse stieß (Jacobsen, 1986, S. 212–214). Bis etwa zu diesem Zeitpunkt gab es in Deutschland auch eine »Psychologiegeschichtliche Abstinenz« (Lück, 1997, S. 157–158), die auch durch die »Hypothek« (Lück, 1997, S. 173) bedingt ist, die die Psychologie in Deutschland durch »eine weitgehende personelle und inhaltliche Kontinuität der Lehre« (Lück, 1997, S. 172) nach 1945 und dem Ausbleiben der kritischen Reflexion des Professionalisierungsgeschehens unter dem Nationalsozialismus trug (Lück, 1997, S. 173–174; vgl. Geuter, 1984). Jacobsen reflektierte, dass in der Zeit nach dem Zweiten Weltkrieg »die Psychologie [...] in hohem Maße zuständig geworden« sei, da der »Ruf nach stärkerer Immunität gegen nationale und andere Vorurteile, gegen Massenansteckung ebenso wie der Ruf nach Überwindung politischer Indifferenz und Apathie nach dem 2. Weltkrieg lauter« geworden war (Jacobsen, 1986, S. 212).

Preiser (1986) hat den Beitrag Walter Jacobsens gewürdigt und die Entwicklung der Politischen Psychologie in Deutschland für Mitte der 1980er Jahre wie folgt umrissen:

> »Politische Psychologie beinhaltet die wissenschaftliche Analyse politischen Handelns und politischer Prozesse auf der Basis psychologischer Methoden und Theorien, jedoch in interdisziplinärer Zusammenarbeit; sie liefert dadurch auch Grundlagen für die Politikberatung und -gestaltung. Deshalb wurden die Themenschwerpunkte der Politischen Psychologie zwangsläufig zum Spiegel der jüngeren und jüngsten politischen Vergangenheit« (Preiser, 1986, S. 215).

Inhaltlich ging es bei diesen Aspekten der jüngeren politischen Vergangenheit um »Vergangenheits-Aufarbeitung« und »Re-Demokratisierung« nach dem Zweiten Weltkrieg bzw. nach dem Nationalsozialismus, um Grundlagen zur »Gehorsamsorientierung«, »Gewaltbereitschaft«, aber auch hinsichtlich »Widerstand gegen politische Manipulierbarkeit« bereitzustellen. Aufbauend darauf ging es dann in den späteren Jahrzehnten des 20. Jahrhunderts um erweiterte Grundlagen(-forschung) für Demokratisierungsprozesse, die inhaltlich mit Kritik- und Partizipationsverhalten, »Förderung politischer Verantwortlichkeit und Urteilskraft« und der »Bearbeitung aktueller gesellschaftlicher Herausforderungen« zusammenhingen (Preiser, 1986, S. 215f.).

Der Spiegelcharakter, den die Politische Psychologie bot, stellte für die DDR in vielerlei Hinsicht eine Provokation dar, bot sie doch umfangreiche Ansätze und auch Systematiken an, um politische Systeme und Manipulierbarkeiten zu analysieren und kritisch zu hinterfragen (vgl. z. B. Jacobsen & Hartmann, 1963, 1964, 1966; Danckwortt, 1966; Wiesbrock, 1967; Aurin, 1969; Hartmann, 1969; Günther, 1984). Außerdem ging man in der Psychologie – wie auch in der Politik – in der DDR von der Wiederspiegelungstheorie aus, das heißt, »daß das Denken, das Bewußtsein die Wiederspiegelung der Außenwelt ist« (Institut für Marxismus-Leninismus beim ZK der KPdSU, 1981, S. 12). Ein so verstandenes Bewusstsein ließ die Ansätze und Arbeiten aus dem Kreis der Politischen Psychologie aus der Bundesrepublik Deutschland wohl wie in einem Zerrspiegel erscheinen, wenn es um Aspekte der internationalen Beziehungen (Danckwortt, 1966), der Angst im politischen Kontext (Wiesbrock, 1967) oder politische Beeinflussung ging (Hartmann, 1969), denn es stellten diese Publikationen Wirkmechanismen und unlautere Möglichkeiten politischer Macht dar.

Die Rezeption der Politischen Psychologie, wie sie sich in der Bundesrepublik Deutschland vollzog, fand – jedenfalls auf Basis der im Forschungsprojekt recherchierten Quellen – wenig bis gar nicht über Fachkreise der Psychologinnen und Psychologen in der DDR, sondern vielmehr über Instanzen des MfS statt. Das MfS sah in der Politischen Psychologie eine Manifestation der »Politisch-ideologischen Diversion«, wie es aus einer erhaltenen Tonaufzeichnung von Vorträgen MfS-Bediensteter Anfang der 1970er Jahre hervorgeht: Unter dem Titel »Missbrauch psychologischer Erkenntnisse über die Einstellungsbildung in der politisch-ideologischen Diversion gegen die DDR« wurde der damaligen BRD vorgeworfen, sich psychologischen Fachwissens zu bedienen, um die DDR politisch zu unterwandern (SWR 2 Archivradio, 2023, o. P.). Das Tondokument überliefert ausschnittweise die Inhalte eines Aufsatzes, der auf die Autorenschaft von Ferdinand Jonak (1971), damals Hauptmann des MfS, zurückgeht und als »Lektion« für die Juristische Hochschule (JHS) des MfS eingesetzt wurde.[18] Hierin werden Gliederungspunkte bzw. Schwerpunkte vorangestellt:

18 Ferdinand Jonak war in verschiedenen Dienstgraden tätig, zuletzt in der Funktion als Professor an der Juristischen Hochschule des Ministeriums für Staatssicherheit in Potsdam-Eiche/Golm (vgl. Richter, 2001; SWR 2 Archivradio, 2023, o. P.).

> »Erstens: Wirkungen politisch-ideologischer Diversion werden psychologisch auf die Motive, das heißt Einstellungen ihrer Träger in der DDR zurückgeführt. Sie sind jedoch stets verbunden mit ideellen Inhalten der kapitalistischen Klassengesellschaft und entsprechen in vielem den Einstellungen der Anstifter und Manipulatoren im imperialistischen Herrschaftssystem. Die Einstellungen von Trägern der politisch-ideologischen Diversion sind den Einstellungen manipulierter Menschen in der BRD ähnlich. Zweitens: Eine psychologische Analyse der gezielten Einflussnahme auf DDR-Bürger durch die PiD wurde nur in wenigen, vergleichbaren Einzelfällen vorgenommen. Deshalb ist es schwierig, Verallgemeinerungen vorzunehmen, die das Wirken psychischer Gesetzmäßigkeiten und ihrer Ausnutzung durch den Feind in der PiD betreffen. Drittens: Die vom Feind betriebene, systematische psychologische Einwirkung in der PiD hat eine unüberwindliche objektive Grenze. In ihrer Klassenbeschränktheit wenden die Feinde neben den wahren wissenschaftlichen Aussagen der bürgerlichen Psychologie auch jegliche falsche Theorien und Methoden an, sie fallen damit jedoch den Irrtümern, Spekulationen und inneren Widersprüchen der bürgerlichen Psychologie und auch bürgerlichen Pädagogik zum Opfer.«

Im weiteren Verlauf der Tonaufzeichnungen wird erläutert, dass es sich hierbei um eine »Konzeption des Antikommunismus« handeln würde und diese als »Lieferant des Antikommunismus für psychologische und pädagogische Erkenntnisse und Methoden« fungiere, um »den Hass gegen den Kommunismus zu erzeugen und zu steigern, den Krieg gegen den gesellschaftliche Fortschritt psychologisch vorzubereiten, zu führen und durch Vortäuschung einer Gegnerschaft zum Totalitarismus wiederum faschistische Methoden und Ideen der Menschen- und Völkerverachtung einsetzen zu können.«

Die Politische Psychologie wurde im Tondokument als eine von zwei Gruppen erfasst, die der politischen Erziehung gegenübergestellt ist. Die politische Erziehung wurde als spekulativ angesehen, hingegen »rangieren die Aussagen, Theorien und Methoden der Politischen Psychologie in ihrer Gefährlichkeit sehr weit vorn«. Die Politische Psychologie wurde als »bedenkenlos« aus verschiedenen Teilbereichen der Psychologie und benachbarter Professionen und Disziplinen (wie z. B. Psychiatrie Physiologie, Neurologie) aufgefasst und als missbräuchlich zu den Ergebnissen der marxistischen Psychologie eingeschätzt. Zentral wird sie hinsichtlich ihres Verführungs- und Manipulationscharakters vorgestellt: Die »Theorie der Manipulation« wurde als eine der wichtigsten Theorien der Politischen Psychologie vorgestellt und sollte hierbei nach Meinung des Autors Jonak zum Beispiel durch Verwendung werbepsychologischer Kenntnisse und anderes als »psychologische Grundlage gezielter feindlicher Aktionen« gegen die DDR eingesetzt dienen. Hierbei käme die Manipulation als »zielgerichtetes Einwirken auf die gesellschaftliche Psyche, auf das Bewusstsein und die Instinkte« zustande und würde – in der BRD – eine »geistige Gleichschaltung« voraussetzen, um politisch-ideologische Diversion in der DDR durchführen zu können. Daneben wurden Behaviorismus und Neobehaviorismus als sehr eng mit der Manipulation verbunden betrachtet, auch die psychoanalytischen Theorien wurden genannt[19] – »die emotionale Seite der Beeinflussung« sei besonders bedeutsam.

Den Politischen Psychologen ginge es inhaltlich vor allem um die »Einstellung der Persönlichkeit«, hierzu wird die Publikation des Psychologen Roth erwähnt (ca. Minute 20:27)[20] in Verbindung mit Annahmen über »Bedürfnisse der feindlichen Zentren«. Einstellungsforschung sei aber auch über den »Informationsaustausch« möglich, über den negative Erfahrungen und Vorstellungen über die DDR transportiert werden würden. Besonders müsse deshalb die Bekämpfung der PiD unter Jugendlichen in der DDR vorangetrieben werden. »Affektbeteiligung« und »Bedürfnisreduktion« würden hierbei instrumentell bei der Einstellungsbildung einsetzbar und das Bedürfnis nach sozialer Anerkennung müsse hierbei besondere Berücksichtigung finden. In diesem Zusammenhang wird ein (politischer) Psychologe namens Bensch zitiert:

> »Die Aussicht, viele Menschen durch eine zwingende Beweisführung anzusprechen, ist gering. [...] Dagegen sind sie geistig geblendet durch ihre emotionale Ansprechbarkeit, durch die Angleichungen an die Gruppenmeinungen, den Rückgriff auf vorgefasste Meinungen, ihre Suggestibilität

19 In diesem Zusammenhang wird auch eine Typologie von (BRD-)Bürger*innen aus Sicht der Politischen Psychologie genannt: Anhänger, Ablehner, Indifferente, Nicht-Informierte. Im Tondokument wird auf psychoanalytische Konnotationen ohne Quellenangabe zurückgegriffen, um plakativ unbewusste Prozesse zu erläutern.

20 Es handelte sich hierbei vermutlich um die Publikation von Erwin Roth aus dem Jahr 1967 mit dem Titel *Einstellung als Determination individuellen Verhaltens: Die Analyse eines Begriffs und seiner Bedeutung für die Persönlichkeitspsychologie* (Göttingen: Hogrefe).

gegenüber Effekten, ihre Gläubigkeit an Autorität, ihr Parteiergreifen nach Verhaltensmustern usw.«[21]

Im weiteren Text wird der Begriff des Tricks dargestellt: Bestimmte Stimuli würden als »psychologische Tricks« eingesetzt, um politische Manipulation durchzuführen, das heißt, gewünschtes Handeln und Gefühle auszulösen. Hierbei wird zurückgegriffen auf eine Quelle des sowjetischen Politologen Georgi Arkatjewitsch Arbatow (1923–2010)[22]: Arbatow war über die gesamte Zeit des Kalten Krieges enger politischer Berater mehrerer sowjetischer Staatspräsidenten und hatte eine hohe wissenschaftliche Anerkennung. Er galt als »top America-watcher« (Washington Post, 2010). In seinen Untersuchungen standen die außenpolitischen Aktivitäten der Westmächte im Fokus und außenpolitische Propaganda war gleichbedeutend mit »psychologischer Krieg« (Arbatow, 1972, S. 15). Sie wurde aus Sicht Arbatows seit den 1950er Jahren mit Blick auf die »Psychologie der Massen« durch die USA betrieben (Strausz-Hupé, 1952, S. 125, zit. in Arbatow, 1972, S. 16) als Teil des »ideologische[n] Kampf[es] in den internationalen Beziehungen […] nach dem Ende des Zweiten Weltkrieg[s]« (Arbatow, 1972, S. 25). Aus sowjetischer Sicht korrespondierten die Inhalte mit der Erkenntnis Lenins, wonach »der Sieg in letzter Instanz vom Kampfgeist der Massen ab[hängt]« (Institut für Marxismus-Leninismus beim ZK bei der KPdSU, 1970, S. 125, zit. in Arbatow, 1972, S. 106). Der »ideologische Kampf« fand zwischen »zwei qualitativ unterschiedliche[n] Systeme[n]« statt (Arbatow, 1972, S. 51f.) und sollte »zum Sieg des fortschrittlichen sozialistischen Systems und zur Umgestaltung der gesamten internationalen Beziehungen in Übereinstimmung mit den Gesetzen des Lebens und der Entwicklung der neuen Gesellschaft« führen (Arbatow, 1972, S. 55). Die Wurzeln eines solchen Kampfes wurden retrospektiv bereits in der Zeit des Ersten Weltkrieges verortet, in der starke Kriegspropaganda als Durchhaltestrategie an den Kriegsfronten über Vorträge von Philosophie- und Psychologieprofessoren angeboten wurde (Guski-Leinwand, 2017), die »die Seele des Menschen attackiert« hätten (Martin, 1958, S. 6, zit. in Arbatow, 1972, S. 36). In der Zeit des Zwei-

21 Vermutlich ist dies jedoch ein Lesefehler und es wurde sich inhaltlich auf eine Publikation von Hellmuth Benesch bezogen, nämlich *Wissenschaft der Menschenbehandlung* (Heidelberg: Quelle & Meyer).

22 Arbatow Zitat aus: Beiträge Staat und Recht, Heft 40, S. 30–32 (ca. Minute 18).

ten Weltkrieges wiederum erfuhren solche Konzepte Institutionalisierungen wie zum Beispiel im »Komitee für psychologische Kriegführung« in Großbritannien und ähnlichen Einrichtungen in anderen westlichen Ländern (Arbatow, 1972, S. 38).

Teil III

Akademische Psychologie in der DDR

Ausgangs- und Kontextbedingungen der Psychologie in der DDR

Zu den Ausgangs- und Kontextbedingungen einer Wissenschaft gehören auf der einen Seite inhaltlich die geistes-, natur- und sozial- bzw. gesellschaftswissenschaftlichen Orientierungen, auf der anderen Seite aber auch strukturelle Aspekte wie die politischen Faktoren, innerhalb derer Wissen und Wissenschaft und auch Erkenntnis entsteht (Knorr-Cetina, 1984). Vor allem aber die erkenntnistheoretischen Ausgangspositionen sind für die Psychologie als Wissenschaft bei der Frage nach individueller Erkenntnis, Bewusstseinsbildung und Wahrnehmung bestimmend. In Bezug auf erkenntnistheoretische Ausgänge der Wissenschaften ab dem 20. Jahrhundert lagen verschiedene Zugänge vor, von denen in Deutschland zwei zentrale und voneinander verschiedene Positionen zu erkennen waren und mit der Philosophie als Disziplin an den Universitäten eng verbunden waren: Es gab einerseits erkenntnistheoretische Diskurse, die sich aus der abstrakten Erkenntnistheorie nährten. Daneben gab es – unter anderem durch Wilhelm Wundt begründet – einen Zugang, der über die naturwissenschaftliche Erkenntnistheorie führte und sich dadurch eigens entwickelter Methoden wie der experimentellen Psychologie bediente. Die Unterschiede dieser beiden Zugänge lassen sich über das Kriterium der Überprüfbarkeit fassen. Doch es waren nicht nur diese beiden Ansätze, die zum Ende des 19. Jahrhunderts bzw. zu Beginn des 20. Jahrhunderts diskutiert wurden:

Wissenschaftstheoretisch – und damit auch wissenschaftskritisch – hatte Lenin sich bereits früh insofern gegen die naturwissenschaftlich-empirische Ausrichtung der Psychologie gestellt, als er gegen diese wie gegen eine Partei anschrieb[23]: Lenin hatte 1909 in russischer Sprach eine Publikation

23 Auch mit anderen, ähnlich positionierten Autoren der damaligen Zeit setzte Lenin sich auseinander, so z. B. gegen Plechanow (vgl. Institut für Marxismus-Leninismus beim ZK der KPdSU, 1981, S. 10).

als Auseinandersetzung vornehmlich gegen Ernst Mach geführt, der wiederum den Arzt und Philosophen Alexander Alexandrowitsch Bogdanow (1873–1928) (vgl. Gare, 2000), einen politischen Gegenspieler Lenins, inspiriert hatte (vgl. Lenin, 1949, 1981).

Abbildung 4: Deutsche Erstübersetzung von Lenins Publikation 1909 in der DDR (1947)

Abbildung 5: Ausgabe zu Lenins Publikation von 1909 durch das Zentralkomitee der KPdSU (1981) in der DDR

Zum Zeitpunkt des Erscheinens der Publikation Lenins war bereits vereinzelt beschrieben worden, dass die »Mehrzahl der Professoren [...] unter dem schrankenlosen Einfluß der Opposition, und die Vernichtung jeder wissenschaftlichen Tätigkeit seit dem Januar 1905 gilt [...]«. Dies wurde in diesem Zusammenhang »als zuverlässiges Mittel, radikale Reformen im Staate herbei[zu]führen« (Löwe, 1905/06, S. 208) gesehen. Hierin wurde die Vermischung akademischer und politischer Interessen kritisiert, wie sie bei Lenin zu finden war, und auf den diktatorischen Gehalt hingewiesen, zu dem Lenin selbst als »Diktator nach innen« aus charakterologischer Perspektive bezeichnet wurde (Ludwig, 1924, S. 106). Auf Bogdanow und Mach ging Lenin ausführlich und polemisch ein, vor allem, weil sie in ihren Anschauungen die idealistische Philosophie in ihren Ansätzen um wissenschaftliche Probleme wie der Erklärung des Bewusstseins, der Empfindungen und des Ich zugrunde legten, wie es auch Jahrzehnte später noch kritisch bzw. ablehnend in der DDR herausgearbeitet wurde (Opitz, 1975c, S. 31).

Unter dieser Ausrichtung hatte auch Ernst Mach seine wissenschaftlichen Ausführungen gestellt, eines seiner wissenschaftlichen Grundlagenwerke *Erkenntnis und Irrtum* (1905) hatte er dem Philosophen Wilhelm Schuppe gewidmet. Hierzu muss erläuternd ausgeführt werden, dass sich die erkenntnistheoretischen Positionen von Wilhelm Schuppe und Wilhelm Wundt konträr gegenüberstanden und ein umfangreicher Disput dies aus den Jahren 1895 bis 1898 (vgl. hierzu Guski-Leinwand, 2019, S. 70–77; Guski-Leinwand, 2010, S. 96–107) bezeugt: Wundt hatte sich in seinen Konzeptionen der Psychologie und mit der Entwicklung der Methode der experimentellen Psychologie der naturwissenschaftlichen Erkenntnistheorie der positiven Wissenschaften angeschlossen, was ihm als Mediziner im Erststudium auch nahe gewesen sein dürfte. Wilhelm Schuppe hatte sich zur Lösung seiner philosophischen Fragen der »abstracte[n] Erkenntnistheorie« angeschlossen, wonach »allem Individuellen und Speciellen als Determinationen das gemeinsame Wesen zu Grunde liegt« (Schuppe, 1895, S. 55). Wundt stellte logisch auch die gegensätzlichen Weltbilder des naiven und des kritischen Realismus einander gegenüber (Wundt, 1898a–c). Letztendlich stand zu jener Zeit die Frage einer philosophischen Psychologie im Raume (Kessel, 2019, S. 215–231). Weitere gegensätzliche Entwürfe um die Gegenstandsbestimmung der Psychologie wurden zeitgleich auch von anderen gegeben (Dilthey, 1894; Ebbinghaus, 1896) und später resümiert als »literarische Fehde« (Martius, 1912, S. 261) bezeichnet. Zu dieser »Fehde« gesellte sich auch W. I. Lenin, wenngleich er zumeist nicht gleichberechtigt in Publikationen der akademischen Kreise des frühen 20. Jahrhunderts genannt wurde.

Liest man die Ausführungen Lenins in seinem Buch *Materialismus und Empiriokritizismus*, ist zu sehen, dass er in seinen Gedankenführungen die Wissenschaften in einem gewissen Sinne nutzt und positioniert, wie sie Dilthey für die Psychologie als »das Werkzeug des Historikers, des Nationalökonomen, des Politikers und Theologen« (Dilthey, 1894, S. 1327f.) ansah. Über diese Werkzeug-Funktion der Wissenschaften wurde es letztendlich in der DDR möglich, auch die Psychologie – neben anderen Disziplinen, die das Verhalten und Handeln des Menschen betreffen wie die Pädagogik – zu Zwecken des Ministeriums für Staatssicherheit zu einer Art

»Werkzeugmacherin« (Guski-Leinwand & Nussmann, 2021, S. 120) auszunutzen.

Für Wundt galt, die »Principien der Erkenntnis [...] nicht erfinden, sondern auffinden« zu sollen (Wundt, 1896, S. 317). Nicht zuletzt für diese und für die Stringenz und Klarheit in seinen Ausführungen zollte ihm Lenin prinzipiell Respekt, als er ihn als »den alten Fuchs Wundt« bezeichnete (Lenin, 1909, in deutscher Übersetzung abgedruckt in Institut für Marxismus-Leninismus beim ZK der KPdSU, 1981, S. 117).

Im Jahr 1909, dem Jahr der Publikation Lenins, wurde ebenfalls auch ein Vortrag Machs von 1871 (Mach, 1872) neu aufgelegt. Dieser stammte aus der Zeit der 1870er bis 1880er Jahre, als die Erkenntnistheorie stärker in den Vordergrund wissenschaftlicher Diskurse trat (von Hartmann, 1901, S. 2). Die 1909 erfolgte Neuauflage der Schrift von Ernst Mach hatte zu jener Zeit eine neue Aktualität gefunden: Robert Musil hatte Machs Werk beispielsweise in seiner Dissertation zum Thema gemacht (Musil, 1908, abgedruckt in Frisé, 1980, S. 11–134) und die naturwissenschaftliche Ausrichtung Machs verteidigt: »Nun sieht Mach als die psychischen Grund-Elemente, [...] die Empfindungen an. Empfindungen waren aber auch die Elemente des physischen Geschehens: also zeigt sich, daß Physik und Psychologie ein und dasselbe Objekt haben« (Musil, 1908, S. 18, abgedruckt in Frisé, 1980).

Doch nicht nur der wiederaufgelegte Vortrag Machs von 1909 erregte das Interesse Lenins zur Auseinandersetzung, sondern noch eine weitere Arbeit Machs aus dem Jahr 1872. Diese trug den Titel: *Die Geschichte und die Wurzel des Satzes von der Erhaltung der Arbeit*.

Bereits im Titel wird der historische Ansatz vergleichbar, den auch Lenin für seine politische Auseinandersetzung wählte. Mach griff auf naturwissenschaftliche, das heißt physikalische Erkenntnisse als auch Diskurse über das Gesetz der Erhaltung der Kraft zurück und verband es mit historischen Herleitungen, die nach Ansicht Lenins zu einem »physikalischen Idealismus« führten (Lenin, 1909, in deutscher Übersetzung abgedruckt in Institut für Marxismus-Leninismus des ZK der KpdSU, 1981, S. 360–373). Dass vormals Ernst Mach das Gesetz der Erhaltung der Kraft nach Julius Robert Mayer (Mayer, 1874) zu einem »Satz von der Erhaltung der Arbeit« veränderte, der wiederum unter dem konzeptuellen Begriff »Empiriomonismus« von Bogdanow auf soziale Erscheinungen hin weiterentwickelt wurde (1905, 1906, 1907), erregte Lenins umfangreiche Aufmerksamkeit. Dieser Ansatz Bogdanows und seiner Vordenker

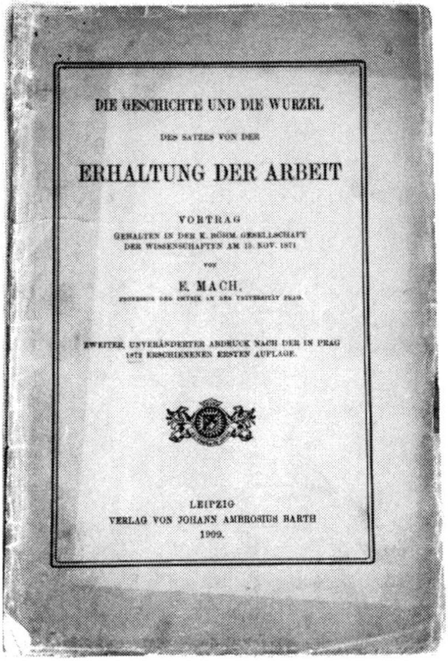
DIE GESCHICHTE UND DIE WURZEL
DES SATZES VON DER
ERHALTUNG DER ARBEIT
VORTRAG
GEHALTEN IN DER K. BÖHM. GESELLSCHAFT
DER WISSENSCHAFTEN AM 15. NOV. 1871
VON
E. MACH.
ZWEITER, UNVERÄNDERTER ABDRUCK NACH DER IN PRAG
1872 ERSCHIENENEN ERSTEN AUFLAGE.
LEIPZIG
VERLAG VON JOHANN AMBROSIUS BARTH
1909.

Abbildung 6: Einband/Deckblatt der Wiederauflage von Mach (1872) im Jahr 1909

wurde von Lenin als »Empiriokritizismus« nicht zuletzt wegen der Eigenschaft von »Handlangerdiensten«, »für die Fideisten« (Lenin, 1909, in deutscher Übersetzung abgedruckt in Institut für Marxismus-Leninismus des ZK der KpdSU, 1981, S. 424) zu dienen, zurückgewiesen. Lenin sah diese naturphilosophischen Exkurse des 19. Jahrhunderts als eine »bürgerliche Reaktion« (Lenin, 1909, in deutscher Übersetzung abgedruckt in Institut für Marxismus-Leninismus des ZK der KpdSU, 1981, S. 408) auf den historischen Materialismus, »der den bürgerlichen Gelehrten verschlossen« geblieben sei (Lenin, 1909, in deutscher Übersetzung abgedruckt in Institut für Marxismus-Leninismus des ZK der KpdSU, 1981, S. 314) und in dieser Folge ausbeuterisch für das »Klasseninteresse« genutzt würde (Lenin, 1909, in deutscher Übersetzung abgedruckt in Institut für Marxismus-Leninismus des ZK der KpdSU, 1981, S. 408), das an tradierten Glaubenssätzen festhielt, dadurch für eine Wahrung des als bürgerlich bezeichneten Standes eintrat und letztlich aus wissenschaftlicher Warte nicht offen war (Lenin, 1909, in deutscher Übersetzung abgedruckt in Institut für Marxismus-Leninismus des ZK der KpdSU, 1981, S. 315). An einer Erstarkung des Proletariats war diese Klasse nicht interessiert. Die »bürgerliche Wissenschaft« (Lenin, 1909, in deutscher Übersetzung abgedruckt in Institut für Marxismus-Leninismus beim ZK der KpdSU, 1981, S. 377)[24] nahm folglich Marx' Theoriengebäude nicht auf, sondern kritisierte es im Hinblick auf Auslassungen, mit dem Vorwurf metaphysi-

24 Die Vertreter dieser »bürgerlichen Wissenschaft« nannte Lenin laut deutscher Übersetzung »Hanswürste« (Lenin, 1909, in deutscher Übersetzung abgedruckt in Institut für Marxismus-Leninismus des ZK der KPdSU, 1981, S. 377).

scher und letztlich subjektiver persönlicher Inhalte der Person Karl Marx (vgl. Blei, zit. in Lenin, 1909, in deutscher Übersetzung abgedruckt in Institut für Marxismus-Leninismus beim ZK der KpdSU, 1981, S. 374–383). Bogdanow, Mach und andere deutschsprachige Philosophen bezeichneten sich selbst oder gegenseitig auch als »Naturforscher« (Mach, 1905, S. VII; vgl. Bogdanow, 1899): Der Naturbegriff war hier ein anderer als (nur) die biologisch-organische Natur betreffend. Bogdanow verarbeitete in seinen Werken psychologische Überlegungen zur Entstehung und Wahrnehmung von den Erscheinungen im Raum, dazu prinzipiell auch Gesellschaft und Soziales gehören, wie es Bogdanow aufnahm (Bogdanow, 1904). Als Ziel der Naturforschung nannte Mach, »dass es bei der Naturforschung nur auf die Erkenntnisse des Zusammenhanges der Erscheinungen ankommt« (Mach, 1909, S. 26).

Bogdanow verband philosophische mit psychologischen Überzeugungen (Bogdanow, 1905, 1906, 1907) und versuchte letztlich die philosophisch-erkenntnistheoretische Frage nach objektiver versus subjektiver Wahrheit und Weltansicht auf Basis der naturwissenschaftlichen Erkenntnis spekulativ zu lösen, indem er sich bestätigter naturwissenschaftlicher Gesetze bediente, diese jedoch philosophisch in andere Überlegungen überführte. Hierbei griff Mach auch auf die Metaebene der Wissenschaften zu und vertrat »[d]ie Ansicht, dass es bei der Wissenschaft hauptsächlich auf die Bequemlichkeit und Ersparniss im Denken ankommt« (Mach, 1909, S. 55), und sah in der Denkweise der Physik eine ökonomische Arbeitsweise (vgl. Mach, 1909, S. 56)[25]. Die Erforschung der Vorstellungen von den Dingen der Welt, dargestellt als Teilerkenntnisse der Physik über Materie, bzw. »den Grundbeziehungen der Materien« (Mach, 1909, S. 56) in der Welt sah Mach als erkenntnispsychologisches Forschungsgebiet an:

> »Die Aufgabe der Wissenschaft kann es nun sein: 1. Die Gesetze des Zusammenhanges der Vorstellungen zu ermitteln. (Psychologie.). 2. Die Gesetze des Zusammenhanges der Empfindungen (Wahrnehmungen) aufzufinden. (Physik.) 3. Die Gesetze des Zusammenhanges der Empfindungen und Vorstellungen klar zu stellen. (Psychophysik.)« (Mach, 1909, S. 57–58).

25 Mach zitierte in diesem Zusammenhang den Nationalökonomen E. Herrmann mit den Worten: »Die Wissenschaft hat eine ökonomische oder eine wirthschaftliche Aufgabe« (Mach, 1909, S. 56).

Zu dieser Betrachtung des einzelnen Menschen definierte Mach einen engeren und einen weiteren Ich-Begriff (Mach, 1905, S. 6 und S. 8), da er Dimensionen wie Erinnerungen, Wünsche, Hoffnungen u. a. als Vorstellungen integrierte und physische Eindrücke als Empfindungen des Einzelnen unterschied (dieses nannte er das Psychische) von allem, das in einem Raum unmittelbar vorhanden und ohne Analogiedenken über den anderen Menschen und seine Erinnerungen, Wünsche oder anderes erfahrbar ist (dieses nannte er das Physische) (vgl. Mach, 1905, S. 6). Alles, was nicht im Raum unmittelbar vorhanden ist, nannte Mach »Vorstellung« (Mach, 1909, S. 25–26): »Was wir hinter den Erscheinungen uns vorstellen, existirt *eben nur* in unserem Verstande, hat für uns den Werth einer Gedächtnishandhabe oder Formel, deren Gestalt, weil sie willkührlich und gleichgültig ist, sich sehr leicht mit unserm Culturstandpunkt ändert« (Mach, 1909, S. 25–26; Hervorhebung i. Orig.). Der von Mach benannte »Culturstandpunkt« führte dann bei anderen zu einem Forschungs- und Erklärungsinteresse für gesellschaftliche Erscheinungen (wie z. B. Bogdanow, 1905, 1906, 1907). Hiergegen wandte sich vor allem Lenins Kritik. Mach selbst ging eher von einer Maschinentheorie aus: »Die Welt ist wie eine Maschine, bei der die Bewegung gewisser Theile durch die Bewegung anderer bestimmt ist, allein durch die Bewegung der ganzen Maschine ist *nichts* bestimmt« (Mach, 1909, S. 36; Hervorhebung i. Orig.). Weder Lenin noch zuvor Marx gingen in ihrer Erkenntnistheorie von der Maschinentheorie aus. Sie setzten ihr und anderen Erkenntnistheorien eine Abbildtheorie bzw. Wiederspiegelungstheorie entgegen, wonach »das gesellschaftliche Bewußtsein das gesellschaftliche Sein widerspiegelt« (Lenin, 1909, in deutscher Übersetzung abgedruckt in Institut für Marxismus-Leninismus beim ZK der KpdSU, 1981, S. 384–385).

> »Das, was den Materialisten grundlegend von dem Anhänger der idealistischen Philosophie unterscheidet ist dies, daß er die Empfindung, Wahrnehmung, Vorstellung und überhaupt das Bewußtsein des Menschen als Abbild der objektiven Realität betrachtet. Die Welt ist die Bewegung dieser von unserem Bewußtsein widergespiegelten objektiven Realität« (Lenin, 1909, in deutscher Übersetzung abgedruckt in Institut für Marxismus-Leninismus beim ZK der KpdSU, 1981, S. 319; vgl. auch S. 160–161).

Lenin nahm an diesem Diskurs philosophischer Fragen Anteil und machte sie zum Gegenstand seiner Auseinandersetzungen in der Frage nach einer objektiven Wahrheit (Lenin, 1909, in deutscher Übersetzung abgedruckt in Institut für Marxismus-Leninismus beim ZK der KpdSU, 1981, S. 153–163). In diesem Zusammenhang nahm er eine kontroverse Position zu Bogdanows Werken und Ernst Machs Publikationen ein und sprach zeitweilig von einem »Krieg«, der einerseits durch bestimmte erkenntnistheoretische Positionen von Mach und anderen gegen die Metaphysik und andere Ansätze geführt würde: »Dieser Krieg richtet sich gegen die verschiedensten Schulen der politischen Ökonomie, uns interessiert jedoch ausschließlich der Charakter der empiriokritizistischen Argumentation gegen die Schule von Marx und Engels« (Lenin, 1909, in deutscher Übersetzung abgedruckt in Institut für Marxismus-Leninismus beim ZK der KpdSU, 1981, S. 375, vgl. auch S. 378)[26], andererseits ging es darum, dass »[d]er ›Krieg‹ gegen Haeckel« bei der Verteidigung der »Auffassung der *objektiven Realität*, d. h. der Klassennatur der modernen Gesellschaft und ihren klassenmäßigen geistigen Tendenzen« (Lenin, 1909, in deutscher Übersetzung abgedruckt in Institut für Marxismus-Leninismus beim ZK der KpdSU, 1981, S. 419) zu Bestätigungen geführt habe.

Ernst Mach in Person wurde für Lenin gleichsam zu einer intellektuellen Gegnerschaft, die bezogen auf die (russischen) fachlichen Mitstreiter Machs, wie Bogdanow, in eine Verunglimpfung als »Machisten« mündete: »Es fragt sich nun, ob diese Verneinung der objektiven Wahrheit von Bogdanow persönlich stammt, der sich nicht als Machist bekennen will, oder ob sie sich aus den Grundlagen der Lehre von Mach und Avenarius ergibt« (Lenin, 1909, in deutscher Übersetzung abgedruckt in Institut für Marxismus-Leninismus beim ZK der KpdSU, 1981, S. 157; vgl. auch S. 406–407). Mach ging von folgender Weltsicht aus: »Nicht nur die Menschheit, sondern jeder einzelne findet bei Erwachen zu vollem Bewußtsein eine fertige Weltansicht in sich vor, zu deren Bildung er nichts absichtlich beigetragen hat. Diese nimmt er als Geschenk der Natur und Kultur hin« (Mach, 1905, S. 5). In diesen Voraussetzungen folgte er inhaltlich der Richtung der »abstracten Erkenntnistheorie« (Schuppe, 1895, S. 55). Wilhelm Wundt setzte sich über mehrere Jahre während des Übergangs vom 19. In das 20. Jahrhundert intensiv und

26 In der politischen Ökonomie bzw. ihrer Kritik ging es um die Erklärung der Erscheinungen des wirtschaftlichen Lebens, denen sich Karl Marx dann insbesondere in seinem Werk *Das Kapital* widmete (Marx, 1867).

kritisch mit der »abstracten Erkenntnistheorie« als auch dem ihr zuzuordnenden Weltbild des naiven Realismus auseinander (Wundt, 1898a; 1898b; 1898c): Durch Gegenüberstellung mit der von ihm vertretenen naturwissenschaftlichen Erkenntnistheorie der positiven Wissenschaften unterzog Wundt nicht nur die beiden Erkenntnistheorien einem logischen Prüfstand, sondern diskutierte auch die einander gegensätzlichen Weltbilder des naiven und des kritischen Realismus. In diesen Erörterungen arbeitete er heraus, dass es sich bei der Objektivität, welche auf Basis der »abstracten Erkenntnistheorie« formuliert wurde und welche die »abstracte Erkenntnistheorie« und die immanente Philosophie für sich in Anspruch nahmen, jedoch um eine Subjektivität handelte, die sich aus der »Uebereinstimmung Vieler« (Wundt, 1896, S. 364) zusammensetzte. Die Methode der Erkenntnisgewinnung benannte er kritisch als »Verfahren des Zeugenbeweises« (Wundt, 1896, S. 362) und lehnte ein solches Vorgehen für die Wissenschaft ebenso ab wie das absolute Kriterium der Wahrheit, wie es die »abstracte Erkenntnistheorie« für sich in Anspruch nahm (Wundt, 1896, S. 330). In diesem Punkt stimmt Wundts Kritik mit der Kritik Lenins überein: Lenin stellte es inhaltlich unter anderem so zur Diskussion:

> »Wir fragen: Ist dem Menschen [...] eine objektive Realität gegeben oder nicht? Diese uralte philosophische Frage ist von Mach verwirrt worden. Ist sie nicht gegeben, dann gleitet ihr zusammen mit Mach unvermeidlich in den Subjektivismus und Agnostizismus ab und liefert euch der wohlverdienten Umarmung der Immanenzphilosophen, d.h. der philosophischen Menschikow aus«[27] (Lenin, 1909 zitiert in Institut für Marxismus-Leninismus beim ZK der KpdSU, 1981, S. 161).

Lenins Publikation *Materialismus und Empiriokritizismus* (1909, in deutscher Übersetzung abgedruckt in Institut für Marxismus-Leninismus beim ZK der KpdSU, 1981, S. 35–428) erschien in der ersten Dekade des 20. Jahrhunderts zu einem Zeitpunkt, »als die Psychologie [...] mehr und mehr in den Vordergrund der philosophischen Zeitinteressen getreten« war (von Hartmann, 1901, S. 2). Lenins Pu-

27 Die hier genannte philosophische Menschikow bezieht sich auf den russischen und zaristisch nahen Publizisten M.O. Menschikow (1859–1919) (vgl. Institut für Marxismus-Leninismus beim SK der KPdSU, 1981, S. 544).

blikation stellte eine umfangreiche Kritik mit hohem polemischen Gehalt durch die Sprachwahl und durch Abwertungen verschiedener Akademiker des russischen In- und Auslands dar, innerhalb derer Lenin jene erkenntnistheoretischen Positionen, die Sein und Bewusstsein als identisch diskutierten, als »ausgesprochen reaktionäre Theorie« (Lenin, 1909 in deutscher Übersetzung Institut für Marxismus-Leninismus beim ZK der KpdSU, 1981, S. 386) bezeichnete und auch Ernst Machs Darstellungen als »reaktionäre Erscheinung« darstellte (Lenin, 1909, in deutscher Übersetzung abgedruckt in Institut für Marxismus-Leninismus beim ZK der KpdSU, 1981, S. 413). Diese Bezeichnung war schon aus Vorgängen in Russland einige Jahre zuvor überliefert worden, wonach es üblich war, »die Professoren, welche sich dem verworrenen Treiben fernhalten und sich den studentischen Strömungen nicht unterordnen wollen, bei der Opposition als reaktionäre Streber zu denunzieren« (Löwe, 1905/1906, S. 208).

Lenin als Teil dieser benannten Opposition bewertete mit seiner Kritik die Vertreter der Immanenzphilosophie insgesamt, besonders aber Wilhelm Schuppe als »Erzreaktionär« (Lenin, 1909, in deutscher Übersetzung abgedruckt in Institut für Marxismus-Leninismus beim ZK der KpdSU, 1981, S. 421), auch Eduard von Hartmann nannte er einen »Idealist weit reaktionärerer Schattierung« als Hermann Cohen (Lenin, 1909, in deutscher Übersetzung abgedruckt in Institut für Marxismus-Leninismus beim ZK der KpdSU, 1981, S. 340)[28].

Erkenntnistheoretische Diskurse wurden in Beziehung zu politischen Bestrebungen der Zeit gesetzt und später – nach dem Zweiten Weltkrieg – von sowjetischer Seite auch für die DDR maßgebend bis in die 1980er Jahre transportiert: »Die tiefgreifende Umwälzung in den Anschauungen über die Natur, die um die Jahrhundertwende begonnen hatte, fiel zusammen mit einer Verstärkung der sozialen und politischen Reaktion« (Institut für Marxismus-Leninismus der KpdSU, 1981, S. 15). Kritisiert wurden auch dann noch die

28 Lenin wertete eine weitere Anzahl verschiedenster Philosophen und Naturwissenschaftler des 19. Jahrhunderts ab, so z. B. auch die Gelehrten Cornelius, Schubert-Soldern, Carus et al. (S. 277), Avenarius (S. 377), Haeckel (S. 411–422) u. a. In Schriften zur sogenannten »Modernen Psychologie« wie bei von Hartmann (1901) tauchten so gut wie keine Bezüge zu den russischen Vertretern der Philosophie oder Psychologie auf. Zur Rezeption und Darstellung der Philosophie mit Bezug zur Psychologie um 1900 vergleiche Kessel (2019).

Abbildung 7: Buchcover von Ernst Machs *Erkenntnis und Irrtum* (1905, 1. Auflage)

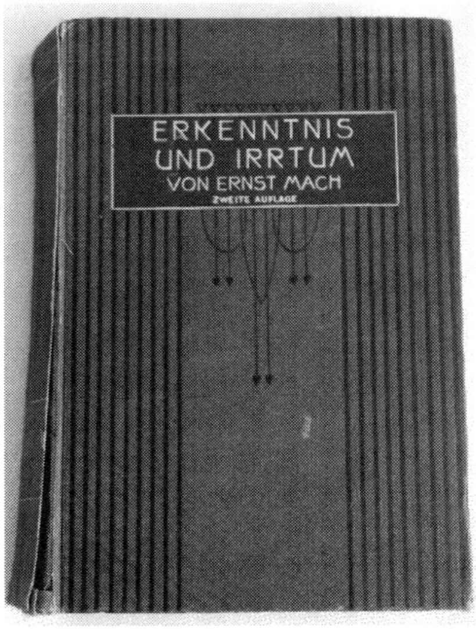

Abbildung 8: Buchcover von Ernst Machs *Erkenntnis und Irrtum* (1906, 2. Auflage)

> »unwissenschaftlichen Versuche[n] der Machisten, die spezifischen Gesetzmäßigkeiten der gesellschaftlichen Entwicklung durch die »soziale Energetik« durch biologische und andere naturwissenschaftliche Gesetzmäßigkeiten zu ersetzen. W.I. Lenin enthüllte den tiefgehenden Zusammenhang des Machismus mit der Religion, er zeigte, dass der Idealismus als philosophische Richtung ein wichtiges Mittel zur Aufrechterhaltung und Unterstützung der Religion ist« (Institut für Marxismus-Leninismus beim ZK der KpdSU, 1981, S. 17).

In den fachlichen Darstellungen zur Psychologie in der DDR wird dieser Hintergrund jedoch wenig beachtet. So wurden aus den oben genannten »Vorzeichen« der Wissenschaft allgemein Bezeichnungen Lenins über die »bürgerlichen Gelehrten« (Lenin, 1909, in deutscher Übersetzung abgedruckt in Institut für Marxismus-Leninismus des ZK der KpdSU, 1981, S. 314) und die »bürgerliche Wissenschaft« (Lenin, 1909, in deutscher Übersetzung abgedruckt in Institut für Marxismus-Leninismus des ZK der KpdSU, 1981, S. 377) terminologisch übernommen: Im Februar 1948 erfolgte durch die SED ein Beschluss mit dem Titel »Intellektuelle und die

Partei«, wonach die »bürgerlichen Auffassungen« (Parteivorstand der Sozialistischen Einheitspartei, 1951, S. 277) stärker in die kritische Auseinandersetzungen einbezogen werden sollten, um »die Herausbildung einer neuen Intelligenz aus den Kreisen der Arbeiter und Bauern und ihre geistige Festigung auf der Grundlage der Ideen des Marxismus sicherzustellen« (Parteivorstand der Sozialistischen Einheitspartei, 1951, S. 279). Seit der 2. Parteikonferenz der SED[29] stand der konzentrierte und konzertierte Aufbau des Sozialismus im Mittelpunkt der Parteithemen und Staatsführung (Ulbricht, 1952; Ulbricht, 1956), um die sogenannten bürgerlichen Ideologien zu überwinden (Bundeszentrale für politische Bildung, 2022), der erste »Fünfjahrplan« war in Kraft getreten und galt für die Jahre 1951 bis 1955 (Ulbricht, 1950).

Der akademischen Welt ging bereits früh der Aufruf zu, sich von der »bürgerlichen« Wissenschaft zugunsten der Sowjetwissenschaft abzugrenzen, während die Pawlowisierung 1954 vom Ministerrat der DDR zurückgewiesen worden war: Pasternack (2015, S. 22) arbeitete dazu heraus: »Pawlow selbst wäre vor seiner Instrumentalisierung in Schutz zu nehmen gewesen. Gegenüber der bolschewistischen Macht hatte er sich distanziert verhalten, und die radikale Reduktion der Psychologie auf rein physiologische Prozesse fand in der Sowjetunion erst nach seinem Tode statt« (Pasternack, 2015, S. 22, orientiert an Ernst, 1997, S. 321). Hierzu hat Kapferer (1989) herausgearbeitet: »Auf Beschluß Stalins wurde gegen Ende der vierziger Jahre Pawlows naturwissenschaftlich-physiologische Lehre von der höheren Nerventätigkeit zur alleinigen Basis einer marxistischen Psychologie erklärt. [...] 1954 wurde am Deutschen Pädagogischen Zentralinstitut die gefürchtete Pawlow-Kommission gebildet« (Kapferer, 1989, S. 93).

Der Psychologie war in der DDR die Aufgabe zugewiesen, in den eigenen fachlichen Reihen als auch im Rahmen der politischen Erziehung der Bevölkerung diesen Beschluss mit umzusetzen, um einerseits die »Umerziehung« der älteren Generation, andererseits aber auch die Bildung und Erziehung einer neuen Jugend zu realisieren (vgl. Mäder & Siebenbrodt, 1978, S. 14; Lück et al., 1987, S. 184).

Auch in die Psychologie fand die Terminologie »bürgerlich« Eingang, wenn die wissenschaftstheoretische Fundierung und Ausrichtung der Psy-

29 An Dokumentationen zu den Parteikonferenzen und Parteitagen sind im BMBF-Teilprojekt folgende Signaturen im Bundesarchiv Berlin-Lichterfelde recherchiert, aber aus Kapazitätsgründen nicht eingesehen worden: DY 30 IV 1/2/1 bis DY 30 1/2/6.

chologie des Westens als »bürgerliche Psychologie« dargestellt wurde. An einem Beispiel wurde dies oben im Kapitel zur Psychologischen Kriegführung für den Zeitpunkt 1971 als Lesung aus einer psychologischen Facharbeit von Ferdinand Jonak aus dem MfS bereits zitiert (SWR 2 Archivradio, 2023, o. P.). An diesem Beispiel, das heißt dem oben wiedergegebenen Text aus dem Tondokument des MfS und der Provenienz der Argumentation zur sogenannten bürgerlichen Psychologie wird deutlich, was Kapferer (1987) bereits zur Psychologie in der DDR herausgearbeitet hat, nämlich dass ihr mit dem Marxismus-Leninismus eine Etikettierung widerfuhr, die sie nicht zuletzt auch von der als bürgerlich bezeichneten Psychologie abgrenzen sollte. Hierzu sei jedoch angemerkt, dass eine Etikettierung per se auf ein inhaltliches Orientieren abzielt, sie stellt aber noch keine inhaltliche Gewährleistung des Inhalts dar. Ergebnisse zur Aufarbeitung der Psychologie in der DDR werden unter diesem Gedanken im Folgenden beschrieben.

Ergebnisse der Aufarbeitung der Psychologie in der DDR (1989/90–2022)

Zum Zeitpunkt der Förderbeantragung für das Forschungsprojekt »Psychologie unter politischem Diktat und Justiz« 2017 lagen noch verhältnismäßig wenige Untersuchungen zur Psychologie in der DDR aus der Außenperspektive vor (z. T. Lange, 1955; ausführlicher jedoch z. B. Schurig, 1972b; Schunter-Kleemann, 1980; Wolf, 1981; Gasch, 1984; Kapferer, 1987, 1989; Ash, 2002; Schönpflug & Lüer, 2011; Lüer, 2010; Rzesnitzek, 2015; Schönpflug, 2012), das heißt solche, die ohne Sozialisation in der DDR vorgenommen wurden. Dennoch ist erkennbar, dass das westdeutsche Interesse an der Psychologie in der DDR in den 1980er Jahren sich in verschiedenen Publikationen ausdrückt. Noch kurz vor der Friedlichen Revolution hatten Lück, Grünwald, Geuter, Miller und Rechtien (1987) festgestellt, dass »die wichtigsten Etappen der Entwicklung der Psychologie in der DDR in der Zeit von 1945 bis heute nur wenigen Fachkollegen in der BRD hinreichend bekannt ist« (Lück et al., 1987, S. 183). Auch kaum bekannt ist sicherlich, dass es zu Beginn der 1970er Jahre an der Freien Universität in Berlin ein »Lehrprogramm« mit dem Titel »Psychologie als historische Wissenschaft. Geschichte der psychologischen Theorien und der Berufspraxis von Psychologen mit dem Ziel der Entwicklung einer kritischen Psychologie« gab (Presse- und Informationsamt FU Berlin, 1972; s. auch Kappeler et al., 1977). In dieser wurde auch die Geschichte der sowjetischen Psychologie in Phasen dargestellt (Schurig, 1972a), die Lehrveranstaltungen und Forschungen dienten jedoch dem Ziel, »eine Psychologie in Ausbildung und Forschung zu entwickeln, die dem dialektischen Zusammenhang von Natur- und Menschengeschichte als ›historische Wissenschaft‹ Rechnung trägt, um eine sinnvolle Verbindung von Kritik der Psychologie und Weiterentwicklung psychologischer Fragestellungen verwirklichen zu können« (Raddatz, 1972, o. P.). Mit dieser Orientierung schloss dieses »Lehrprogramm« an die Psychologie in der DDR an, da die Kritik, die sie formulierte, sich unter anderem auch auf die wissenschaftstheoretischen Voraussetzungen bezog und sich in gleicher Sprachlichkeit wie in der DDR von der »bürgerlichen Psychologie« (Schurig, 1972b, S. 57) abgrenzte.

Gut drei Jahrzehnte später hat sich daran inzwischen insofern etwas geändert, als durch die BMBF-Teilprojekte im Forschungsverbund »Seelenarbeit im Sozialismus: … (SiSaP)« umfassend zusammengetragene Bibliografien bzw. Literaturdatenbanken (Guski-Leinwand & Nussmann, 2023; Haack et al., 2023) und Archivalien (Guski-Leinwand, 2023b) zur Vertiefung des (Forschungs-)Interesses an der Psychologie in der DDR zur Verfügung gestellt wurden.

Zwar lassen sich inzwischen ab circa 1990 vermehrt Untersuchungen zur Psychologie bzw. ihrer Teilbereiche in der DDR erkennen, doch erscheint die Rezeption derselben immer noch gering. Die seit 1990 erschienenen Arbeiten zur Psychologie in der DDR stammen dabei überwiegend von Autor*innen, die über eine eigene DDR-Erfahrung bzw. -Sozialisation verfügten (Busse, 1990, 1991a, 1991b, 1992, 1993, 1994, 1995, 1996, 1998a, 1998b, 1998c, 2004; Busse & Zech, 1999; Eckardt, 1994; Kühn, 2005) oder bereits zu DDR-Zeiten bzw. während der politischen Übergangszeit der Wiedervereinigung Deutschlands die Einflussgrößen und Entwicklungsverläufe der Psychologie in der DDR zusammenfassten (Mäder & Siebenbrodt, 1978; Vorwerg & Alberg, 1987; Kossakowski, 1990). In dem Zusammenhang stehen auch einzelne Arbeiten, welche sich einer Reflexion institutioneller und politischer Rahmenbedingungen widmeten (z. B. Böttcher, 2001; Busse et al., 1999; Busse et al., 1994; Busse & Schierwagen, 1990; Busse & Zech, 1994; Eckardt, 1996; Eckardt & Dumont, 2004; Sprung, H. & Sprung, L., 1992, 2001; Sprung, L. & Sprung, H., 1995, 2003; Wolf, 2013). Zu DDR-Zeiten hatte es vereinzelt auch Untersuchungen gegeben, die Rückblicke auf die Psychologie in der DDR enthielten (z. B. Kossakowski, 1979).

Nach über 30 Jahren nach der Friedlichen Revolution ist das Themenfeld der Geschichte der Psychologie in der DDR um weitere Untersuchungen angewachsen (z. B. Busse, 2022; Freese & Maercker, 2021; Wolfradt & Waitschies, 2021; Guski-Leinwand & Nussmann, 2021, 2023; Nussmann & Guski-Leinwand, 2023a).

Busse (1991a) hat herausgearbeitet, dass die Psychologie in der DDR eine zweifache Funktion hatte, um sie sowohl akademisch integrabel als Naturwissenschaft und auch politisch-ideologisch verlässlich zu positionieren. Unter dieser Charakterisierung wird eine psychopolitische Funktion erkennbar und damit auch die Instrumentalisierung der Psychologie. Hierzu hat Schönpflug (2012, S. 332) jedoch entgegengesetzt, dass Instrumentalisierung reziprok verlaufen kann bzw. auch im Hinblick auf die Psychologie in der DDR verlief: Nicht nur die Politik instrumentalisierte die Psychologie für ihre Ziele, sondern umgekehrt konnte auch die Psychologie die Politik für ihre Ziele instrumentalisieren. Beispiele der reziproken Instrumentalisierung könnten auch Rechenschaftsberichte sein, wie sie auch für die Psychologie abzulegen waren und in der jeweiligen »Wissenschaftlichen Zeitschrift« der betreffenden Universität abgedruckt wurden: Hier wurden neben der Darlegung von Personalia, Ausstattungsmerkmalen und Lehr- bzw. Forschungsleistungen auch politische Anschlussfähigkeiten benannt, wie zum Beispiel am Institut für Psychologie der Karl-Marx-Universität Leipzig: »Schon seit längerer Zeit bemüht sich das Institut, den Studienplan und die Ausbildung der Studierenden in zunehmend engere Beziehungen zur sozialistischen Praxis zu bringen« (Fischel, 1959, S. 258).

Instrumentalisierungen können über verschiedene Wege stattfinden: als direkter Zugriff über erkennbare und zugängliche Quellen, wie es zum Beispiel über allgemeine Hochschulreformen nachvollziehbar ist. Oder aber sie lassen sich über Argumentationsweisen erkennen, die zwar als direkter Bezug zum Beispiel in Publikationen präsentiert werden, jedoch mögliche Freiheitsgrade durch fachliche Notwendigkeiten enthalten, die sich dem oder der nicht-fachlichen Betrachter*in nicht (sofort) erkennbar erschließen. In einem solchen Fall kann ein politisches In-Beziehung-Setzen der Psychologie zu politischen Absichten sowohl als »Selbstinstrumentalisierung«[30] oder auch als ein gleichsam argumentatives politisches Schutzschild angesehen werden, das aus den Reihen der Psychologie für diese selbst und ihre Vertreterinnen und Vertreter funktionalisiert wurde. Bei der Untersuchung von Darstellungen der Psychologie aus der DDR-Zeit fallen hierzu Formulierungen auf, welche die Errungenschaften und Ergebnisse der akademischen Psychologie als Verwirklichungen der Zielsetzungen der Partei oder der Parteitagsbeschlüsse oder der Fünf-Jahrespläne darstellen (z. B. Kossakowski et al., 1980). Die Kernfrage nach einer möglichen Durchherrschung der Psychologie durch die SED (vgl. Kocka,

30 Stefan Busse hat nach meiner Erinnerung diesen Begriff auf dem SiSaP-Symposium 2021 während seiner Ausführungen zum Vortrag zur Diskussion gestellt. Daher soll an dieser Stelle auf seine Urheberschaft verwiesen werden. In seinem Artikel zum Vortrag ist der Begriff nicht (mehr) genannt (Busse, 2022).

1998, S. 435ff.) bedarf zu ihrer Beantwortung einer Untersuchung von Quellen, welche zu allen Aspekten der Instrumentalisierung, aber auch zur möglichen argumentativen Schutzfunktion der Psychologie Auskunft geben. Hierzu sollen zweierlei Grundlagen herangezogen werden: erstens die allgemeinen Hochschulreformen und -bestimmungen, zweitens die aus der Psychologie selbst stammenden Studienordnungen und -pläne, die auch mit den Hochschulreformen in der DDR zusammenhingen, aber zunehmend auch das fachliche bzw. »wissenschaftliches Selbstbewusstsein« (Schönpflug, 2012, S. 333) erkennen lassen. Deshalb werden diese kurz skizzierend im folgenden Kapitel dargestellt, weil auf ihrer Grundlage auch die Institutionalisierungen in der Psychologie voranschritten.

Hochschulreformen und die Psychologie in der DDR

Die Psychologie in der DDR war Teil des Bildungswesens in der DDR und in Untersuchungen zur Hochschulentwicklung in der DDR als »Instrument der sozialistisch-kommunistischen Umgestaltung der Gesellschaft« bezeichnet worden (Baske, 1998b, S. 202). In dem Zusammenhang benannte Baske (1998b) drei Hochschulreformen und deren Zustandekommen:

> »Bildungshistoriker der DDR sehen die Entwicklung vor allem durch drei Reformen gekennzeichnet, von denen keine durch einen einzelnen gesetzgeberischen Akt, sondern jede durch eine Vielzahl von Maßnahmen herbeigeführt wurde. So werden die Veränderungen, die in den ersten fünf Nachkriegsjahren durchgeführt wurden, als erste, ein Bündel von grundlegenden Beschlüssen der Jahre 1951 und 1952 als zweite und Neuregelungen zwischen 1965 bis 1968 als dritte Hochschulreform zusammengefaßt. [...] Eine fest umrissene, klare Konzeption für die Hochschulentwicklung wurde in der Anfangszeit weder von sowjetischer noch von deutscher Seite vorgetragen« (Baske, 1998b, S. 203).

Für den Zeitpunkt Ende des 20. Jahrhunderts war die Basis der Aufarbeitung noch recht dünn: Baske (1998b) stellte zur Hochschulpolitik der Sowjetunion bzw. der Sowjetischen Militär-Administration in Deutschland (SMAD) eine schematische Orientierung für das Hochschulwesen jener Zeit mit folgenden Punkten vor:

> »1. Einführung einheitlicher Hochschulen, die vom Ministerium für Hochschulwesen bestätigt werden;
> 2. Einführung einheitlicher Studienpläne für jede Fachrichtung und einheitliche Lehrprogramme für jedes Fach;
> 3. Zentralisierung der Leitung der Hochschulen bei gleichzeitiger Einschränkung ihrer Eigenständigkeit;

4. Einführung der marxistisch-leninistischen Philosophie und Politischen Ökonomie als obligatorische Fächer in allen Fachrichtungen;
5. totale Ideologisierung und Politisierung des Hochschulwesens;
6. Sicherung der führenden Rolle kommunistischer und parteilicher Strukturen an den Hochschulen;
7. Herstellung einer festen Verbindung zwischen der Ausbildung von Fachleuten bestimmter Disziplinen und den Bedürfnissen der sozialistischen Planwirtschaft;
8. Zielstrebige Veränderung der sozialen Zusammensetzung der Studentenschaft, d.h. ›Proletarisierung der Hochschulen‹« (Baske, 1998b, S. 204).

Die so vollzogene Hochschulpolitik und Instrumentalisierung der akademischen Disziplinen wurde hinsichtlich ihres totalitären Charakters bereits wenige Jahre nach der Friedlichen Revolution erkannt (Nikitin, 1992) und herausgearbeitet, dass in diese Entwicklungen nicht nur die Bereiche der Volksbildung, sondern vor allem politische Bereiche der SMAD und der SED-Diktatur in ihrer ganzen Tragweite (einschließlich der Geheimdienste) einbezogen waren (Nikitin, 1992, S. 405–416).

Im Folgenden sollen die Hochschulreformen kurz in ihrer jeweiligen Charakteristik vorgestellt und anschließend auf die Institutionalisierungen der Psychologie in der DDR eingegangen werden.

Als erste Hochschulreform gilt der Befehl der Obersten Sowjetischen Militär-Administration in Deutschland (SMAD) als Befehl Nr. 50 vom 4. September 1945. Dieser war mit dem Betreff versehen »Über die Vorbereitung der Hochschulen zum Arbeitsanfang und Verordnung über ihre Tätigkeit« (Bundesarchiv Berlin-Lichterfelde, 3; vgl. auch Schäfer, 1995). Insgesamt ergingen zwischen 1945 und 1949 mehrere 100 Befehle der Sowjetischen Militäradministration in Deutschland für die Sowjetischen Besatzungszonen (Bundesarchiv Berlin-Lichterfelde, 1). Datumsgleich ergingen am 4. September 1945 insgesamt sechs Befehle, welche unter anderem auch Regelungen über die Tätigkeiten von juristischen Instanzen (Bundesarchiv Berlin-Lichterfelde, 2) und künstlerischen Institutionen (Bundesarchiv Berlin-Lichterfelde, 4) enthielten (vgl. hierzu auch Foitzik, 1995, 2001; Schäfer, 1995). Formal ging es bei dieser ersten Hochschulreform um die Entnazifizierung der Hochschulen sowohl aufseiten der Lehrenden als auch Studierenden und die Positionierung als staatliche Anstalten, die den Arbeiter- und Bauernkindern bevorzugt zur Verfügung stehen sollten.

Im Mai 1949 hatte deshalb auch eine »Umwandlung der Vorstudienanstalten in Arbeiter-und-Bauern-Fakultäten« stattgefunden (vgl. Anweiler et al., 1992b, S. 33). Mit dem SMAD-Befehl Nr. 50 wurden inhaltlich an den Hochschulen und Universitäten Vorlesungen über dialektischen und historischen Materialismus sowie über politische Ökonomie aufgenommen. Etwa sieben Jahre später erfolgte – inzwischen also nach Gründung der DDR am 7.10.1949 – die zweite Hochschulreform 1951 als »Verordnung über die Neuorganisation des Hochschulwesens vom 22.02.1951« (Bundesarchiv Berlin-Lichterfelde, 5). Formal ging es hier um die Steuerung des Hochschulwesens der DDR, die Gründung des Staatssekretariats für das Hochschulwesen und die Schaffung einheitlicher Studien- und Prüfungspläne für alle Universitäten sowie bestimmte Pflichtfächer. Zwischen der ersten Hochschulreform durch den SMAD-Befehl Nr. 50 (s. o.) und der Staatsgründung der DDR bzw. der zweiten Hochschulreform fanden pädagogische Kongresse statt, die zunächst die schulische Bildung, aber auch im weiteren Sinne die politisch-ideologische Haltung in den Hochschulen regelte: SED-Linientreue wurde für Lehrerinnen und Lehrer festgelegt (Anweiler et al., 1992b, S. 32–33). Bereits historische Entwürfe des Sozialismus – wenn auch im Rahmen des Nationalsozialismus konzipiert – enthielten vor allem solche Aspekte, die das staatsbürgerliche Bild des Menschen und dabei besonders Erziehungsaspekte betonten (Schelsky, 1934, S. 46–49): »Erzieherisches Handeln« ist »die höchste Weise staatlichen Handelns. Der wahre Staat ist also immer Erzieher [...]. Er muß die Menschen durch Erziehung dazu bringen, [...] so zu handeln, [...] wie sie es [...] täten, wenn sie die sozialistische Lebenshaltung besäßen« (Schelsky, 1934, S. 47–48). Demgegenüber wurde für die sozialistische Gesinnung vorausgesetzt, dass sie »zunächst ein Gefühlskomplex [ist], sowohl bei dem einzelnen Denker, der die Ideen erzeugt, als bei der Masse, die sich diese als Symbole ihres Wollens zu eigen macht« (de Man, 1927, S. 24). Für die Pädagogik und auch die Pädagogische Psychologie wurde eine starke Orientierung an Makarenko gefordert (Kossakowski, 1972, S. 9): Im ersten Band der Werke A. S. Makarenkos (Akademie der Wissenschaften der RSFSR, Institut für Theorie und Geschichte der Pädagogik, 1976), umschrieben als »Ein pädagogisches Poem«, legt Makarenko Erfahrungshorizonte aus verschiedenen Kolonien in den 1920er Jahren vor und berichtet unter anderem von einer »Kommandeur-Pädagogik« (S. 213–221), als welche seine und die seiner Gefolgsleute vollzogene Organisation unter Notbedingungen im Winter von zunächst Außenstehenden benannt wurde, da Makarenko innerhalb der Kolonie eine Struktur mit Kommandeuren und einem Rat derselben, mit Abteilungen und Tagesbefehlen installierte (Akademie der Wissenschaften der RSFSR/Institut für Theorie und Geschichte der Pädagogik, 1976, S. 216–221).

Vor diesem Hintergrund wird deutlich, dass politisch-ideologische Entwürfe und Vorgaben für den Sozialismus aus der Pädagogik Makarenkos eine stark strukturierte und regimentsartige Umgangsweise überlieferten, die die »Wechselwirkungen der kollektiven und der persönlichen Interessen« (Akademie der Wissenschaften der RSFSR/Institut für Theorie und Geschichte der Pädagogik, 1976, S. 221) sicherstellten. Um diese Wechselwirkungen bzw. Unterordnung der persönlichen Interessen, wie es ebenfalls bei Makarenko beschrieben ist, ging es auch in der marxistisch-leninistischen Philosophie, die für alle Wissenschaften und somit auch für die Psychologie als Überbau und als Ausgangspunkt gelten sollte und besonders für die Pädagogische Psychologie diskutiert werden musste (vgl. hierzu Erlebach et al., 1959; Hörz, 1974; Wittich, 1974). 1947 wurde dazu noch kritisch referiert: Dultz (1947) sah die Psychologie nach 1945 als »Wissenschaft der Menschenkenntnis« und »ohne eigene Bestimmtheit« (S. 793), die sich – ausgehend von Marx – die Frage stellen sollte, »was sich ereignet, wenn menschliche Individuen zusammenleben« (S. 795). Mit diesem Beitrag löste er eine Diskussion in Richtung einer »Marxistische[n] Psychologie« aus, die im März 1948 in der SED-Zeitschrift *Einheit* geführt und zusammenfassend berichtet wurde (Schultz et al., 1948). Genau zehn Jahre später wurde zwar einerseits bestätigt, dass »es eine geschlossene und umfassende psychologische Wissenschaft« als marxistisch-leninistische Psychologie noch nicht gab, sondern »im offenen Meinungsstreit« von Fachvertreterinnen und Fachvertretern der Zeit entwickelt werden sollte (Klemm, 1958, S. 512). Außerdem bestand die Auffassung, dass sie als Wissenschaft nicht sich selbst diene, »sondern sie erfährt einzig und allein ihre Bedeutung und ihren Wert aus der Anwendbarkeit ihrer Erkenntnisse für die gesellschaftspolitischen Aufgaben der Gegenwart und Zukunft« (Klemm, 1958, S. 512). Aus dieser Sicht auf die Psychologie wird deutlich, wie schwer der Stand der Psychologie nach ihrer Indienstnahme für den Nationalsozialismus war und wie stark die Indienstnahme für staatstheoretische Veränderungen sich bereits gegen Ende der 1940er Jahre ankündigten.

Durch die Eröffnung der pädagogischen Fakultäten in der SBZ nach 1945 und dem daraus entstehenden Bedarf an neuer Fachliteratur wurde auch die Psychologie früh als wirksames Eingriffs-Instrument positioniert: In der Zeitschrift *Pädagogik* (1948) wurde in diesem Sinne ein Verständnis der Psychologie als Bezugswissenschaft für die Pädagogik diskutiert, wie es für eine Zusammenkunft am 23. Und 24. März 1948 auf einer Tagung des Verlags Volk und Wissen aus Ostberlin berichtet wurde (Anonym, 1948). Zu diesem Zeitpunkt hatte – wie weiter oben schon dargestellt – im Vormonat der Beschluss aus der 7. Tagung des Parteivorstandes der SED vom Februar 1948 »Entschließung der SED zur Intelligenz« (BArch B, 8) stattgefunden und eine entschiedene Einbeziehung der Akademikerschaft in die SED-Politik gefordert. Im Juni 1948 wurde in der *Einheit* in weit politisierender Weise sogar über das »Elend der Psychologie« unter Diskussion staatstheoretischer Ausgangspunkte geschrieben (Oelssner, 1948, S. 530).

Die dritte Hochschulreform 1968 umfasste dann auch beide Disziplinen, die Pädagogik und die Psychologie, und es wurden verschiedene Grundlagen hierfür als ihre Elemente genannt (vgl. Lambrecht, 2007): Das Gesetz über das einheitliche sozialistische Bildungssystem (Bildungsgesetz) vom 25.2.1965 (Der Vorsitzende des Staatsrates der Deutschen Demokratischen Republik, 1965)[31] sollte sicherstellen, dass alle Einrichtungen der Bildung aufeinander abgestimmt werden, also einheitlich und vereinheitlichend wirken. Es enthielt alle Ebenen der staatlichen Bildung, also von der Vorschulbildung über die Berufsbildung hin zu akademischer Bildung an Hoch- und Fachschulen. Daneben gilt aber noch ein weiteres Dokument als zur dritten Hochschulreform gehörend: Die »Prinzipien zur weiteren Entwicklung von Lehre und Forschung an den Hochschulen der DDR« (Staatssekretariat für das Hoch- und Fachschulwesen, 1966/1967). Hierin wurden die Vorgaben aus dem Bildungsgesetz von 1965 präzisiert, vor allem aber auf die Erziehung zum Sozialismus fokussiert, auch wurden hochschulinterne Strukturierungen zu den verschiedenen Arten von Studiengängen vorgenommen. Im weiteren Zusammenhang für die Wirkung der dritten Hochschulreform wichtig ist der Beschluss des Staatsrates der DDR »Die Weiterführung der 3. Hochschulreform und die Entwicklung des Hochschulwesens bis 1975« vom 3.4.1969. Für den hochschulischen Bereich enthielt er eine Erweiterung des klassischen Aufgabenkanons der

31 Dieses Gesetz wurde faktisch erst durch das Gesetz zur Änderung und Ergänzung der Verfassung der DDR (Verfassungsgrundsätze) vom 17. Juni 1990 (GBl. I, S. 299), Art. 1, Abs. 2 ungültig.

Hochschulen, in dem es um Forschung, Studium, Ausbildung von wissenschaftlichem Nachwuchs ging, um den Aspekt der Weiterbildung (Abteilung Presse und Information, 1969). Die sich daraus in den Folgejahren ergebenden Schwerpunkte an den universitären Instituten der DDR werden weiter unten dargestellt.

Es folgte zwar keine weitere Hochschulreform mehr bis zur Wiedervereinigung der beiden deutschen Staaten, doch wurde 1983 der Studienplan für Psychologie überarbeitet (Hacker & Häuser, 1983).

Im nachfolgenden Kapitel werden pro Dekade tabellarische Darstellungen als Zusammenstellung aus den Ergebnissen vorangegangener und eingangs genannter Untersuchungen und gegeben.

Abriss zu Inhalten und Linien in der akademischen Psychologie in SBZ und DDR (1945–1990)

Phasen, Schwerpunkte und Publikationen

Der Verlauf und die Veränderungen in der Psychologie in der DDR sind verschiedentlich in unterschiedlichem Umfang als Perioden oder Phasen in deutschsprachigen Publikationen beschrieben worden[32] (Lück et al., 1987; Busse, 1993; Guski-Leinwand & Nussmann, 2021). Die Einteilung der Phasen reicht dabei von drei (Lück et al., 1987) bis hin zu fünf Phasen (Guski-Leinwand & Nussmann, 2021), unter denen die Psychologie in der DDR metaorientiert erfasst werden kann. Eine erste Beschreibung in Phasen für die Psychologie in den sozialistischen Ländern hatte Schurig vorgelegt: Er unterschied drei Phasen, von denen die erste von 1917 bis 1930 als »Übernahme der naturwissenschaftlichen russischen Psychologie« bezeichnet wurde, die zweite Phase als »Entdeckung des Psychischem als historischem Prozeß 1931–1959« und die dritte Phase schließlich als »Stadium der entwickelten sowjetischen Psychologie 1960–1972« (Schurig, 1972a, S. 45–50). Als Beginn der Psychologie der DDR sah Schurig 1960 an (Schurig, 1972b, S. 56). Er stellte die »Synchronizität des Aufstiegs« zwischen der Psychologie in der DDR und jener in der Sowjetunion heraus (Schurig, 1972b, S. 58) und trug mit seinen Kolleginnen und Kollegen am Fachbereich 11 (Philosophie und Sozialwissenschaften) auch statistische Daten über die Entwicklung der Studierendenzahlen in der DDR von 1960 bis 1970 zusammen (Schurig, 1972b, S. 58).

Phasische Beschreibungen stellen Ereignisse als Anhaltspunkte dar, um Markantes zu benennen und zusammenzufassen, ersetzen jedoch nicht das inhaltlich differenzierte Untersuchen der Positionen in der Psychologie bzw.

---

32 Auch in amerikanischen Untersuchungen war die sozialistisch geprägte Psychologie Gegenstand (z. B. Eghigian, 2004). Für den Förderzeitraum war jedoch keine umfassende internationale Rezeption der Psychologie in der DDR beantragt worden, daher ist hierzu keine gesonderte Bibliografie oder Literaturdatenbank entstanden, sondern wird hier als Forschungsdesiderat benannt.

das politisch Abgegrenzte vs. Linientreue oder das diverse und differenzierte Umgehen der einzelnen Expertinnen und Experten der Psychologie mit ihren Disziplin- und Praxisinhalten. Mit der Beschreibung in Phasen wird also versucht, die akademischen Charakteristika und externe Einflussgrößen wie die Politik metaorientiert zu beschreiben. Lück et al. (1987) bieten hierfür an, die Verläufe der Psychologie als Perioden zu beschreiben. Den Beginn macht aus ihrer Sicht eine Periode »Die ersten Nachkriegsjahre« (1945–1949), in der die politische Ausgangssituation und das Anknüpfen an die überdauernden psychologiegeschichtlich bedeutsamen Grundlagen für die Psychologie in der DDR benannt werden. In dieser kurzen ersten Phase oder Periode nach Ende des Zweiten Weltkrieges ist man sich – vor allem in der sogenannten Ostzone, der SBZ – bewusst, dass »die Psychologie durch die nazistische Ideologie mancherlei Modifikationen erfahren hat« (Anonym, 1948, S. 27), die es zu überwinden galt. Dass diese Ideologie nicht erst mit der nationalsozialistischen Politik und Staatsführung ihren Anfang nahm, sondern bereits ab circa Mitte der 1920er Jahre eine »Zeit der Totalisierung, Diversifizierung, Ideologisierung und Rassifizierung« der Psychologie stattfand, wurde bereits in früheren Untersuchungen dargelegt (Guski-Leinwand, 2010, S. 136–151). Die verschiedenartigen Ausprägungen der Psychologie nach Schwerpunkten – in jüngerer Zeit auch als »Heterodoxien« aufgefasst (Guski-Leinwand, 2021) – wurden zu diesem Zeitpunkt noch nahezu gleichberechtigt diskutiert.

Der in diesen Zeitraum fallende Beschluss aus der 7. Tagung des Parteivorstandes der SED vom Februar 1948 »Entschließung der SED zur Intelligenz« (BArch B, 8), der die Akademikerinnen und Akademiker der DDR in den Prozeß der politischen Ausrichtung der DDR verpflichtend einbeziehen sollte, übt für die folgende Phase wesentlichen Einfluss aus. Die »2. Periode der Entwicklung« (1950–1962) begann mit einer Studienreform in der Psychologie und ihrer darauffolgenden kurzen Revidierung (1951/1952) mit Schwerpunkten auf der Pawlow-Lehre und Ausrichtung der »bildungspolitischen Aufgaben [auf] die Neugestaltung der weltanschaulichen Grundlagen der Psychologie«. Diese Phase wird als abgeschlossen angesehen, als der VI. Parteitag der SED 1963 tagte, dessen Beschlüsse die zwei weiteren Jahre mitprägten. Als dritte Periode nennen Lück et al. (1987) »Die Zeit ab 1965«, die sich über mehr als zwei Jahrzehnte erstreckt und die »Aktivitäten der wissenschaftlich arbeitenden Psychologen stärker auf die Forschung mit dem Versuch, international Anerkennung zu finden« zielen. Hierzu werden zwei Höhepunkte genannt:

1966, als der XVIII. Weltkongreß für Psychologie in Moskau stattfand – und 1980 – als der XXII. Internationalen Kongress für Psychologie in Leipzig stattfand (Lück et al., 1987, S. 183–188). Die Benennung dieser drei Perioden lässt erkennen, dass die Psychologie in der DDR früh eine wissenschaftstheoretische Wendung als Umorientierung durch Anpassung an die weltanschaulich (geforderten) Grundlagen vornahm, die sich damit rasch als verschieden von der westdeutschen Psychologie darstellte und wahrnehmen ließ. Busse (1993) benennt für diesen Weg der Psychologie in der DDR vier Phasen, in denen er die Situation der Psychologie beginnend mit der »Vorphase in der SBZ [...] bis zur Gründung der DDR und de[m] Versuch der unterbrochenen Entwicklung der Psychologie während der NS-Zeit« (Busse, 2022, S. 156) erfasst. In West und Ost ist diese Zeit für alle Wissenschaften markiert durch Abgrenzungen vom Faschismus und orientiert an den Verfassungsgrundlagen entweder am Grundgesetz für die Bundesrepublik Deutschland oder der Verfassung der Deutschen Demokratischen Republik, dort aber schon mit beginnender Abgrenzung von den westlichen Ausrichtungen. Als darauffolgende zweite Phase benannte Busse eine »Aufbauphase der DDR-Psychologie bis zum Mauerbau« (Busse, 2022, S. 157), welche die Psychologie wegen der pragmatischen Einbeziehung in die Politik als »gesellschaftliche Produktivkraft« und zur Bildung des »Neuen Menschen« formierte, in der sich – unter dem Ereignis der Errichtung der innerdeutschen Mauer – in der DDR-eigene Bestrebungen in den Vordergrund drängen und die theoretische Entwicklung der Psychologie bis zur »Phase nach dem Mauerbau« gefordert und in Teilen auch gefördert wird (Busse, 2022, S. 157). In dieser Phase wird beschrieben, dass es zu Problemen und Unzufriedenheiten in der Bevölkerung der DDR kommt, politikseitig sich eine Orientierung auf Individuelles andeutet (Busse, 2022, S. 158–159). Die Psychologie – weiterhin mit Blick auf die sozialistische Persönlichkeit – bot für diese Phase ein umfangreiches fachliches Repertoire. Als vierte und letzte Phase sieht Busse die »Phase nach dem XXII. Internationalen Kongress für Psychologie 1980 und die Erosion der 1980er Jahre mit der Wiederentdeckung des Subjekts«, in der von 1980 bis 1989 die Stagnation der Entwicklung der DDR zu gesellschaftlichen Polarisierungen führt, die Psychologie ein Etablierungsniveau verzeichnet und in den Wissenschaften der Psychologie, Gesellschaftswissenschaften und Medizin die »Biopsychosoziale Einheit Mensch« (Wessel, 1987) in den Vordergrund tritt. Guski-Leinwand und Nussmann (2021) unterscheiden – in Anlehnung an Busse (1993) – fünf Phasen der akademischen Psychologie unter den politischen Bedingungen in der DDR: Auf »Wiederaufbau und Nachkriegszeit« folgen »Die 1950er-Jahre: Aufbau des Sozialismus und Orientierung am Marxismus-Leninismus« (Guski-Leinwand & Nussmann, 2021, S. 114–115). Das nächste Jahrzehnt wurde betont und benannt als »Die 1960er Jahre: der Mauerbau und die Profilierung der Psychologie« (Guski-Leinwand & Nussmann, 2021, S. 115–117), da kurz vor bzw. in den 1960er Jahren umfangreiche wissenschaftspolitische und politische Veränderungen als auch Veränderungen in der Scientific Community durch Gründung einer eigenen Fachgesellschaft für Psychologie (siehe hierzu das noch folgende Kapitel zu »Rolle und Funktion der Gesellschaft für Psychologie [in] der DDR«) stattfanden, die auf die Hochschulen an sich, ebenso aber auch auf einzelne Disziplinen starke Einflüsse ausübten. Aus diesen resultierten auch strukturelle Veränderungen in der Psychologie, die sich 1960 in einem Berufsbild und einer neuen Studienordnung (s. Anhang) niederschlugen, die in den 1960er Jahren das Profil der Psychologie bestimmten. Das folgende Jahrzehnt wird von den Autorinnen beschrieben als »Die 1970er Jahre: Internationale Anerkennung – Zugeständnisse an das Subjekt« (Guski-Leinwand & Nussmann, 2021, S. 117–118), das besonders durch den Wechsel in der Staatsführung mit Erich Honecker und damit auch dem Ministerinnenamt von Margot Honecker als Volksbildungsministerin deutliche Veränderungen in der Psychologie bedeutete, wie auch an den weiter unten stehenden zeitlichen Ereignissen ablesbar wird, die vor allem damit zusammenhängen, dass 1975 ein »Zentraler Forschungsplan der marxistisch-leninistischen Gesellschaftswissenschaften der DDR 1976–1980« für alle Disziplinen, so auch für die Psychologie, eine »Herausbildung marxistisch-leninistischer Positionen« (Zentraler Forschungsplan der marxistisch-leninistischen Gesellschaftswissenschaften der DDR 1976–1980, 1975, S. 1049) forderte. Auch Disziplingeschichte sollte einen Beitrag leisten. Die Positionierung der psychologischen Fachkongresse in der DDR lassen für die 1970er Jahre eine zunehmende Orientierung an den politischen Forderungen erkennen bzw. sind in früheren Untersuchungen dahingehend bereits erkannt worden (Engel, 1980). Auf dieses Jahrzehnt folgte dann das letzte Jahrzehnt der DDR, das als »Die 1980er-Jahre: Höhepunkt und Ende der marxistisch-leninistischen Psychologie« (Guski-Leinwand & Nussmann, 2021, S. 119–120) beschrieben wird.

Dass neben diesen akademisch beschriebenen Dekaden auch Dekaden zu beschreiben sind, in denen sich das Ministerium für Staatssicherheit bzw. die Juristische Hochschule des MfS die Wissenshorizonte der akademischen Psychologie der DDR zu eigen gemacht haben, indem sie diese nicht nur in eigens hergestellten Manuskripten zu Lehrzwecken zur Verfügung stellten, sondern diese auch mit einem eigenen, von der SED-Politik und tschekistischen Horizonten gefärbten Menschenbild mit einer psychologie-atypischen Haltung verquickten, muss an dieser Stelle nicht nur betont, sondern auch getrennt werden: Innerhalb der durchgeführten Untersuchungen und Recherchen im BMBF-Teilprojekt »Psychologie unter politischem Diktat und Justiz« wurden keine belastbaren Hinweise gefunden, dass es direkte Beauftragungen oder Auftragsnahmen zwischen akademischer Psychologie und dem MfS gab. Da jedoch nicht erschöpfend bzw. vollständig in bzw. an allen verfügbaren oder noch erschließbaren Nachlässen und Archivbeständen (u. a. auch bedingt durch die über zwei Jahre währenden Einschränkungen der Coronapandemie und anderer organisatorischer Bedingungen in den forschungsrelevanten Institutionen), ist diese Aussage als ein vorläufiges Untersuchungsergebnis zu werten.

Die Einwirkungen des tschekistischen Denkens und das daraus resultierende Verhalten haben sozusagen ein Derivat angereichert aus Ergebnissen der akademischen Psychologie als sogenannte Operative Psychologie an der Juristischen Hochschule des MfS hervorgebracht.[33]

Wenngleich eine Einteilung in Phasen den Eindruck von Abschnitten oder möglichen Unverbundenheiten assoziieren lässt, so steht die Psychologie in der DDR doch als Ganzes unter einer marxistischen bzw. marxistisch-leninistischen und sozialistischen Psychologie, für welche die unter dem Kapitel über die »Kontextbedingungen der Psychologie in der DDR« bereits dargestellten Auffassungen gegen den Idealismus, wie sie Lenin (1909) vorgetragen hatte, grundlegend waren: Lenin sah die wissenschaftlich-empirischen Ansätze und damit den Positivismus in den Wissenschaften zum Ausgang des 19. Jahrhunderts bzw. Beginn des 20. Jahrhunderts sehr kritisch und umschrieb und erklärte dies in seiner Schrift als »Empiriokritizismus« (vgl. hierzu Opitz, 1975b, S. 18). Eine »dritte Grundrichtung in der Philsophie« (Opitz, 1975c, S. 30) wollte Lenin

33 Für die Anregung zur Diskussion des Begriffes anlässlich der Präsentation der Untersuchungsergebnisse auf dem vorläufigen Abschluss-Symposium des Forschungsverbundes SiSaP im April 2023 in Weimar danke ich Frau Katharina Lenski. Im Anschluss entstandene Gedanken der Autorin dieses Buches finden sich in den Teilen IV und V weiter unten.

jedoch mit seinen Ausführungen nicht begründen, für die Ausrichtung der Psychologie und andere Wissenschaften wie auch Parteischulungen waren jedoch die marxistisch-leninistischen Grundlagen mit Bezug zum historischen Materialismus seit Erscheinen der ersten deutschen Übersetzung von Lenins *Materialismus und Empirokritizismus* verbindlich (Opitz, 1975a, S. 6)[34], da mit ihr die »unbedingte Treue zur wissenschaftlichen Theorie der Arbeiterklasse« (Opitz, 1975b, S. 12) verbunden war, als welcher der Marxismus seit der Revolution in Russland zwischen den Jahren 1905 und 1907 galt (vgl. Opitz, 1975b, S. 9–11). In diesen Jahren ereigneten sich Veränderungen in den Naturwissenschaften, die durch neue Entdeckungen und Erkenntnisse, vor allem der Physik hervorgingen, aber aus Sicht der Marxisten deshalb eine »Krise der Naturwissenschaften« (Opitz, 1975b, S. 11) bedeuteten.

In Publikationen zur Psychologie in der DDR wurde nicht immer durchgehend von marxistischer bzw. marxistisch-leninistischer Psychologie gesprochen, es wird aber unterstellt, dass diese Begrifflichkeiten sich inhaltlich entsprachen bzw. deckungsgleich eine Grundlage voraussetzten, wie sie oben bzw. im Kapitel zu den »Ausgangs- und Kontextbedingungen der Psychologie in der DDR« dargestellt wurden, da sich Lenin ausführlich auf Marx – und in Gegenposition zu den sogenannten revisionistischen Bemühungen um Marx' Konzeptionen (vgl. Opitz, 1975, S. 10–11) – bezogen hat. Zentraler Ausgangspunkt für jegliche wissenschaftliche Forschung und Überlegung in den Wissenschaften und so auch in der Psychologie stellte die Widerspiegelungstheorie Lenins mit der Grundannahme dar, dass sich »[d]as Psychische als Widerspiegelung der objektiven Welt« ereignete bzw. darstellen ließ (Rudik, 1963, S. 39) und »das Bewußtsein seiner Natur nach nichts anderes als eine Widerspiegelung der Außenwelt« sein sollte (Rudik, 1963, S. 41). Hieraus erwuchsen entsprechende Aufgaben an die Psychologie, die vor allem den tätigen Menschen, das heißt den Menschen in seinem Umgang mit der Außenwelt, und die Ausgestaltung menschlicher Tätigkeit in den Mittelpunkt rückte. Besonders im Letztgenannten lässt sich verstehen, weshalb diese wissenschaftliche Sicht als »Theorie der Arbeiterklasse« (Opitz, 1975, S. 12) dienen sollte: Sie ließ Raum für die Erfassung und Bewertung von Lebens- und Arbeitsbe-

34 Opitz nennt für dieses Ersterscheinen das Jahr 1947. Der Autorin liegt mit Bezug auf die Publikation aus dem Institut für Marxismus-Leninismus beim ZK der KPdSU (1981) die Angabe 1949 als Grundlage für deren deutsche Übersetzung in der 16. Auflage vor.

dingungen und konnte prinzipiell mit ihren Analysen und Ergebnissen zur Verbesserung derselben beitragen und dadurch – aus Sicht des politischen Interesses – zur Stärkung einschlägiger Parteiprogramme bzw. der Arbeiterklasse und ihrer Interessen herangezogen werden. Die Erforschung physiologischer Mechanismen sollte nicht zuletzt auch zu praktischen Maßnahmen führen, welche die psychischen Prozesse formen und entwickeln sollten (Rudik, 1963, S. 41). Rudik benannte die Psychologie – in Ausrichtung nach der sowjetischen Psychologie und in Anlehnung an Pawlow – als »Studium der Widerspiegelung der Wirklichkeit, als subjektive Welt, die in bestimmter Weise in allgemeine Formeln gefaßt wird« (zit. nach Pawlow, 1955, S. 394) und damit letztlich auch (zwischen-)menschliche Prozesse in Richtungen steuern ließ, welche zur subjektiven Welt oder Wirklichkeit und damit auch Parteiwelten passten.

Nur in wenigen Publikationen aus der DDR ist der Kern der marxistischen Psychologie komprimiert dargestellt, es befindet sich jedoch in einer Publikation von Rudik (1963) eine komprimierte Darstellung über die »Prinzipien der marxistischen Psychologie«, deren Grundlagen dem »Idealismus diametral entgegengesetzt« (Rudik, 1963, S. 37) waren. Zum grundlegenden Verständnis sollen diese hier als Zitat wiedergegeben werden:

> »Die marxistische Psychologie befindet sich im Aufstieg und in ständiger Vorwärtsbewegung. Sie besitzt folgende Prinzipien:
>
> 1. *Das Prinzip des materialistischen Monismus.* Die Feststellung, daß das Psychische eine Eigenschaft des Gehirns ist. Die Anerkennung der Notwendigkeit, daß die Psychologen die Gesetze der höheren Nerventätigkeit studieren müssen, um eine materialistische Auffassung von den psychischen Prozessen zu erlangen. Die psychischen Erscheinungen werden auf die entsprechenden physiologischen Prozesse zurückgeführt.
> 2. *Das Prinzip des Determinismus.* Die Anerkennung der Tatsache, daß die psychischen Erscheinungen durch die Prozesse der höheren Nerventätigkeit und durch Einwirkungen der Außenwelt bedingt sind.
> 3. *Das Prinzip der Widerspiegelung.* Die Feststellung, daß das Bewußtsein die subjektive Widerspiegelung der objektiven Welt ist. Die Anerkennung der Notwendigkeit, daß die Psychologen das Psychische, das Bewußtsein nicht als etwas studieren dürfen, das sich selbst genügt und sich nach eigenen, immanenten Gesetzen entwickelt, sondern als etwas, das durch das objektive Sein, dessen Widerspiegelung es ist, bedingt wird.

4. *Das Prinzip der Einheit von Bewußtsein und Tätigkeit.* Die Feststellung, daß das Bewußtsein nicht von der Tätigkeit zu trennen ist, daß es sich im Prozeß der Tätigkeit nicht nur offenbart, sondern auch ausbildet. Die Anerkennung der Notwendigkeit, daß die Psychologen die psychischen Prozesse nicht abstrakt, sondern in Verbindung mit den konkreten Formen der Tätigkeit studieren.
5. *Das Prinzip der historischen Bedingtheit.* Die Feststellung, daß sich das Bewußtsein im Prozeß der historischen Entwicklung des Menschen entwickelt. Die Anerkennung der Nowendigkeit, daß die Psychologen die psychischen Prozesse in ihrer Entwicklung studieren und die soziale Bedingtheit der einzelnen Seiten des menschlichen Bewußtseins und der Persönlichkeit nachweisen.
6. *Das Prinzip der Einheit von Theorie und Praxis.* Die Anerkennung der Notwendigkeit, daß die Psychologen mit ihrer wissenschaftlichen Forschungsarbeit aktiv zur Lösung der praktischen Aufgaben des sozialistischen Aufbaus beitragen: zur besten Organisierung von Bildung und Erziehung der heranwachsenden Generation, zur Rationalisierung der Arbeitsbedingungen und der Produktionsprozesse, zur Organisierung der Maßnahmen für den Gesundheitsschutz der Werktätigen usw.« (Rudik, 1963, S. 37).

Wenige Jahre zuvor hatte Klemm (1958) im Zusammenhang mit einer sich entwickelnden marxistisch-leninistischen Psychologie für eine stärkere Verbindung der Psychologenschaft mit der Partei und der Arbeiterklasse plädiert (Klemm, 1958, S. 519).

Besonders das unter den Prinzipien genannte 3. Verbot, dass »Psychologen das Psychische, das Bewußtsein nicht als etwas studieren dürfen, das sich selbst genügt und sich nach eigenen, immanenten Gesetzen entwickelt«, lässt erkennen, dass die wissenschaftliche Freiheit durch diesen Aspekt – auch für die Psychologie – eingegrenzt war. Gleichzeitig wurde verschiedentlich erkannt und betont, dass Freiheitsgrade, auch Freiräume oder »Spielräume« (Schönpflug, 2012, S. 332) in der wissenschaftlichen psychologischen Tätigkeit möglich waren (vgl. hierzu auch Hammer, 1995).

Schubart (1952) forderte in den 1950er Jahren eine »Wiederbeseelung der Psychologie« (Schubart, 1952, S. 573). Allein durch die Wahl der Begrifflichkeit zeigt sich eine Nähe zur »Seelenkunde« (Zeddies, 1934; vgl. Bonin, 1983) ab etwa den 1930er Jahren, als welche die Psychologie zu dieser Zeit bezeichnet wurde. Mit dieser Terminologie waren metaphysische, religiöse und ideologische Inhalte integriert bzw. integrierbar, wie sie auch im Bereich der geisteswissenschaftlichen Ausrichtung Teil der Psychologie während der Zeit des wilhelminischen Deutschlands waren und somit bestimmte Wertehorizonte für das menschliche Leben überlieferten. In den ersten Jahrzehnten des 20. Jahrhunderts fanden vermehrt Diskussionen um die Werturteilsfreiheit von Wirtschaft und Wissenschaft, unter anderem auch als sogenannter »Werturteilsstreit« (Grimmer-Solem, 2023, S. 7), statt, so zum Beispiel bei den Treffen und Auseinandersetzungen im damaligen »Verein für Socialpolitik« (unter dieser Schreibweise 1873–1909; vgl. Grimmer-Solem, 2023, S. 4). Lenin sah die Werturteile in Wissenschaft und Wirtschaft vor allem durch die Anbindung des Idealismus an den Fideismus und wies die Anbindung wissenschaftlicher Konzepte an Wurzeln des Idealismus zurück, wie bereits oben ausgeführt wurde. Er diskutierte die erkenntnistheoretischen und wissenschaftlichen Ausgangspositionen auf Basis des Marxismus, den er von verschiedenen Auslegungen (vgl. Opitz, 1975, S. 10–11) mit seiner 1909 auf Russisch erschienenen Publikation *Materialismus und Empiriokritizismus* befreien wollte. Insoweit lieferte er gewissermaßen eine Alternative oder eine Art »Ressource« (vgl. Ash, 2002) für die Wissenschaften.

Diese Ressource wurde in großen Teilen in der sowjetischen Psychologie aufgenommen und nach 1945 für den Teil der Sowjetischen Besatzungszone in Deutschland zur Grundlage erklärt. Dies einerseits, um die nach dem Nationalsozialismus und die darin stattgefundenen Veränderungen der Psychologie unter nationalsozialistischer Ausrichtung zu überwinden, in der zahlreiche völkisch-biologistische, rassentheoretische wie auch antisemitische Publikationen und Positionen stattgefunden hatten. Andererseits sollten die Ergebnisse der sowjetischen Psychologie grundlegend sein und Beachtung finden (Lomow et al., 1984): Hierin wurde unter anderem vom gesellschaftlichen Erfolg der Psychologie berichtet und ihr analytischer Beitrag zum Verständnis der Prozesse des gesellschaftlichen und individuellen Lebens herausgestellt. Andere Untersuchungen zeigten, dass daneben auch Anschlüsse an psychologische Ergebnisse aus der Zeit der Weimarer Republik vollzogen wurden (z.B. Kühn, 2005).

Die Psychologie in der SBZ bzw. wenige Jahre später in der DDR erhielt hierdurch und durch zahlreiche Forderungen der SED-Politik hinsichtlich der Verwirklichung des Sozialismus auch an sie gerichtete fachliche Forderungen, sodass sie in der Zeit bis 1990 nicht nur eine andere erkenntnistheoretische Ausgangsbasis als die Psychologie in der Bundesrepublik Deutschland nahm, sondern auch schwerpunktmäßig ihre inhaltliche Ausrichtung nach diesen Forderungen vornehmen musste, die sich in den von verschiedenen Autorinnen und Autoren genannten Phasen oder Perioden erkennen lassen. Im Folgenden soll jedoch keine redundante Darstellung der Phasen gegeben werden, sondern es soll vielmehr eine Übersicht über fachlich relevante Ereignisse aus der Psychologie und/oder der Politik in den Jahrzehnten der SBZ und DDR gegeben und beispielhafte Publikationen des betreffenden Jahrzehnts aufgelistet werden, um die genannten Veränderungen oder Phasenbezeichnungen nachvollziehbar zu machen und auch die genannten Anknüpfungen an die Ergebnisse fachlicher Forschung aus der Zeit der Weimarer Republik in Bezug zu setzen.[35] Nach dem Ende des Zweiten Weltkrieges mussten die Forderungen der Alliierten zur politischen Umerziehung auch in der Psychologie umgesetzt werden (Lück et al., 1987, S. 184), erste Qualifikationsarbeiten widmeten sich diesem Thema (z. B. Winnefeld, 1948), so zum Beispiel mit Bezug zu Arbeiten aus der Reformpädagogik der Weimarer Republik (Petersen, 1927). Mit Datum 15.9.1945 erfolgte die Wiedereröffnung der Universitäten auf Grundlage des Befehls der sowjetischen Militärverwaltung (s. o.): Für die Psychologie durften Kurt Gottschaldt (1902–1991) in Berlin (Zwillingsforschung, Erbpsychologie), Werner Straub (1904–1983) in Dresden (Arbeitspsychologie) und Werner Fischel (1900–1977) in Leipzig (Tierpsychologie/Biopsychologie) (vgl. H. Sprung & L. Sprung, 2001) ihren Dienst aufnehmen. Der Wiederaufbau des Instituts für Psychologie in Jena hingegen nahm noch ein paar Jahre Zeit in Anspruch. Vor allem stand die Psychologie seit Ende der 1940er Jahre neben anderen Disziplinen staatlicherseits vor der Herausforderung, »die Herausbildung einer neuen Intelligenz aus den Kreisen der Arbeiter und Bauern und ihre geistige Festigung auf der Grundlage der Ideen des Marxismus sicherzustellen« (Parteivorstand der Sozialistischen Einheitspartei Deutschlands, 1951, S. 279).

35 Psychologen der späteren DDR-Zeit hatten oft eigene, experimentell durchgeführte Forschung von vor 1933 durchgeführt (so z. B. Werner Straub an der Universität in Dresden und Kurt Gottschaldt an der Universität in Berlin). Als Beispiel sei hierzu die Arbeit von Werner Straub (1928) mit dem Titel »Tonqualität und Tonhöhe« als Dissertationsschrift an der Universität München (eingereicht 1927) genannt, die anschließend im *Archiv für die gesamte Psychologie* (Jg. 69, Heft 3/4) erschienen ist, oder seine Habilitationsschrift von 1931 »Die Grundlagen einer experimentellen Bildungspsychologie« an der Techn. Hochschule Darmstadt, später erschienen im Verlag Beyer in Langensalza.

Zu den relevanten Ereignissen in den 1950er Jahren auf Basis bereits vorliegender Untersuchungen (z. B. Busse, 1993; Guski-Leinwand & Nussmann, 2021; Mäder & Siebenbrodt, 1978; Kossakowski, 1990) und weiteren Ergebnissen im Rahmen des BMBF-Teilprojektes »Psychologie unter politischem Diktat« und des BMBF-Forschungsverbundes »Seelenarbeit im Sozialismus ... (SiSaP)« (Strauß, Kirschner et al., 2022 sowie Guski-Leinwand & Bredenkamp, 2023) (s. Tab. 1).

Tabelle 1: Übersicht relevante Ereignisse in der DDR 1950er Jahre

1950	Pawlow-Konferenz in Moskau und Erklärung der Pawlow'schen Theorie zum Dogma u. a. für die Psychologie in der DDR
1950	Zweite Hochschulreform in der DDR
1951	Dozentenlehrgang für Psychologie am Deutschen Pädagogischen Zentralinstitut (DPZI) in Leipzig
1951/1952	Beginn der Studienreform: Marxistisch-leninistisches Grundstudium verpflichtend, stärkere praktische Anwendung und längere Praktika in Psychologie (ab 1955)
1952	Moskauer Konferenz: Bildung der Fachkommission Psychologie und Lehrerbildung am DZPI in Berlin und der Arbeitsgemeinschaft marxistischer Psychologen und Pädagogen an der Päd. Hochschule Potsdam
1953	Zentrale Fachkommission für Lehrerbildung; Gründung der AG »Psychologen im Gesundheitswesen«
17. Juni 1953	Volks-/Arbeiteraufstand: Verhängung des Ausnahmezustands bis 11. Juli 1953 (s. hierzu Engelmann & Kowalczuk, 2005)
1954	Einrichtung der Staatlichen Pawlow-Kommission am DPZI in Leipzig (Mette, 1954) u. a. mit Kritik an der Psychoanalyse
1955	Einberufung Wissenschaftlicher Beirat Psychologie/Staatssekretariat für Hoch- und Fachschulwesen Übersetzungen von Kornilows Werken aus dem Russischen
1955	Neuer Studienplan Psychologie (vgl. Gast, 1955; Wellek, 1955/56; H. Sprung & L. Sprung, 2001) Gründung der Arbeitsstelle für experimentelle und angewandte Psychologie an der Deutschen Akademie der Wissenschaften in Berlin

1955	155 eingeschriebene Studierende für Psychologie lt. Angaben in den Statistischen Jahrbüchern der DDR (Zentralverwaltung für Statistik, 1955) Gründung des Instituts für Psychologie an der Humboldt-Universität zu Berlin; Wiederaufbau des Instituts für Psychologie an der Friedrich-Schiller-Universität in Jena (vgl. Eckardt, 1973)
1956	Dritte Parteikonferenz der SED: Sozialistische Umgestaltung des Schulwesens
1958	10. und 11. April: Zusammenkunft von Psycholog*innen im Ministerium für Volksbildung, Forderung eines »Arbeitszirkels marxistischer Psychologen am DPZI« (Klemm, 1958, S. 519)
1958	Fünfter Parteitag der SED
1958	Erste psychologische Monografie in der DDR »Kinderpsychologie« von Clauß et al.; erste deutsche Ausgabe von Rubinsteins *Grundlagen der Allgemeinen Psychologie* (Rubinstein, 1958).
1958/1959	Kritische Artikel zur bisherigen Ausrichtung als Pawlowisierung und Neuausrichtung der Psychologie erscheinen in der Zeitschrift *Pädagogik**
1959	Dritte Hochschulkonferenz und Einführung der DDR-Kolloquien durch den Wissenschaftlichen Beirat für Psychologie

* Die Zeitschrift *Pädagogik* war lt. Baske eine deutsch-sowjetische Gemeinschaftsarbeit (Baske, 1998a, S. 150).

Inhaltlich lassen sich in der Psychologie in der DDR zwei Schwerpunkte anhand der veröffentlichten Publikationen erkennen: erstens der Bezug zu schulischen, beruflichen und erzieherischen Themen und zweitens Untersuchungen aus dem Bereich der Wahrnehmungspsychologie. Nachfolgend werden in alphabetischer Reihenfolge Qualifikationsarbeiten, Monografien u.a. zur Psychologie von 1950 bis 1990 beispielhaft aufgeführt[36]. Eine umfassende Bibliografie zu circa 6.500 Veröffentlichungen in der DDR mit psychologischem Bezug bzw. weitere mit Bezug zur Wiedervereinigungsthematik haben Guski-Leinwand und Nussmann

36 Die an anderen Stellen der vorliegenden Publikation oder in den Referenzpublikationen genannten Quellen werden jedoch aus Platzgründen nicht zusätzlich mit aufgeführt (so z.B. Busse, 1998a, 1998b; Drefenstedt, 1953; Eckardt & Dumont, 2004; Kapferer, 1989; Kossakowski, 1990; Mäder & Siebenbrodt, 1978; H. Sprung & L. Sprung, 2001; Strauß et al., 2022).

(2023) erarbeitet. Sie steht über die Webseite psycharchives.org beim Leibniz-Institut für Psychologie an der Universität Trier zum Download zur Verfügung.[37]

- *Buchpublikationen/Zeitschriften* zur Psychologie in der DDR in den 1950er Jahre waren u. a.:
  - Clauß, Günter; Hiebsch, Hans (1958): Kinderpsychologie. 1. Aufl. Berlin: VEB Volk u. Wissen[38].
  - Clauß, Günter; Hiebsch, Hans (1958): Die sprachliche Gestaltung des Unterrichts. Unveränd. Neuauflage, 2. Aufl. Berlin: VEB Volk u. Wissen.
  - Clauss, Günter; Hiebsch, Hans (1959): Die sprachliche Gestaltung des Unterrichts. 3. Aufl. Berlin: VEB Volk u. Wissen.
  - Grassel, Heinz; Kulka, Helmut (1958): Psychologische Untersuchungen über Berufswahl und Lehrausbildung. Berlin: VEB Volk u. Wissen.
  - Hiebsch, Hans (1950): Das Lehrgespräch in der Erwachsenenbildung. Halle/Saale: Landesvolkshochschule Sachsen-Anhalt (Schriftenreihe zu Fragen der Erwachsenenbildung, 6).
  - Kunath, Paul (1958): Über die Zusammenarbeit zwischen Elternhaus und Schule. Berlin: VEB Volk u. Wissen (Diskussionsbeiträge zu Fragen der Pädagogik, H. 14).
  - Kunath, Paul; Röblitz, Günter; Schwidtmann, Heinz (1959): Über die Erziehung sozialistischer Sportler. 1. Aufl. Berlin: Sportverl. (Kleine Bücherei für den Übungsleiter und Sportlehrer, 9).
  - Winnefeld, Friedrich (1951/52): Von der pädagogischen Psychologie zur pädagogischen Tatsachenforschung. Jena (Wiss. Zeitschrift d. FSU Jena, H. 2).

---

37 Link zum Download: https://www.psycharchives.org/en/item/c9ea99da-0092-4351-97bb-db383960157d (12.9.2023).

38 Mit der »Verordnung über die Gründung eines volkseigenen Verlages Volk und Wissen« vom 20.9.1951 (Gesetzblatt der DDR, Nr. 114, 20.9.1951, S. 864, https://www.reichsgesetzblatt.de/D/GBl-DDR/1951/index.htm [23.10.2023]) war der Verlag Volk und Wissen ein Volkseigener Verlag, auch als VEB abgekürzt, was aber nicht durchgängig seit dieser Zeit in Druckwerken vermerkt wurde. Nicht alle Publikationen, bei denen es genannt ist, sind in allen Katalogen auch mit diesem Vermerk zu finden. Zur Verdeutlichung und damit keine Verwechslung zum westdeutschen Verlag »Volk und Wissen« geschieht, ist bei Werken aus dem Verlag »Volk und Wissen« aus der DDR in der vorliegenden Publikation durchgängig VEB als vereinfachende Kennzeichnung mit aufgeführt.

  - Winnefeld, Friedrich (Hrsg.) (1957): Pädagogischer Kontakt und pädagogisches Feld. Ein Beitrag zur pädagogischen Psychologie. München: Reinhardt (Erziehung und Psychologie, 7).
- *Dissertationen/Habilitationen* fanden in den 1950er Jahren u.a. zu folgenden Themen statt:
  - Dummer, Werner ([1958]): Persönlichkeitsveränderungen bei Tuberkulösen. Leipzig (Phil. F., Diss. V. 23. Dez. 1958).
  - Jakuszek, Rolf (1958): Untersuchungen über die Phänomenologie und Konditionalgenese der Arbeitshaltung bei Jugendlichen nach der Schulentlassung. Ein Beitr. Zum psycholog. Problem »Jugendlicher und Beruf«. Berlin (Humboldt-U., Math.-naturwiss. F., Diss. V. 18. Juli 1958).
  - Klix, Friedhart ([1956]): Die relative Sehgröße der Gegenstände bei Eigenbewegung des Wahrnehmenden. Berlin (Humboldt-U., Math.-naturwiss. F., Diss. V. 11. Juni 1956).
  - Kunath, Paul (1957): Der Inhalt und die Organisation der Zusammenarbeit zwischen Schule und Elternhaus. Potsdam (Päd. H., Wiss. Rat f.d. Grundstudium, Diss. V. 21. Okt. 1957).
  - Lüning, Konrad ([1958]): Vergleich von einigen Wahrnehmungsleistungen bei Normal- und Sonderschülern sowie beschulungsunfähigen Schwachsinnigen. Berlin (Humboldt-U., Päd. F., Diss. V. 25. Juni 1958. Berlin).

In den 1960er Jahren vollziehen sich vielfältige Wegweisungen für die Psychologie und auch aus der Psychologie heraus: Die Zahl der Studierenden verdreifacht bis vervierfacht sich, vergleicht man die Studierendenzahlen von 1960 und 1970, die Zahl der Absolvent*innen verdreifacht sich im Vergleich dieser beiden Jahreszahlen ebenfalls (Schurig, 1972, S. 58): In dieser Dekade studieren insgesamt 4.312 Personen Psychologie in der DDR mit einem besonders starken Anstieg in den Jahren 1968 bis 1970, doch nur 416 Absolvent*innen werden in diesem Jahrzehnt gezählt, also knapp zehn Prozent.

Politisch ist der Bau der innerdeutschen Mauer 1961 (vgl. Krätzner, 2014) eine große Herausforderung auch für die Hochschulen und Universitäten, innenpolitisch in der DDR wenige Jahre später auch verstärkt durch das »Gesetz über das einheitliche sozialistische Bildungssystem« (Der Vorsitzende des Staatsrates der Deutschen Demokratischen Republik, 1965). In den ersten Jahren nach 1960 wird die Gründung einer Fachgesellschaft für Psychologie angestrebt, die sich dann auch 1962 formal als Gesellschaft für Psychologie in der DDR vollzieht und 1963 öffentlich mitgeteilt wird (Lüning, 1963, S. 96; Straub et al., 1963, S. 97–99). Mit der Gründung der GfP wird eine Etappe als abgeschlossen angesehen, in der sich die Psychologie neben anderen Wissenschaften als Beitragende zur »Gesamtentwicklung der sozialistischen Gesellschaft« bewährt hat (Birth et al., 1965, S. 43), aus Sicht bundesrepublikanischer Bildungsforschung jedoch als »Einschnitt« bezeichnet (Der Bundesminister für Bildung und Wissenschaft, 1972b/BArch KO, B 138/42729, Blatt 4). Das mögliche Manipulationspotenzial, das die Psychologie durch ihre Forschungsgegenstände mitbringt, wird benannt, aber nicht kritisch bzw. fachlich abgegrenzt diskutiert (Birth et al., 1965, S. 38).

Mitte der 1960er Jahre standen die Sicherung der sozialistischen Haltung und Gesellschaft als auch die Produktivkraft der DDR im Mittelpunkt der staatlichen Ziele der SED, wozu auch die Wissenschaften beizutragen hatten: Somit wurde die Psychologie als »gesellschaftliche Produktivkraft« (Straub, 1965, S. 12) positioniert. 1966 fand der XVIII. Internationalen Kongress für Psychologie in Moskau unter der Schirmherrschaft der IUPS, später IUPSys, statt. Die GfP war im Nachgang des Kongresses Mitglied der IUPSys und damit Repräsentantin für die internationale Rezeption (der Psychologie) der DDR geworden (Eckardt & Dumont, 2004, S. 74). Einen Antrag auf Mitgliedschaft hatte sie bereits einige Jahre zuvor bei Gründung der GfP gestellt. Im Zuge der dritten Hochschulreform kamen ihr Aufgaben in der Koordination der psychologischen Forschung und bei Einsatz von und Weiterbildung für Psycholog*innen zu, jedoch unter fortdauernder Kontrolle durch die Akademie der Wissenschaften, dem Ministerium für Hoch- und Fachschulwesen und dem Ministerium für Volksbildung. Gelder und Genehmigungen für Forschungen wurden je nach Fachrichtung von diesen Institutionen bewilligt oder verweigert (Mäder & Siebenbrodt, 1978, S. 26).

Weitere Auflagen von vorangegangenen Publikationen und neue Veröffentlichungen von Monografien aus dem Kreis der Psychologenschaft in der DDR erschienen in den 1960er Jahren, nachdem zuvor überwiegend aus dem Russischen übersetzte Grundlagen- und Lehrbücher als deutsche Übersetzungen in Studium und Lehre genutzt wurden. Die weitere Orientierung an der sowjetischen Psychologie blieb jedoch vorausgesetzt (vgl. Eckardt, 1994; vgl. hierzu auch Mäder & Siebenbrodt, 1978, S. 15).

Tabelle 2 gibt einen Überblick über die relevanten Ereignisse in den 1960er Jahren auf Basis der zuvor genannten Untersuchungen (u. a.).

Tabelle 2: Übersicht relevante Ereignisse in der DDR 1960er Jahre

1960	Herausgabe der Zeitschrift *Probleme und Ergebnisse der Psychologie* durch die Psychologie-Professoren Straub, Hiebsch, Klix, Rosenfeld und Schmidt (bis einschl. 1964 als Herausgeber): Veröffentlichung der Beiträge aus den DDR-Kolloquien u. a.
1960	Veröffentlichung des neuen Studienplanes durch den Wissenschaftlichen Beirat beim Staatssekretariat für Hoch- und Fachschulwesen: Gemeinsam ist allen ein 3-jähriges Grundstudium, unterschiedlich ist jedoch die anschließende Spezialisierung (s. u. 1962)
1960	Veröffentlichung des Berufsbildes Psychologie durch den Wissenschaftlichen Beirat beim Staatssekretariat für Hoch- und Fachschulwesen
1960	Mehr als 200 Studierende für Psychologie eingeschrieben (Zentralverwaltung für Statistik, 1960/61)
1961	Bau der innerdeutschen Mauer: Mitgliedschaften aus der DDR bleiben in den westdeutschen Fachverbänden DGPs bzw. BDP zunächst noch bestehen, Begegnungen bei Kongressen und Tagungen ab diesem Zeitpunkt erschwert, aber unter spezifischen Vorgaben möglich
1962	Spezialisierungen und Schwerpunktsetzungen bei den psychologischen Instituten der Universitäten in der DDR: Arbeits- und Ingenieurpsychologie in Dresden, Klinische Psychologie und Sozialpsychologie in Leipzig, Pädagogische Psychologie in Leipzig und Sozialpsychologie in Jena
1962	Anstieg der Klinischen Psychologinnen und Psychologen seit 1949 von 12 auf 94
1962	Beschluss zur Gründung der Gesellschaft für Psychologie in der DDR (GfP) (Lüning, 1963) (vgl. hierzu das Kapitel zur GfP in diesem Buch)
1962	»... keine apolitischen Spezialisten ...« im Psychologiestudium (Fischel & Claus, 1962, S. 3)
1963	Erscheinen des »Statut der Gesellschaft für Psychologie in der DDR« in Nr. 8/1963 der Zeitschrift *Probleme und Ergebnisse der Psychologie* (Straub et al., 1963a, S. 97–99) inklusive der Forderung nach einer Führung eines wissenschaftlichen Meinungsstreits (Busse, 1998c; Eckardt, 1995)
1963	VI. Parteitag der SED: Psychologie soll stärkere Förderung erfahren (Berthold & Diehl, 1964, S. 285)
1963	Vorläufiger Plan für die Spezialausbildung »Ingenieurpsychologie« in der Zeitschrift *Probleme und Ergebnisse der Psychologie*, 8/1963 (Straub et al., 1963b, S. 100–103)
1964	Erster Kongress der GfP in Dresden: »Psychologie als gesellschaftliche Produktivkraft« mit Bezug auf das Programm und Statut der Kommunistischen Partei der Sowjetunion von 1961 (Vorstand der Gesellschaft für Psychologie in der DDR, 1965, S. 12)
1964	Personalausweis-Eintragung »Bürger der DDR« wird eingeführt

1965	In der Einheit wird die »Psychologie im Dienste der ›Manipulierung‹ des Menschen« benannt (Birth et al., 1965, S. 35)
1965	240 eingeschriebene Studierende für Psychologie (BArch B, 6)
1965	Schätzungsweise 290 tätige Psycholog*innen in der DDR (BArch B, 7)
1965/1966	Vorbereitungen und Veröffentlichung Zentraler Forschungsplan (Zentraler Forschungsplan der marxistisch-leninistischen Gesellschaftswissenschaften der DDR 1966 bis 1970, S. 1049, zit. nach Mäder & Siebenbrodt, 1978, S. 30)
1966	Als 3. Beiheft der *Pädagogik* erscheint das »Weiterbildungsprogramm in marxistischer Pädagogik und Psychologie (Deutsches Pädagogisches Zentralinstitut, 1966)
1966	»Prinzipien zur weiteren Entwicklung von Lehre und Forschung an den Hochschulen der DDR« (Staatssekretariat für das Hoch- und Fachschulwesen, 1966)
1966	Die *Informationen der Gesellschaft für Psychologie der Deutschen Demokratischen Republik* werden im Zeitschriftenformat erstmals (bis 1979) aufgelegt
1966	XVIII. Internationaler Kongress in Moskau (IUPsyS) 4.–11.8.1966: Präsentation kybernetischer Forschungsansätze in der Psychologie durch Friedhart Klix (Berlin)
1966	GfP wird Mitglied in der IUPS und dient als Repräsentantin (der Psychologie) der DDR bzw. für die DDR (Vorstand der Gesellschaft für Psychologie der DDR, 1966b, S. 84)
1967	Inkrafttreten Gesetz über die Staatsbürgerschaft der Deutschen Demokratischen Republik (Der Vorsitzende des Staatsrates der Deutschen Demokratischen Republik, 1967)
1968	Dritte Hochschulreform in der DDR: Veränderte Zuordnung der Psychologie (Sektion Arbeitswissenschaften in Dresden, Sektion Pädagogik und Psychologie in Leipzig und Sektion für Kommunikationswissenschaften in Jena; vgl. Rösler, 1991)
1968	Folge der dritten Hochschulreform: Koordinationsaufgaben bei psychologischer Forschung, Einsatz und Weiterbildung von Psycholog*innen durch die GfP
1968	Zweiter Kongress der GfP in Berlin
1969	Beschluss des Staatsrates der DDR »Die Weiterführung der 3. Hochschulreform und die Entwicklung des Hochschulwesens bis 1975« vom 3.4.1969: Sozialistische Erziehung für den akademischen Kontext präzisiert
1969	607 Studierende der Psychologie eingeschrieben (Zentralverwaltung für Statistik, 1970)

Publikationen, die in den 1960er Jahren erschienen sind, spiegeln Schwerpunkte als Konzentration auf schulische und erzieherische Themen, Einstellungsforschung, vertiefende arbeits- und ingenieurpsychologische Arbeiten und sozialistische Persönlichkeitsformung, sowie vereinzelt auch wissenschaftstheoretische und wahrnehmungspsychologische Untersuchungen. Die Fachzeitschrift *Probleme und Ergebnisse der Psychologie* wird zunächst gemeinsam von den Professoren Straub, Hiebsch, Klix, Rosenfeld und Schmidt bis einschließlich Heft 8/1963, ab Heft 9/1964 zusätzlich auch als Organ der Gesellschaft für Psychologie in der DDR (GfP) herausgegeben, deren Gründung 1962 beschlossen und 1963 veröffentlicht wurde (Lüning, 1963; vgl. auch Guski-Leinwand & Bredenkamp, 2023). Ab 1965 zeichnet der Vorstand der Gesellschaft für Psychologie in der Deutschen Demokratischen Republik als Herausgeber der Zeitschrift, unterstützt durch eine redaktionelle Mitarbeiterschaft aus mehreren Personen. Daneben werden zu den Kongressen auch Berichtsbände veröffentlicht und es erscheinen die *Informationen der Gesellschaft für Psychologie der Deutschen Demokratischen Republik* bis einschließlich 1979 unter diesem Titel (Vorstand der Gesellschaft für Psychologie, 1966a), ab 1980 wird die Erscheinung dieser Zeitschrift bis 1990 als *Psychologie-Information* fortgesetzt (Gesellschaft für Psychologie der DDR, 1980). Diese sind ebenso wie die Kongressberichte im Rahmen des BMBF-Teilprojektes als Digitalisate bei der Deutschen Nationalbibliothek in Leipzig gesichert worden und stehen zu Forschungszwecken vor Ort zur Einsicht zur Verfügung. Außerdem wurde im Rahmen des BMBF-Teilprojektes eine Zusammenarbeit mit der Bibliothek im Haus der Geschichte in Bonn zum Zwecke der digitalen Sicherung der Zeitschriften *Probleme und Ergebnisse der Psychologie* und *Psychologie für die Praxis* durchgeführt, sodass diese als nahezu vollständiges Sammelwerk dort vor Ort einsehbar sind[39].

Im Folgenden wird eine Auswahl an repräsentativen Themen in psychologischen Veröffentlichungen und Qualifikationsarbeiten in der DDR während der 1960er Jahre gegeben. Hierbei werden sowohl Ma-

39 Für die Unterstützung und Zusammenarbeit in der DNB danke ich herzlich Frau Henning, für jene im Haus der Geschichte in Bonn herzlich Frau Dr. Griese. Digitalisate der Kongressberichte der GfP bei der DNB unter den Suchbegriffen »Kongress der Gesellschaft für Psychologie der DDR« werden mit einer Anzahl von 38 wegen verschiedener Einzelveröffentlichungen zu den Kongressen angezeigt: https://portal.dnb.de/opac/simpleSearch?query=Kongress+der+Gesellschaft+f%C3%BCr+Psychologie+der+DDR (12.9.2023); Kontakt zum Bestand Zeitschriften DDR-Bibliothek im Bibliothek im Haus der Geschichte in Bonn, Signaturen ZK 268 und ZK 539: https://www.hdg.de/online projekte/zeitschriften/zeitschriften.php (12.9.2023).

nuskript-Drucke als auch Buchpublikationen sowie Qualifikationsarbeiten als Dissertationen (A und B, so auch Habilitationen):

- *Manuskript-Drucke:*
  - Clauß, Günther (1961): Kinder- und Jugendpsychologie. 2. Geringfügig überarb. Aufl., Als Ms. Gedr. Berlin: VEB Volk u. Wissen (Fernstudium der Lehrer: Unterstufe).
  - Kunath, Paul (Hrsg.) (1963): Psychologie. Anleitung für das Fernstudium; aus dem Institut für Sportpsychologie der DHfK. Deutsche Hochschule für Körperkultur. Als Ms. Gedr. Berlin: Dt. Verlag der Wissenschaften.
  - Kunath, Paul (1968): Psychologie. Anleitung für das Fernstudium; aus dem Institut für Sportpsychologie der DHfK. Unveränd. Nachdr. 5. Aufl., als Ms. Gedr. Leipzig: DHfK.
- *Buchpublikationen und Zeitschriften:*
  - Clauß, Günter; Hiebsch, Hans (1961): Kinderpsychologie. Unter Mitarbeit von Hans R. Böttcher. 3., unveränd. Aufl. Berlin: VEB Volk u. Wissen (Bibliothek des Lehrers, Abt. 1).
  - Clauß, Günter; Hiebsch, Hans (1962): Die sprachliche Gestaltung des Unterrichts. [4., unveränd. Aufl.]. Berlin: VEB Volk u. Wissen.
  - Clauß, Günter; Hiebsch, Hans; Böttcher, Hans (1960): Kinderpsychologie. 2., verb. Aufl. Berlin: VEB Volk u. Wissen.
  - Clauß, Günter; Hiebsch, Hans; Böttcher, Hans (1962): Kinderpsychologie. 4., durchges. Aufl. Berlin: VEB Volk u. Wissen (Bibliothek des Lehrers, Abt. 1).
  - Hacker, Winfried (1967): Grundlagen der Regulation von Arbeitsbewegungen. Probleme u. Ergebnisse d. Psychologie, Beiheft 1. Berlin: VEB Deutscher Verlag der Wissenschaften.
  - Hacker, Winfried; Skell, Wolfgang; Straub, Werner (Hrsg.) (1968): Arbeitspsychologie und wissenschaftlich-technische Revolution. Intellektuelle Regulation von Produktionsarbeiten, Eingabe- und Entnahmetätigkeiten in der elektronischen Datenverarbeitung, Beanspruchung durch geistige Arbeit. Technische Universität Dresden; Arbeitstagung. Institut für Psychologie der Technischen Universität Dresden. 1. Aufl. Berlin: VEB Deutscher Verlag der Wissenschaften.
  - Hiebsch, Hans (1968): Sozialpsychologische Grundlagen der Persönlichkeitsformung. 3. Aufl. Berlin: VEB Deutscher Verlag der Wissenschaften.

- Hiebsch, Hans; Klix, Friedhart; Anan'ev, B. T. (Hrsg.) (1967): Ergebnisse der sowjetischen Psychologie. Berlin: Akademie-Verlag.
- Hiebsch, Hans; Rubinštejn, Sergej L. (Hrsg.) (1964): Sein und Bewusstsein. Die Stellung des Psychischen im allgemeinen Zusammenhang der Erscheinungen in der materiellen Welt. 2., unveränd. Aufl. Berlin: Akademie-Verlag.
- Hiebsch, Hans; Rubinštejn, Sergej L. (Hrsg.) (1964): Sein und Bewusstsein. Die Stellung des Psychischen im allgemeinen Zusammenhang der Erscheinungen in der materiellen Welt. 2., unveränd. Aufl. Berlin: Akademie-Verlag.
- Hiebsch, Hans; Vorwerg, Manfred (Hrsg.) (1965): Sozialpsychologie im Sozialismus. Bericht vom Internationalen Symposion marxistischer Sozialpsychologen »Der gesellschaftliche Auftrag der Sozialpsychologie im Sozialismus« vom 21. Bis 23. Oktober 1964 in Jena. Berlin: VEB Deutscher Verlag der Wissenschaften.
- Kohler, Christa; Böttcher, Hermann F.; Schwabe, Christoph; Wilda-Kiesel, Anita; Schwarz, B. (Hrsg.) (1968): Kommunikative Psychotherapie. Jena: VEB Gustav Fischer (Für die medizinische Praxis).
- Kühn, Horst (Hrsg.) (1962): Beiträge zum Begabungsproblem. Berlin: VEB Volk u. Wissen.
- Kühn, Horst (Hrsg.) (1963): Psychologische Hilfen für den Unterstufenlehrer. Berlin: VEB Volk u. Wissen (Psychologische Beiträge, 1, Abteilung 1).
- Kühn, Horst (Hrsg.) (1965): Psychologische Hilfen für den Unterstufenlehrer. Berlin Ost: VEB Volk u. Wissen (Psychologische Beiträge, 1).
- Kulka, Helmut (Hrsg.) (1968): Arbeitspsychologie für die industrielle Praxis. Berlin: Technik.
- Kulka, Helmut (Hrsg.) (1969): Arbeitspsychologie für die industrielle Praxis. Berlin: Technik.
- Kunath, Paul (Hrsg.) (1961): Schule und Familie erziehen gemeinsam. Ein empfehlendes Literaturverzeichnis. Deutsche Bücherei. Berlin: VEB Volk und Wissen (Sonderbibliographien der Deutschen Bücherei, 30).
- Kunath, Paul (1961): Schule und Familie erziehen gemeinsam. Ein empfehlendes Literaturverz. Berlin: VEB Volk u. Wissen (Sonderbibliographien der Deutschen Bücherei, 30).

- Kunath, Paul (1968): Sektion II: Die sportliche Leistung und ihre Bedeutung für die allseitige Entwicklung der Persönlichkeit. Tagungsort: Hörsaal Nord der DHfK. In: Sportwissenschaftlicher Kongreß der Deutschen Demokratischen Republik »Sozialismus und Körperkultur« (2).
- Kunath, Paul; Röblitz, Günther; Schwidtmann, Heinz (1960): Über die Erziehung sozialistischer Sportler. Berlin: Sportverlag (Kleine Bücherei für den Übungsleiter und Sportlehrer, Bd. 9).
- Lohse, Heinz (Hrsg.) (1968): Übungsprogramm zum Lehrprogramm Elementare Zahlenfolgen. Einsetzbar in Klassen 11 und 12; in Arbeitsgemeinschaften der Klassen 9 und 10 und im Grundlehrgang Math. Des Ing.-Studiums. Leipzig.
- Lüning, Konrad (1960): Gedanken über die populärwissenschaftliche Vortragstätigkeit auf dem Gebiet der Psychologie. Berlin: Gesellschaft zur Verbreitung wissenschaftlicher Kenntnisse ([Referentenmaterial]//Gesellschaft zur Verbreitung wissenschaftlicher Kenntnisse, Präsidium: Sektion [7.] Pädagogik, 1960, H. 2).
- Puttrich, O. (1967): Grundfragen der Arbeitspsychologie. 1. Aufl., 1.–73. Tsd. Berlin: Verl. Tribüne (Arbeitsstudium, Arbeitsgestaltung, Arbeitsnormung/Hrsg. Vom Koordinierungsbereich Arbeit und Löhne im Auftrage des Staatlichen Amtes für Arbeit und Löhne beim Ministerrat der DDR in Übereinstimmung mit dem Bundesvorstand des Freien Deutschen Gewerkschaftsbundes; Lehrbrief 8).
- Rösler, Hans-Dieter (1967): Leistungshemmende Faktoren in der Umwelt des Kindes. Vergleichende Untersuchung z. Problem d. Schulversagens. 2., erg. Aufl. Leipzig: J. A. Barth.
- Straub, W.; Hiebsch, H.; Klix, F.; Rosenfeld, G.; Schmidt, H.-D. (Hrsg.) (1960): Probleme und Ergebnisse der Psychologie I. Berlin: VEB Deutscher Verlag der Wissenschaften.
- Straub, W.; Hiebsch, H.; Klix, F.; Rosenfeld, G.; Schmidt, H.-D. (Hrsg.) (1961): Probleme und Ergebnisse der Psychologie II. Berlin: VEB Deutscher Verlag der Wissenschaften.
- Straub, W.; Hiebsch, H.; Klix, F.; Rosenfeld, G.; Schmidt, H.-D. (Hrsg.) (1962): Probleme und Ergebnisse der Psychologie III. Berlin: VEB Deutscher Verlag der Wissenschaften.
- Straub, W.; Hiebsch, H.; Klix, F.; Rosenfeld, G.; Schmidt, H.-D. (Hrsg.) (1963): Probleme und Ergebnisse der Psychologie. Organ

der Gesellschaft für Psychologie in der Deutschen Demokratischen Republik. Berlin: VEB Deutscher Verlag der Wissenschaften (ab Nr. 8/1963: Organ der Gesellschaft für Psychologie in der DDR).

- Straub, W.; Hiebsch, H.; Klix, F.; Rosenfeld; Schmidt, H. D. (Hrsg.) (1963): Probleme und Ergebnisse der Psychologie. Organ der Gesellschaft für Psychologie in der Deutschen Demokratischen Republik. Sonderheft Ingenieurpsychologie. Berlin: VEB Deutscher Verlag der Wissenschaften.
- Straub, W.; Hiebsch, H.; Klix, F.; Rosenfeld, G.; Schmidt, H.-D. (Hrsg.) (1964): Probleme und Ergebnisse der Psychologie. Organ der Gesellschaft für Psychologie in der Deutschen Demokratischen Republik.
- Vorstand der Gesellschaft für Psychologie in der Deutschen Demokratischen Republik (Hrsg.) (1965): Probleme und Ergebnisse der Psychologie. Berlin: VEB Deutscher Verlag der Wissenschaften.
- Vorstand der Gesellschaft für Psychologie in der Deutschen Demokratischen Republik (Hrsg.) (1966): Probleme und Ergebnisse der Psychologie. Berlin: VEB Deutscher Verlag der Wissenschaften.
- Vorstand der Gesellschaft für Psychologie in der Deutschen Demokratischen Republik (Hrsg.) (1966): Informationen der Gesellschaft für Psychologie der Deutschen Demokratischen Republik. Berlin: Gesellschaft für Psychologie der DDR (bis einschl. 1979 im Zeitschriftenformat unter diesem Titel erschienen).
- Vorstand der Gesellschaft für Psychologie in der Deutschen Demokratischen Republik (Hrsg.) (1967): Probleme und Ergebnisse der Psychologie. Berlin: VEB Deutscher Verlag der Wissenschaften.
- Vorstand der Gesellschaft für Psychologie in der Deutschen Demokratischen Republik (Hrsg.) (1968): Probleme und Ergebnisse der Psychologie. Berlin: VEB Deutscher Verlag der Wissenschaften.
- Vorstand der Gesellschaft für Psychologie in der Deutschen Demokratischen Republik (Hrsg.) (1969): Probleme und Ergebnisse der Psychologie. Berlin: VEB Deutscher Verlag der Wissenschaften.
- Suhrweier, Horst (1968): Methoden der Schülerbeobachtung und ihre Anwendung in der Sonderschule. Berlin: VEB Volk u. Wissen.
- Timpe, Klaus-Peter (1967): Ingenieurpsychologie und Automatisierung. Berlin: Technik (Reihe Automatisierungstechnik, 69).

- Winnefeld, Friedrich (Hrsg.) (1969): Kampf zwischen Empirie und Spekulation. Beiträge zur pädagogischen Psychologie; Referate der wissenschaftlichen Tagung aus Anlaß des 75jährigen Bestehens einer selbständigen Institution für Psychologie an der Martin-Luther-Universität Halle-Wittenberg. Halle (Saale): Univ. Halle-Wittenberg.
- Winnefeld, Friedrich (1962): Über komplex verursachte Sprechhemmung. In: Wissenschaftliche Zeitschrift.
- Winnefeld, Friedrich (1963): Pädagogischer Kontakt und pädagogisches Feld. Beiträge zur pädagogischen Psychologie. 2., unveränd. Aufl. München: Reinhardt (Erziehung und Psychologie, 7).
- Winnefeld, Friedrich (1965): Pädagogischer Kontakt und pädagogisches Feld. Beiträge zur Pädagogischen Psychologie. 3., unveränd. Aufl. München: Reinhardt (Erziehung und Psychologie, 7).
- Winnefeld, Friedrich (1967): Pädagogischer Kontakt und pädagogisches Feld. Beiträge zur pädagogischen Psychologie. 4., unveränd. Aufl. München: Reinhardt (Erziehung und Psychologie, 7).
- Witzlack, Gerhard (1968): Zur Diagnostik und Entwicklung der Schulfähigkeit. Berlin: VEB Volk u. Wissen.
- Witzlack, Gerhard (1969): Zur Diagnostik und Entwicklung der Schulfähigkeit. 2. Aufl. Berlin: VEB Volk u. Wissen.

- Als *Dissertationen/Habilitationen* sind für die 1960er Jahre u. a. zu nennen:
  - Clauß, Günter (1961): Zur Psychologie der Einstellungsbildung im pädagogischen Feld. Leipzig, Phil. F., Hab.-Schr. V. 1. Juli 1961. Leipzig.
  - Klix, Friedhart (1961): Elementaranalysen zur Psychophysik der Raumwahrnehmung. Dresden, T. H., F. f. Math. U. Naturwiss., Hab.-Schr. V. 11. Juli 1961, Dresden.
  - Kühn, Horst (1969): Zur Frage der Zwillings- und Doppelzahnbildungen. Hamburg, Univ., FB Medizin, Diss.
  - Lohse, Heinz (1969): Effekt- und Verlaufsanalyse programmierten Lernens. Leipzig, Phil. F., Diss. V. 31. Jan. 1969. Leipzig.
  - Meischner, Wolfram (1969): Umweltbeziehungen und Affektivität bei höheren Wirbeltieren. Leipzig, Phil. F., Hab.-Schr. V. 31. Jan. 1969, Leipzig.
  - Timpe, Klaus-Peter (1969): Systemtheoretische Analysen sensomotorischer Koordinationsvorgänge. Berlin, Humboldt-U., Sekt. Psychologie, Diss. V. 21. Febr. 1969, Berlin.

Ausgehend von dem Beschluss des Staatsrates der DDR 1969 steht das Hochschulwesen in den 1970er Jahren zunehmend unter politischen Anforderungen und auch Kontrolle. »Die Weiterführung der 3. Hochschulreform und die Entwicklung des Hochschulwesens bis 1975« vom 3.4.1969 erfordern eine stärkere Integration der SED-Politik in die Lehre und somit auch Beteiligungen zur Vorbereitung eines Zentralen Forschungsplans (Zentraler Forschungsplan der marxistisch-leninistischen Gesellschaftswissenschaften der DDR 1976 bis 1980, S. 1049, zitiert nach Mäder & Siebenbrodt, 1978, S. 30). Die Psychologie konzentrierte sich auf die wissenschaftliche Grundlagenforschung der Psychologie bzw. der psychischen Prozesse und leistete Grundlagenarbeit zu Themen der »Entwicklung der sozialistischen Persönlichkeit und Kollektive«, auch unter Berücksichtigung der Erforschung von Optimierungen bei der »Gestaltung des Arbeitsprozesses« und der »medizinische[n] Betreuung der Werktätigen« (Mäder & Siebenbrodt, 1978, S. 30).

Mit diesem Profil der Psychologie sollten die aus den politischen Forderungen resultierten Bedarfe unterstützt werden, die durch die Gründung der Fachkommission für Psychologie in der Lehrerbildung beim Ministerium für Volksbildung, durch die Herstellung der Arbeitsgruppe für Psychologie beim Staatssekretariat für Arbeit und Löhne und die Einstellung wissenschaftlicher Räte an der Akademie der pädagogischen Wissenschaften und an den Zentralinstituten für Jugendforschung und Arbeitsmedizin entstanden (vgl. Mäder & Siebenbrodt, 1978, S. 30). Auch die Gesellschaft für Psychologie der DDR (die in ihrem Titel die lokale Präposition »in« verloren hat; vgl. hierzu Guski-Leinwand & Bredenkamp, 2023), erhält Verpflichtung und Bestätigung zugleich durch die staatliche Anerkennung 1976: Laut Mitteilung vom 31.3.1976 des Ministeriums des Innern, HA Innere Angelegenheiten, an die Gesellschaft für Psychologie der DDR war sie seit diesem Zeitpunkt eine staatlich anerkannte Vereinigung (Archiv der Humboldt-Universität, Bestand »Die Gesellschaft für Psychologie der DDR«, Aktenband 1, 3; Bl. 44) und entsprach den staatlichen Vorgaben für Vereinigungen dieser Art (Der Ministerrat der Deutschen Demokratischen Republik, 1975).

Die auf der Konferenz der Gesellschaftswissenschaftler der DDR im November 1976 zugewiesene »Rolle und Aufgaben der Psychologie« in der Rede von Kurt Hager (1976, S. 36 und 37) machten unmissverständlich klar, dass die Psychologie bereits einen »wichtigen Beitrag zur praktischen Veränderung des Lebens in der sozialistischen Gesellschaft« geleistet hatte und künftig die Einheit von »Produktivitätssteigerung und Formung der Persönlichkeit in der Tätigkeit« zu unterstützen hatte. Dies konnte nur über Aspekte des Lernens realisiert werden, zu dem im *Wörterbuch der Psychologie* definiert war: »Lernen im weitesten Sinne des Wortes bedeutet die Herausbildung bzw. Veränderung aller psychischen Merkmale und Eigenschaften der menschlichen Persönlichkeit durch Aneignung der menschlichen Kultur im individuellen Lebensweg« (Clauß, 1976, S. 312). Der V. Kongress der GfP stellt Verbindungen zwischen psychologischen Arbeiten und den von der Partei gesetzten Zielen dar (Engel, 1980, S. 9), die Studierendenzahlen in Psychologie sind 1979 mit 857 Psychologiestudierenden auf dem Höhepunkt (Zentralverwaltung für Statistik, 1980) und betrugen 0,7 % Anteil an der Gesamtstudierendenzahl.

An besonders relevanten Ereignissen in der Psychologie bzw. die Psychologie betreffend sind für die 1970er Jahre vor allem die Zusage der IUPS auf dem Kongress in Paris an die DDR zur Durchführung des XXII. Internationalen Kongresses in Leipzig 1980. Dieses und der Kongress selbst wurden als Erfolg nicht nur der Psychologie in der DDR, sondern auch der SED-Politik betrachtet (Schönpflug, 2010, S. 231), weil er eine »Ausnahmestellung« durch die internationalen Verbindungen auch mit der UNESCO darstellte (Schönpflug & Lüer, 2011, S. 232). In Vorbereitung auf dieses internationale Fachereignis wurde die Einrichtung des Wissenschaftlichen Rats für Psychologie beim Ministerium für Fach- und Hochschulwesen unter Leitung von Friedhart Klix durchgeführt (Lück et al., 1987, S. 187). Weiter ist auch die Errichtung des Instituts für Pädagogische Psychologie an der Akademie der Wissenschaften und damit der Aufbau eines System der postgradualen berufsbegleitenden Weiterbildung (Mäder & Siebenbrodt, 1978). Zu weiteren relevanten Ereignissen siehe Tabelle 3.

Tabelle 3: Übersicht relevante Ereignisse in der DDR 1970er Jahre

1972	Dritter Kongress der GfP in Erfurt
1972	Friedhart Klix (Berlin): Mitglied im Exekutivkomitee der IUPSyS (1972–1980)
1975	Vorbereitung Zentraler Forschungsplan (Zentraler Forschungsplan der marxistisch-leninistischen Gesellschaftswissenschaften der DDR 1976 bis 1980, S. 1049, zit. nach Mäder & Siebenbrodt, 1978, S. 30)
1975	Vierter Kongress der GfP in Ost-Berlin

1976	Neue Auflage des Statuts der GfP
1976	IX. Parteitag der SED: Direktiven des Fünfjahresplans bis 1980
1976	Internationaler Kongress für Psychologie in Tokio: Offizielle Einladung nach Leipzig für 1980
1976	Konferenz der Gesellschaftswissenschaftler der DDR 25./26. November 1976 im Nachgang an die Zielsetzungen des IX. Parteitages: Defintion von »Rolle und Aufgaben der Psychologie« (Hager, 1976, S. 36–37)
1976	Staatliche Anerkennung der GfP
1976	Erstauflage *Wörterbuch der Psychologie* (Clauß et al., 1976)
1978	Zweite Auflage *Wörterbuch der Psychologie* (Clauß et al., 1978)
1978	Sammelpublikation *Bibliographie psychologischer Arbeiten in der DDR von 1975 bis 1977* von GfP veröffentlicht, alternierend (bis einschl. 1989)
1979	Fünfter Kongress der GfP in Ost-Berlin
1979	Weitere, veränderte Auflage des Statuts der GfP
1979	Letztmalig erscheinen die *Informationen* der GfP unter diesem Titel (s. 1966)
1979	Internationales Symposium »Wilhelm Wundt – progressives Erbe, Wissenschaftsentwicklung und Gegenwart« in Leipzig (1./2. November 1979) anlässlich 100 Jahre nach Gründung des Instituts für experimentelle Psychologie
1979	Insgesamt 857 Studierende der Psychologie lt. Statistik (Zentralverwaltung für Statistik, 1980)

An Publikationstiteln ist erkennbar, dass die Psychologie als Bezugswissenschaft diente, so zum Bespiel zur Bereitstellung von Lehrmaterialien für den medizinischen Bereich (z. B. Hárdi, 1968). Außerdem zeigt sich im Vergleich zu den beiden Vorjahrzehnten, wie sich der Bereich Sportpsychologie weiterentwickelt hat und dass Bereiche wie die Musikpsychologie methodische Professionalisierung erfahren. Persönlichkeitspsychologie, Arbeits- und Ingenieurpsychologie sowie besonders auch die Sozialpsychologie stellen erkennbar engagiert Publikationen gemäß der politischen Forderung und zum Teil mit deren Terminologie zur Verfügung. Innerhalb der Sozialpsychologie spielt auch die Familie eine Rolle, da ihr die Rolle als Kleingruppe in der sozialistischen Gesellschaft der DDR zugewiesen war: »Auch in der sozialistischen Sozialpsychologie wurde die Familie als eine Kleingruppe verstanden, die aufgrund ihrer strukturellen Besonderheiten wichtige Funktionen in der Gesellschaft übernehmen kann« (Busch, 1998, S. 103).

- *Manuskript-Drucke:*
  - Kossakowski, Adolf (1978): Beiträge zur Entwicklung der marxistisch-leninistischen Psychologie in der DDR. Informationsmaterial zur Arbeitsberatung von Psychologen sozialistischer Länder im März 1978 in Potsdam (Fortschrittsberichte und Studien/Akademie der Pädagogischen Wissenschaften der DDR, Zentralstelle für Pädagogische Information, Dokumentation). Ms.-Dr. Berlin: Akad. Der Pädagog. Wiss. Der DDR.
  - Kühn, Horst; Jakuszek, Rolf; Clauß, Günter (1979): Ideologische Auseinandersetzung mit bürgerlichen Auffassungen in der Psychologie. Als Ms. Gedr. Berlin (Fortschrittsberichte und Studien/Akad. D. Pädag. Wiss. D. DDR, Zentralstelle für Pädag. Information u. Dokumentation).
  - Kunath, Paul (1970): Psychologie. Anleitung für die Weiterbildung und das Fernstudium aus dem Institut für Sportpsychologie. 6. Aufl., als Ms. Gedr. Leipzig: Dt. Hochsch. Für Körperkultur.
  - Kunath, Paul (1970): Studienmaterial zur Sportpsychologie (Auszüge aus Diplom- und Staatsexamensarbeiten). Als Ms. Gedr. Leipzig: Dt. Hochsch. Für Körperkultur.
  - Lohse, Heinz (1979): Galperins Theorie der etappenweisen Ausbildung geistiger Handlungen und ihre Anwendung im Mathematikunterricht. Reihe für den Fachschullehrer. Weiterbildung, Band 107. 1. Ausg., 1. Aufl., als Ms. Gedr. Karl-Marx-Stadt: Inst. für Fachschulwesen der DDR.
  - Matern, Bärbel (1978): Totzeitprobleme in Regelungssystemen. Konsequenzen für die Gestaltung von Steuer- und Überwachungstätigkeiten. Als Ms. Gedr. Dresden: Techn. Univ (Berichte aus dem Bereich Psychologie der Sektion Arbeitswissenschaften der TU Dresden).
  - Rösler, Hans-Dieter (Hrsg.) (1973): Persönlichkeitsdiagnostik. Probleme u. Ergebnisse persönlichkeitsdiagnost. Forschungen in d. klein. Psychologie d. DDR. Fotomechan. Nachdr. 2. Aufl. Berlin: VEB Deutscher Verlag der Wissenschaften.
  - Rösler, Hans-Dieter (Hg.) (1976): Persönlichkeitsdiagnostik. Probleme u. Ergebnisse persönlichkeitsdiagnost. Forschungen in klin. Psychologie d. DDR. Fotomechan. Nachdr., 4. Aufl. Berlin: VEB Deutscher Verlag der Wissenschaften.

  - ➢ Suhrweier, Horst (1976): Studienmaterial Entwicklung des debilen Jugendlichen. Als Mskr. gedr. Berlin: Humboldt-Universität (Psychologie, 3).
- ➢ *Buchpublikationen/Zeitschriften:*
  - ➢ Beiträge zur Sportpsychologie 1 (1972). Berlin: Sportverlag.
  - ➢ Böttcher, Hermann F.; Kerner, Uwe (1978): Methoden in der Musikpsychologie. Leipzig: Edition Peters (Musikwissenschaftliche Studienbibliothek Peters).
  - ➢ Clauß, Günter; Ebner, Heinz (1970): Grundlagen der Statistik für Psychologen, Pädagogen und Soziologen. [3., durchges. Aufl.] Berlin: VEB Volk u. Wissen.
  - ➢ Clauß, Günter; Guthke, Jürgen; Lohse, Heinz (Hrsg.) (1976): Lernpsychologische Hinweise zur Unterrichtsgestaltung. Programmiertes Lehrmaterial für Lehrende aller Fachrichtungen. Unter Mitarbeit von Waltraut Schmidt. 1. Auf. Berlin: VEB Volk u. Wissen.
  - ➢ Dummer, Werner; Müller, Karl-Peter (1967): Psychologie im Krankenzimmer. 1. Aufl. Potsdam: Inst. für Weiterbildung mittlerer medizinischer Fachkräfte (Lehrmaterialien für Ausbildung und Weiterbildung von mittleren medizinischen Personal).
  - ➢ Gullasch, Reinhard; Kossakowski, Adolf (1977): Psychologische Grundlagen der Persönlichkeitsentwicklung im pädagogischen Prozeß. 1. Aufl. Berlin: VEB Volk u. Wissen.
  - ➢ Guthke, Jürgen (1977): Zur Diagnostik der intellektuellen Lernfähigkeit. Stuttgart: Klett.
  - ➢ Hacker, Winfried (Hrsg.) (1973): Psychologische Arbeitsuntersuchung. Zur Methodik arbeitspsychologischer Rationalisierungsbeiträge. Berlin: VEB Deutscher Verlag der Wissenschaften.
  - ➢ Hacker, Winfried (1975): Zu psychologischen Beiträgen zur Steigerung der Arbeitsproduktivität. In: Grundfragen der Steigerung der Arbeitsproduktivität: Grundfragen der Steigerung der Arbeitsproduktivität bei der Gestaltung der entwickelten sozialistischen Gesellschaft in der DDR; 12. Tagung des Wissenschaftlichen Rates für die wirtschaftswissenschaftliche Forschung bei der Akademie der Wissenschaften der DDR am 17.12.1974, S. 136–138.
  - ➢ Hacker, Winfried; Timpe, Klaus-Peter; Vorwerg, Manfred (Hrsg.) (1973): Arbeits-, ingenieur- und sozialpsychologische Beiträge zur sozialistischen Rationalisierung. Berlin: VEB Deutscher Verlag der Wissenschaften.

- Helm, Johannes; Frohburg, Inge (Hrsg.) (1972): Psychotherapieforschung. Fragen, Versuche, Fakten. Interdisziplinäre Arbeitstagung. 1. Aufl. Berlin: VEB Deutscher Verlag der Wissenschaften.
- Helm, Johannes; Frohburg, Inge (1974): Psychotherapieforschung. Fragen, Versuche, Fakten. Hrsg. v. Johannes Helm unter Mitarb. von Inge Frohburg. 2. Aufl. Berlin: VEB Deutscher Verlag der Wissenschaften.
- Hiebsch, Hans (Hrsg.) (1979): Sozialpsychologie. Unter Mitarbeit von Helmut Bludszuweit. Berlin: VEB Deutscher Verlag der Wissenschaften.
- Hiebsch, Hans (1971): Sozialpsychologische Grundlagen der Persönlichkeitsformung. 5. Aufl. Berlin: VEB Deutscher Verlag der Wissenschaften.
- Hiebsch, Hans (1972): Sozialpsychologische Grundlagen der Persönlichkeitsformung. 6. Aufl. Berlin: VEB Deutscher Verlag der Wissenschaften.
- Hiebsch, Hans (1973): Sozialpsychologische Grundlagen der Persönlichkeitsformung. 7. Aufl. Berlin: VEB Deutscher Verlag der Wissenschaften.
- Hiebsch, Hans (1974): Sozialpsychologische Grundlagen der Persönlichkeitsformung. 8. Aufl. Berlin: VEB Deutscher Verlag der Wissenschaften.
- Hiebsch, Hans (1974): Sozialpsychologische Grundlagen der Persönlichkeitsformung. 8. Aufl. Berlin: VEB Deutscher Verlag der Wissenschaften.
- Hiebsch, Hans (1976): Sozialpsychologische Grundlagen der Persönlichkeitsformung. 9. Aufl. Berlin: VEB Deutscher Verlag der Wissenschaften.
- Hiebsch, Hans (1977): Wilhelm Wundt und die Anfänge der experimentellen Psychologie. Berlin: Akademie-Verlag (Sitzungsberichte der Sächsischen Akademie der Wissenschaften zu Leipzig, Philologisch-Historische Klasse, 118,4).
- Hiebsch, Hans (1977): Wissenschaftspsychologie. Psychologische Fragen der Wissenschaftsorganisation. Berlin: VEB Deutscher Verlag der Wissenschaften.
- Hiebsch, Hans (1979): Wilhelm Wundt und die Entwicklung der experimentellen Psychologie. E. Vortrag. Berlin: Präsidium d. Urania (Urania im Funk).

- Hiebsch, Hans; Rubinštejn, Sergej L. (Hrsg.) (1972): Sein und Bewußtsein. Die Stellung des Psychischen im allgemeinen Zusammenhang der Erscheinungen in der materiellen Welt. 2. Aufl. Giessen: s'Gravenhage – van Eversdijck. Rotdruck, Band 17.
- Hiebsch, Hans; Sprung, Lothar (Hrsg.) (1973): Aufgaben, Perspektiven und methodologische Grundlagen der marxistischen Psychologie in der DDR. Berlin: VEB Deutscher Verlag der Wissenschaften (Materialien des Kongresses der Gesellschaft für Psychologie der DDR, 3).
- Hiebsch, Hans; Vorwerg, Manfred (1971): Einführung in die marxistische Sozialpsychologie. 5., veränd. Aufl. Berlin: VEB Deutscher Verlag der Wissenschaften.
- Hiebsch, Hans; Vorwerg, Manfred (1972): Einführung in die marxistische Sozialpsychologie. 6., veränd. Aufl. Berlin: VEB Deutscher Verlag der Wissenschaften.
- Hiebsch, Hans; Vorwerg, Manfred (1973): Einführung in die marxistische Sozialpsychologie. 8., veränd. Aufl. Berlin: VEB Deutscher Verlag der Wissenschaften
- Hiebsch, Hans; Vorwerg, Manfred (1975): Einführung in die marxistische Sozialpsychologie. 9., veränd. Aufl. Berlin: VEB Deutscher Verlag der Wissenschaften.
- Hiebsch, Hans; Vorwerg, Manfred (1976): Einführung in die marxistische Sozialpsychologie. 10., veränd. Aufl. Berlin: VEB Deutscher Verlag der Wissenschaften.
- Katzenstein, Alfred (Hrsg.) (1971): Hypnose. Aktuelle Probleme in Theorie, Experiment und Klinik. Unter Mitarbeit von Rudolf Baumann. Jena: VEB Gustav Fischer.
- Klix, Friedhart (1971): Information und Verhalten. Kybernet. Aspekte d. organism. Informationsverarbeitg; Einf. in naturwiss. Grundlagen d. allg. Psychologie. Berlin: VEB Deutscher Verlag der Wissenschaften.
- Klix, Friedhart (Hrsg.) (1972): Analyse und Synthese von Problemlösungsprozessen. 1. Aufl. Berlin: VEB Deutscher Verlag der Wissenschaften (Kybernetik-Forschung in der DDR, 2).
- Klix, Friedhart (Hrsg.) (1972): Zeichenerkennung und Klassifizierungsprozesse in biologischen und technischen Systemen. 1. Aufl. Berlin: VEB Deutscher Verlag der Wissenschaften (Kybernetik-Forschung, 1).

- Klix, Friedhart (Hrsg.) (1974): Erkennungs- und Klassifizierungsprozesse. Berlin: VEB Deutscher Verlag der Wissenschaften (Kybernetik-Forschung, 4).
- Klix, Friedhart (Hrsg.) (1976): Lernende Algorithmen und Systeme. Berlin: VEB Deutscher Verlag der Wissenschaften (Kybernetik-Forschung, 6).
- Klix, Friedhart (Hrsg.) (1976): Psychologische Beiträge zur Analyse kognitiver Prozesse. Unter Mitarbeit von Hans-Georg Geißler. München: Kindler (Kindler-Studienausgabe).
- Klix, Friedhart (1976): Information und Verhalten. Kybernet. Aspekte d. organism. Informationsverarbeitung; Einf. in naturwissenschaftl. Grundlagen d. allg. Psychologie. 3. Aufl. Bern, Stuttgart, Wien: Huber.
- Klix, Friedhart (1977): Über die Ursprünge der menschlichen Intelligenz. Vortrag. Berlin: Präsidium d. Urania (Urania im Funk).
- Klix, Friedhart (Hrsg.) (1977): Zur Psychologie des Gedächtnisses. Berlin: VEB Deutscher Verlag der Wissenschaften.
- Klix, Friedhart (Hrsg.) (1977): Zur Psychologie des Gedächtnisses. Bern, Stuttgart, Wien: Huber.
- Klix, Friedhart (1978): Information und Verhalten. Kybernet. Aspekte d. organism. Informationsverarbeitung; Einf. in naturwiss. Grundlagen d. allg. Psychologie. 4. Aufl. Berlin: VEB Deutscher Verlag der Wissenschaften.
- Klix, Friedhart (Hrsg.) (1979): Arbeits- und Ingenieurpsychologie und Intensivierung. Kognitive Prozesse, Zuverlässigkeit u. Belastung, arbeits- u. ingenieurpsycholog. Beitr. zur rationellen Gestaltung d. Arbeitstätigkeit. Unter Mitarbeit von Richard Huybrechts. Berlin: VEB Deutscher Verlag der Wissenschaften.
- Klix, Friedhart (Hrsg.) (1979): Intensivierung. Kognitive Prozesse, Zuverlaessigkeit u. Belastung, Arbeits- u. ingenieurpsychologische Beitraege zur rationellen Gestaltung d. Arbeitstaetigkeit. Berlin: VEB Deutscher Verlag der Wissenschaften.
- Klix, Friedhart; Timpe, Klaus-Peter; Huybrechts, Richard (Hrsg.) (1979): Arbeits- und Ingenieurpsychologie und Intensivierung. Kognitive Prozesse, Zuverlässigkeit u. Belastung, arbeits- u. ingenieurpsycholog. Beitr. zur rationellen Gestaltung d. Arbeitstätigkeit. Berlin: VEB Deutscher Verlag der Wissenschaften.

- Kossakowski, Adolf (Hrsg.) (1975): Ideologisch-theoretische und methodologische Probleme der Pädagogischen Psychologie. 4. Aufl. Berlin: VEB Deutscher Verlag der Wissenschaften.
- Kossakowski, Adolf (Hrsg.) (1979): Zur Entwicklung selbständigen und verantwortungsbewussten Handelns. Psycholog. Unters. d. Lerntätigkeit u. d. gesellschaftl.-polit. Tätigkeit; Konferenzbericht. Institut für Pädagogische Psychologie. 1. Aufl. Berlin: VEB Volk u. Wissen.
- Kossakowski, Adolf; Ettrich, Klaus Udo (1973): Psychologische Untersuchungen zur Entwicklung der eigenständigen Handlungsregulation. Berlin: VEB Deutscher Verlag der Wissenschaften.
- Kulka, Helmut (1974): Arbeitswissenschaften für Ingenieure. Einführung in die Arbeitswissenschaften und ihre Anwendungen in der sozialistischen Volkswirtschaft. 3. Aufl. Leipzig: Fachbuchverlag.
- Kunath, Paul (1973): Beiträge zur Sportpsychologie. Berlin: Sportverlag.
- Kunath, Paul (1974): Fachausbildung. In: Studientexte zum Studienkomplex Sportpsychologie (2).
- Lohse, Heinz; Berane, Edith; Knorr, Henry; Lowke, Friedmar (Hrsg.) (1978): Gewöhnliche Differentialgleichungen höherer Ordnung. Übungsprogramm. 1. Aufl. Leipzig: Akademische Verlagsgesellschaft Geest & Portig K.-G (Lehrprogrammbücher Hochschulstudium Mathematik, 7).
- Lohse, Heinz; Ludwig, Rolf (1973): Statistik für Forschung und Beruf. Ein programmierter Lehrgang. Erfassung, Aufbereitung u. Darst. statist. Daten. 292 Lehrschritte mit 185 Bildern, 3 Selbstleistungskontrollen u. e. Beiheft als Wissensspeicher. Leipzig: Fachbuchverlag.
- Lompscher, Joachim (Hrsg.) (1974): Lenins philosophisches Erbe und Ergebnisse der sowjetischen Psychologie. Berlin: VEB Deutscher Verlag der Wissenschaften.
- Lompscher, Joachim (Hrsg.) (1976): Verlaufsqualitäten der geistigen Tätigkeit. Unter Mitarbeit von Walter Hasdorf. Institut für Pädagogische Psychologie. 1. Aufl. Berlin: VEB Volk u. Wissen.
- Lompscher, Joachim (Hrsg.) (1977): Psychologie des Lernens in der Unterstufe. Akademie der Pädagogischen Wissenschaften der DDR. 4. Aufl. Berlin: VEB Volk u. Wissen.

- Lompscher, Joachim (Hrsg.) (1977): Zur Psychologie der Lerntätigkeit. Konferenzbericht. Unter Mitarbeit von Fritz Beckert. Institut für Pädagogische Psychologie. 1. Aufl. Berlin: VEB Volk u. Wissen.
- Lompscher, Joachim; Hasdorf, Walter (1976): Verlaufsqualitäten der geistigen Tätigkeit. 1. Aufl. Berlin: VEB Volk u. Wissen.
- Lompscher, Joachim; Schäfer, Ingrid (Hrsg.) (1977): Zur Psychologie der Lerntätigkeit. Konferenzbericht. Institut für Pädagogische Psychologie; Symposium. 1. Aufl. Berlin: VEB Volk u. Wissen.
- Lompscher, Joachim (1976): Problemlösen als Lernhandlung von Schülern. Beiheft 2, *Pädagogik*, 31. Jahrgang.Berlin: VEB Volk u. Wissen.
- Löwe, Hans; Müller, Rolf F. (1978): Leben ist Lernen. 1. Aufl. Leipzig: Urania-Verlag.
- Matern, Bärbel (1972): Gegenstand, Aufgaben und Methoden der Arbeitspsychologie. 1. Aufl., 1.– 20. Tsd. Berlin: Verl. Tribüne (Arbeitswissenschaftliche Lehrbriefe Reihe arbeitshygienische, arbeitsphysiologische und arbeitspsychologische Grundlagen der Gestaltung der Arbeit, 4).
- Meischner, Wolfram (Hrsg.) (1975): Beiträge zur (Wilhelm Max) Wundt-Forschung. Überarbeitete Materialien des 1. Interdisziplinären Kolloquiums des Arbeitskreises »Wundt-Forschung« an der Karl-Marx-Universität Leipzig. Leiter des Arbeitskreises: W(olfram) Meischner. Unter Mitarbeit von Wilhelm Max Wundt. Universität. Leipzig: Karl-Marx-Univ (Wissenschaftliche Beiträge der Universität Leipzig).
- Meischner, Wolfram (Hrsg.) (1975): Beiträge zur Wundt-Forschung. Leipzig, 6. Dezember 1974. Leipzig: Karl-Marx-Universität (Wissenschaftliche Beiträge der Karl-Marx-Universität Leipzig: Reihe Psychologie, 1).
- Meischner, Wolfram (Hrsg.) (1979): Probleme und Ergebnisse der Wundt-Forschung. Universität Leipzig. Leipzig: Karl-Marx-Univ (Wissenschaftliche Zeitschrift/Karl-Marx-Universität Leipzig: Gesellschafts- u. sprachwiss. Reihe, Jg. 28. 1979, H. 2).
- Meischner, Wolfram (1975): Überarbeitete Materialien Des 1. interdisziplinären Kolloquiums des Arbeitskreises »Wundt-Forschung« an der Karl-Marx-Universität Leipzig. Leipzig (Wissenschaftliche Beiträge der Karl-Marx-Universität Leipzig Reihe

Psychologie/Arbeitskreis Wundt-Forschung an der Karl-Marx-Universität Leipzig, 1).
- Meischner, Wolfram (1977): Überarbeitete Materialien Des 2. interdisziplinären Kolloquiums des Arbeitskreises »Wundt-Forschung« an der Karl-Marx-Universität Leipzig. Leipzig (Wissenschaftliche Beiträge der Karl-Marx-Universität Leipzig Reihe Psychologie/Arbeitskreis Wundt-Forschung an der Karl-Marx-Universität Leipzig, 2).
- Meischner, Wolfram; Eschler, Erhard (1979): Wilhelm Wundt. 1. Aufl. Leipzig, Jena, Berlin: Urania.
- Neumann, Jochen; Timpe, Klaus-Peter (1970): Arbeitsgestaltung. 1. und 2. Auflage. Berlin: VEB Deutscher Verlag der Wissenschaften.
- Neumann, Jochen; Timpe, Klaus-Peter (1971): Arbeitsgestaltung. Psychophysiol. Probleme bei Überwachungs- u. Steuerungstätigkeiten. 3. Aufl. Berlin: VEB Deutscher Verlag der Wissenschaften.
- Puttrich, Otto (1972): Arbeitswissenschaften. Unveränd. Nachdr. Berlin: Technik (Lehrbriefe für das Hochschulfernstudium).
- Roth, Walter; Suhrweier, Horst (1976): Studienmaterial zur Pädagogik physisch-psychisch Geschädigter. Zur Erziehung und Bildung Geschädigter in der Sozialistischen Republik Rumänien. Berlin: Humboldt-Universität (Vergleichende Pädagogik physisch-psychisch Geschädigter, 6).
- Skell, Wolfgang (1972): Psychologische Analysen von Denkleistungen in der Produktion. Untersuchungsmethoden, experimentelle Befunde, Ansätze zur Rationalisierung. Hrsg. von Wolfgang Skell. Berlin: VEB Deutscher Verlag der Wissenschaften.
- Suhrweier, Horst (Hrsg.) (1976): Studienmaterial zur Pädagogik physisch-psychisch Geschädigter. Probleme und Ergebnisse der Rehabilitationspädagogik in sozialistischen Ländern. Vollversammlung der Sektion Rehabilitationspädagogik und Kommunikationswissenschaft. Berlin: Humboldt-Universität (Vergleichende Pädagogik physisch-psychisch Geschädigter, 7).
- Suhrweier, Horst (1971): Studienanleitung Schülerbeobachtung und Schülerbeurteilung. Berlin: Humboldt-Universität (Fernstudium Hilfsschulpädagogik, 30).
- Suhrweier, Horst (1972): Studienanleitung Schülerbeobachtung und Schülerbeurteilung. Berlin: Humboldt-Universität (Fernstudium Hilfsschulpädagogik, 53).

➢ Suhrweier, Horst (1974): Beurteilung geschädigter Kinder. Berlin: VEB Volk u. Wissen.
➢ Suhrweier, Horst (1976): Beurteilung geschädigter Kinder. 2. Aufl. Berlin: VEB Volk u. Wissen.
➢ Suhrweier, Horst (1976): Entwicklung des debilen Kindes. (Vorschulalter und frühes Schulalter bis zur 5. Klasse der Hilfsschule). Berlin: Humboldt-Universität (Psychologie, 2).
➢ Suhrweier, Horst (1979): Beurteilung geschädigter Kinder. 4. Aufl. Berlin: VEB Volk u. Wissen.
➢ Vorstand der Gesellschaft für Psychologie in der Deutschen Demokratischen Republik (Hrsg.) (1971): Probleme und Ergebnisse der Psychologie. Berlin: VEB Deutscher Verlag der Wissenschaften.
➢ Vorstand der Gesellschaft für Psychologie in der Deutschen Demokratischen Republik (Hrsg.) (1972): Probleme und Ergebnisse der Psychologie. Berlin: VEB Deutscher Verlag der Wissenschaften.
➢ Vorstand der Gesellschaft für Psychologie in der Deutschen Demokratischen Republik (Hrsg.) (1973): Probleme und Ergebnisse der Psychologie. Berlin: VEB Deutscher Verlag der Wissenschaften.
➢ Vorstand der Gesellschaft für Psychologie in der Deutschen Demokratischen Republik (Hrsg.) (1974): Probleme und Ergebnisse der Psychologie. Berlin: VEB Deutscher Verlag der Wissenschaften.
➢ Vorstand der Gesellschaft für Psychologie in der Deutschen Demokratischen Republik (Hrsg.) (1975): Probleme und Ergebnisse der Psychologie. Berlin: VEB Deutscher Verlag der Wissenschaften.
➢ Vorstand der Gesellschaft für Psychologie in der Deutschen Demokratischen Republik (Hrsg.) (1976): Probleme und Ergebnisse der Psychologie. Berlin: VEB Deutscher Verlag der Wissenschaften.
➢ Vorstand der Gesellschaft für Psychologie in der Deutschen Demokratischen Republik (Hrsg.) (1977): Probleme und Ergebnisse der Psychologie. Berlin: VEB Deutscher Verlag der Wissenschaften.
➢ Vorstand der Gesellschaft für Psychologie in der Deutschen Demokratischen Republik (Hrsg.) (1978): Probleme und Ergebnisse der Psychologie. Berlin: VEB Deutscher Verlag der Wissenschaften.
➢ Vorstand der Gesellschaft für Psychologie in der Deutschen Demokratischen Republik (Hrsg.) (1979): Probleme und Ergebnisse der Psychologie. Berlin: VEB Deutscher Verlag der Wissenschaften.
➢ Winnefeld, Friedrich (1970): Ergebnisse unterrichtspsychologischer Untersuchungen. Berlin: Akad.-Verl. (Abhandlungen der

Sächsischen Akademie der Wissenschaften zu Leipzig, Philologisch-Historische Klasse, 63,1).

- ➢ Winnefeld, Friedrich (1972): Psychologische Analyse des pädagogischen Lernvorganges. In: F. Weinert (Hrsg.), Pädagogische Psychologie, S. 51–69. Köln, Berlin: Kiepenheuer & Witsch.
- ➢ Winnefeld, Friedrich (1973): Kontaktschwierigkeiten und Kontaktstörungen im pädagogischen Felde. Sonderdruck aus »Das pädagogische Verhältnis«. Darmstadt: Wissenschaftl. Buchgesellsch.
- ➢ Veit, Thomas; Straub, Werner (1978): Investitions- und Finanzplanung. Eine Einführung in finanzwirtschaftliche Entscheidungen unter Sicherheit. Heidelberg: Verlag Gesellschaft Recht u. Wirtschaft (Grundstudium Betriebswirtschaftslehre, 3).
- ➢ Vorwerg, Manfred (1970): Die Struktur des Kollektivs in sozialpsychologischer Sicht. Bericht über d. Symposium d. Sekt. Sozialpsychologie d. Ges. für Psychologie d. DDR »Strukturanalysen d. Kollektivs« am 5. u. 6. Dez. 1968 in Jena. Hrsg. von Manfred Vorwerg. Berlin: VEB Deutscher Verlag der Wissenschaften.
- ➢ Vorwerg, Manfred (1971): Die Struktur des Kollektivs in sozialpsychologischer Sicht. Bericht über d. Symposion d. Sekt. Sozialpsychologie d. Ges. f. Psychologie in d. DDR »Strukturanalysen d. Kollektivs« am 5. u. 6. Dez. 1968 in Jena. Hrsg. v. Manfred Vorwerg. 2. Aufl. Berlin: VEB Deutscher Verlag der Wissenschaften.
- ➢ Vorwerg, Manfred (1971): Psychologische Probleme der Einstellungs- und Verhaltensänderung. Hrsg. von Manfred Vorwerg. Berlin: VEB Deutscher Verlag der Wissenschaften.
- ➢ Witzlack, Gerhard (1977): Grundlagen der Psychodiagnostik. Berlin: VEB Deutscher Verlag der Wissenschaften.

➢ *Dissertationen/Habilitationen* in den 1970er Jahren fanden zu folgenden Themen statt:

- ➢ Frohburg, Inge (1975): Zur Indikation von Psychotherapiegesprächen. Berlin, Humboldt-Univ., Diss.
- ➢ Lohse, Heinz (1973): Einsatzmöglichkeiten elektrochemischer Meßmethoden für kontinuierliche Konzentrationsbestimmung gelöster Stoffe in wäßriger Lösung unter besonderer Berücksichtigung der wechselstrompolarographischen Elektrosorptionsanalyse. Berlin, AdW d. DDR, Diss.

- Oettinger, Helga; Sprung, Helga (1970): Beurteilung der Lesefähigkeit von Schulkindern mit Zustand nach Strabismus concomitans convergens. Jena, Univ., Diss.
- Schaarschmidt, Uwe (1973): Zur diagnostischen Valenz von Komponenten des Entscheidungsverhaltens. Berlin, Humboldt-Univ., Math.-Naturwiss. Fak., Diss. A.
- Schaarschmidt, Uwe (1979): Einführung in die Arbeitspsychologie. Berlin, Humboldt-Univ., Diss.
- Sprung, Helga (1971): Verfahrenstheoretisch-diagnostische Analysen psychophysiologischer Persönlichkeitsvariablen. Berlin, Humboldt-Univ., Math.-Naturwiss. Fak., Diss. A.
- Sprung, Lothar (1970): Komponentenanalyse des begriffsanalogen Klassifizierungsverhaltens. Berlin, Humboldt-U., Math.-naturwiss. Fak., Diss. v. 5. März 1970.
- Timpe, Klaus-Peter (1978): Zuverlässigkeit in der Arbeitstätigkeit, Möglichkeiten und Grenzen der Anwendung der Zuverlässigkeitstheorie in der Arbeits- und Ingenieurpsychologie. Berlin, Humboldt-Univ., Sekt. Psychologie, Diss. B.
- Vogt, Marga (1972): Untersuchungen über ein ausdauerbetontes Leichtathletiktraining in Schulsportgemeinschaften mit Mädchen im Alter von zehn bis dreizehn Jahren. Rostock, Univ., Fak. für Gesellschaftswiss., Diss. A.

In den 1980er Jahren resultieren aus den postgradualen Weiterbildungsinitiativen zu den Fachpsychologen Berufe, die im Unterschied zu Weiterbildungsqualifikationen in der BRD Studienqualifikationen waren (Krampen, 1992) und als Qualifikationen nach längerer Zeit nach der Wiedervereinigung erneut in Diskussion sind (Lang, 2020). In der DDR gehörte zu den studienbezogenen Qualifikationen ab 1981 der »Fachpsychologe der Medizin«, ab 1986 der »Fachpsychologe der Industrie« und ab 1989 der »Fachpsychologe der Volksbildung« (Mäder & Siebenbrodt, 1978). Bereits in den 1970er Jahren entstehen Publikationen zu psychodiagnostischen Themen. Für die 1980er Jahre als besonders eindrücklich und als fachlicher Erfolg ist die Gründung des Psychodiagnostischen Zentrums an der Universität in Berlin zu nennen, welche trotz oder entgegen des sogenannten Pädologie-Dekrets aus den 1930er Jahren stattfand, welches wiederum vom zK der KPdSU gut 45 Jahre zuvor am 4. Juli 1936 erlassen wurde und die weiter oben beschriebene Pawlowisierung und Orientierung an der Reflexologie als Abgrenzung vor erkenntnistheoretischen Begründungen aus dem Idealismus sichern sollte (Lück & Guski-Leinwand, 2014, S. 141f.). Besonders die Intelligenzdiagnostik und Begabungsforschung war in den ersten Jahrzehnten der DDR besonders kritisch betrachtet bzw. zurückgewiesen worden: In Untersuchungen ist die Haltung, dass es sich hierbei um ein »gefährliches Instrument in den Händen der herrschenden Klasse der bürgerlich-kapitalistischen Gesellschaftsordnung« handeln würde, zentral zum Gegenstand gemacht worden (Schregel, 2020). Im Rahmen der psychodiagnostischen Fachinhalte in der Psychologie der DDR wurde nicht zuletzt durch diese kritisch-ablehnende (politische) Haltung notwendigerweise die – international – standardisierte Fachsprache nicht vollständig für die psychodiagnostische Forschung und Ausbildung übernommen. Stattdessen wurden eigene Fachbegriffe in der Funktion als Synonyme zur standardisierten Fachsprache des Westens gesetzt, wie zum Beispiel »diagnostische Verfahrenstheorie« anstelle von »Testtheorie« (L. Sprung & H. Sprung, 1995, S. 123–124).

Für die 1980er bieten sich eine Vielzahl von Ressourcen und verschiedene Herausforderungen wie Errungenschaften der Psychologie vor allem in Bezug auf ihre internationale Rezeption und Einbindung, aber auch für die Weiterentwicklung kybernetischer Forschungen, nachdem diese gegen Ende der 1960er Jahre wegen ihrer eigenen Fachsprachlichkeit und damit ideologischen Sperre nach der anfänglichen Wertschätzung Mitte der 1960er Jahre wieder zurückgedrängt worden war (Stammen, 1974, S. 48; Schönpflug & Lüer, 2011, S. 95). Hinsichtlich des professionellen Selbstbewusstseins ist herauszustellen, dass in den 1980er Jahren jährlich bis einschließlich für 1988 eine »Bibliographie psychologischer Arbeiten in der DDR« herausgegeben wurde (Gesellschaft für Psychologie der DDR, 1985, 1986, 1987, 1988, 1989). Ereignisse, die der Psychologie in der DDR zu mehr – internationaler – Sichtbarkeit verhalfen, sind in der Tabelle 4 dargestellt.

Tabelle 4: Übersicht relevante Ereignisse in der DDR 1980er Jahre

1980	Friedhart Klix (Berlin) Präsident der IUPSyS (1980–1984)
1980	Erstmals erscheint die *Psychologie-Information* der GfP im Zeitschriftenformat im Anschluss an die vorherigen *Informationen* (s. 1979 u. 1966)
1980	XXII. Internationaler Kongress für Psychologie in Leipzig (IUPSyS) (Schönpflug & Lüer, 2011; Lüer, 2010; Schönpflug, 2010)

1981	Sechster Kongress der GfP in Leipzig
1981	Gründung eines Psychodiagnostischen Zentrums an der Humboldt-Universität zu Berlin.
1981	Einführung postgraduale Weiterbildung Berufsqualifikation Fachpsychologe der Medizin (gleichgestellt zum Facharzt-Titel in der DDR).
1982	Auf- und Ausbau des Bereichs Psychologie am Zentralinstitut für Kybernetik und Informationsprozesse (ZKI) der Akademie der Wissenschaften (H. Sprung & L. Sprung, 2001)
1982	Letzte Ausgabe der Zeitschrift *Probleme und Ergebnisse der Psychologie*
1983	Neuauflage der *Zeitschrift Psychologie für die Praxis* als Nachfolgerin der *Probleme und Ergebnisse der Psychologie*
1983	»Internationales Seminar zur Sportpsychologie in den Ländern Europas« am 22.4.1983 in Ost-Berlin, Hochschule für Körperkultur
1983	*Zur Einführung eines überarbeiteten Studienplanes für die Ausbildung von Diplompsychologen* (Hacker und Häuser, 1983)
1984	Friedhart Klix (Berlin) erneut Mitglied im Exekutivkomitee der IUPSyS (1984–1992)
1985	Mai: Symposium aus Anlass des Internationalen Jahres der Jugend: »Wechselbeziehungen Individuum – Umwelt und psychische Entwicklung der Persönlichkeit in der Ontogenese«
1986	Einführung Berufsqualifikation Fachpsychologe der Industrie
1988	Symposium an der Akademie der Pädagogischen Wissenschaften der DDR in Berlin vom 11. bis 13. Januar 1988
1988	Siebter Kongress der GfP in Leipzig
1988	Internationales wissenschaftliches Symposium europäischer Sektionen der IPPNW »Internationale Ärzte für die Verhütung des Atomkrieges« vom 17.–20. November 1988 in Erfurt/Weimar[40]
1989	Vorbereitung für Berufsqualifikation Fachpsychologe für Volksbildung durchgeführt, aber nicht mehr umgesetzt
Mai 1989	Vereinbarung über gegenseitige Kongresseinladungen mit der DGPs (Lüer, 1999, S. 241)

Ebenfalls in den 1980er Jahren fanden Tagungen zum Teil mit internationaler Beteiligung als 1. Wissenschaftliche Tagung der Koordinierungs-

40 Zur Geschichte der Friedenspsychologie sind noch etliche weitere Daten während der Zeit der DDR zu nennen, die in einem eigenen Artikel zugrunde gelegt sind (Guski-Leinwand, 2023a).

gruppe »Lehrertätigkeit, Lehrerpersönlichkeit und Lehrergesundheit« der Zentralen Kommission zur Koordinierung der Medizinisch-Pädagogisch-Psychologischen Forschung« (Kossakowski & Kaiser, 1983) und zu »Struktur und Funktion von Persönlichkeitsmerkmalen und Möglichkeiten ihrer Veränderung« statt (Vorwerg, 1984). Bemerkenswert ist, dass bereits im Mai 1989 eine Vereinbarung zwischen GfP und DGPs über die gegenseitige Einladung zu den Kongressen vollzogen wird (Lüer, 1999, S. 241), knapp ein halbes Jahr vor dem Mauerfall und Zeichen für die reformerische Haltung zum Sozialismus unter den Psychologinnen und Psychologen in der DDR (vgl. Grunenberg, 1985, S. 9–11). Publikationen finden in den 1980er Jahren mit immer breiterem Spektrum statt, bilden aber in den Titeln die von der SED-Politik gewünschten Schwerpunkte ab, auch finden sich eine Anzahl an tier- bzw. verhaltenspsychologischen neben psychologie- und medizinhistorischen Publikationen:

- *Manuskript-Drucke:*
  - Hacker, Winfried (1982): Lebenslanges Lernen, Einheiten von Arbeitstätigkeiten, Marxist activity psychology. Als Ms. gedr. Dresden: TU (Berichte aus dem Wissenschaftsbereich Psychologie der Sektion Arbeitswissenschafte TU Dresden, 82,11).
  - Höpfner, H.-D; Skell, Wolfgang (1982): Zur Systematisierung von Formen des selektiven kognitiven Trainings. Klassifizierungsgesichtspunkte u. Effektivitätsvergleich. Als Ms. gedr. Dresden: TU.
  - Kossakowski, Adolf (Hrsg.) (1985): Beiträge zur pädagogisch-psychologischen Forschungsmethodik. Vorträge auf dem Kolloquium des Wissenschaftlichen Rates des Instituts für Pädagogische Psychologie der APW der DDR. Zentralstelle für Pädagogische Information und Dokumentation. Ms.-Dr. Berlin: Zentralstelle für Pädag. Information u. Dokumentation (Fortschrittberichte und Studien/Akademie der Pädagogischen Wissenschaften der DDR, Zentralstelle für pädagogische Information und Dokumentation, 1985).
  - Lompscher, Joachim (1988): Beiträge der Schüler-Computer-Interaktion und zu Aspekten gesellschaftlich-politischer Tätigkeit. Ms.-Dr. Berlin: Akad. der Pädag. Wiss. der DDR Zentralstelle für Pädag. Information und Dokumentation (Fortschrittsberichte und Studien/Akademie der Pädagogischen Wissenschaften der DDR, Zentralstelle für Pädagogische Information und Dokumentation, Berlin, 1988,7).

- Lompscher, Joachim (1988): Beiträge zu kognitiven und motivationalen Aspekten der Lerntätigkeit. Ms.-Dr. Berlin: Akad. der Pädag. Wiss. der DDR Zentralstelle für Pädag. Information und Dokumentation (Fortschrittsberichte und Studien/Akademie der Pädagogischen Wissenschaften der DDR, Zentralstelle für Pädagogische Information und Dokumentation, Berlin, 1988,5).
- Lompscher, Joachim (1988): Beiträge zur kooperativen Lerntätigkeit und zum Lernen aus Texten. Ms.-Dr. Berlin: Akad. der Pädag. Wiss. der DDR Zentralstelle für Pädag. Information und Dokumentation (Fortschrittsberichte und Studien/Akademie der Pädagogischen Wissenschaften der DDR, Zentralstelle für Pädagogische Information und Dokumentation, Berlin, 1988,6).
- Matern, Bärbel (1982): Lernen und Training in der Industrie. Als Ms. gedr. Dresden: TU (Berichte aus dem Wissenschfatsbereich Psychologie der Sektion Arbeitswissenschaften der Technischen Universität Dresden, 82,8).
- Matern, Bärbel; Popowa, Aneta (1982): Aspekte der Gestaltung von Dialogarbeitsplätzen für die Prozeßsteuerung. Als Ms. gedr. Dresden: TU (Berichte aus dem Wissenschaftsbereich Psychologie der Sektion Arbeitswissenschaften der Technischen Universität Dresden, 82,7).
- Skell, W. (1989): Zur Systematik von kognitiven Lehr-Lernmethoden für die Aneignung von Arbeitsverfahren. Als Ms. gedr. Dresden: TU ([Informationen]/Technische Universität Dresden 22, Sektion Arbeitswissenschaften, WB Psychologie, 89,1).
- Sprung, Lothar; Sprung, Helga (1986): Gustav Theodor Fechner in der Geschichte der Psychologie – Leben, Werk und Wirken in der Wissenschaftsentwicklung des 19. Jahrhunderts. Als Ms. gedr. Leipzig: Karl-Marx-Univ. Sekt. Psychologie (Psychologiehistorische Manuskripte, 1987,1).
- Suhrweier, Horst (1984): Entwicklung des debilen Kindes. (Vorschulalter und frühes Schulalter bis zur 5. Klasse der Hilfsschule). Unveränd. Nachdr., Als Ms. gedr. Berlin: Humboldt-Univ., Fernstudium Hilfsschulpädag (Humboldt-Universität zu Berlin, Fernstudium Hilfspädagogik/Humboldt-Universität zu Berlin, Fernstudium Hilfspädagogik, Nr. 11 02-1).

- ➢ Suhrweier, Horst (1984): Studienmaterial Entwicklung des debilen Jugendlichen. (Teil II: Mittleres und spätes Schulalter von der 5. bis 8. Klasse). Unveränd. Nachdr., Als Ms. gedr. Berlin: Humboldt-Univ., Fernstudium Hilfsschulpädag (Humboldt-Universität zu Berlin, Fernstudium Hilfspädagogik/Humboldt-Universität zu Berlin, Fernstudium Hilfspädagogik, Nr. 11 03-1).
- ➢ Suhrweier, Horst (1984): Studienmaterial zur Einführung in elementare Grundlagen der empirischen Forschung. Unveränd. Nachdr., 2. Aufl., Als Ms. gedr. Berlin: Humboldt-Universität, Fernstudium Hilfsschulpädag (Humboldt-Universität zu Berlin, Fernstudium Hilfspädagogik/Humboldt-Universität zu Berlin, Fernstudium Hilfspädagogik, Nr. 01 02-1).

➢ *Buchpublikationen/Zeitschriften:*

- ➢ Clauß, Günter (1983): Personale Bedingungen selbständigen Lernens. Differentialpsycholog. Elementaranalysen kognitiver Prozesse; Bericht d. Forschungsgruppe Lern- u. Entwicklungspsychologie. Leipzig: Karl-Marx-Univ., Sekt. Psychologie.
- ➢ Clauß, Günter; Ebner, Heinz (1983): Grundlagen der Statistik. Für Psychologen, Pädagogen u. Soziologen. 7. Aufl. Berlin: VEB Volk u. Wissen.
- ➢ Clauß, Günter; Kulka, Helmut (1981): Wörterbuch der Psychologie. Hrsg. von Günter Clauß »Gesamtleitung«, Helmut Kulka [u. a.]. 3., neubarb. Aufl. Leipzig: Bibliographisches Institut.
- ➢ Freud, Sigmund; Thom, Achim (Hrsg.) (1985): Psychoanalyse. Ausgewählte Schriften zur Neurosenlehre, zur Persönlichkeitspsychologie, zur Kulturtheorie. 2. Aufl. Leipzig: Reclam (Reclams Universal-Bibliothek Philosophie, Geschichte, Kulturgeschichte, 1065).
- ➢ Frohburg, Inge (Hrsg.) (1983): Forschung und Praxis in der Gesprächspsychotherapie. Berlin: Gesellschaft für Psychologie in der DDR.
- ➢ Frohburg, Inge (Hrsg.) (1989): Adaptive Strategien in der Psychotherapie. Berlin (Tagungs-Bd. 7. Kongreß, Symposium 8).
- ➢ Frohburg, Inge (1988): Beitrag zur wissenschaftlichen Begründung von Zielstellungen, Inhalten und Methoden. Leipzig: Barth (Zeitschrift für Psychologie Supplement, 10).
- ➢ Grote, Gerhard; Kühn, Horst (1988): Comparative advantage and its use in the foreign trade of the socialist countries. In: Soviet and Eastern European foreign trade: a journal of translations.

- Gullasch, Reinhard; Kossakowski, Adolf (Hrsg.) (1980): Psychologische Grundlagen der Persönlichkeitsentwicklung im pädagogischen Prozess. 2. Aufl. Berlin: VEB Volk u. Wissen
- Guthke, Jürgen (1987): Einführung in die Psychodiagnostik in der Schule. 4. Aufl. Hrsg. v. Gerhard Witzlack. Berlin: VEB Volk u. Wissen.
- Guthke, Jürgen; Witzlack, Gerhard (1981): Zur Psychodiagnostik von Persönlichkeitsqualitäten bei Schülern. 1. Aufl. Berlin: VEB Volk u. Wissen (Beiträge zur Psychologie, 10).
- Hacker, Winfried (Hrsg.) (1983): Kognitive und motivationale Aspekte der Handlung. Selected revised papers. Berlin: VEB Deutscher Verlag der Wissenschaften.
- Hacker, Winfried (1980): Allgemeine Arbeits- und Ingenieurpsychologie. Psych. Struktur u. Regulation von Arbeitstätigkeiten. 3., durchges. u. erg. Aufl. Berlin: VEB Deutscher Verlag der Wissenschaften.
- Hacker, Winfried; Richter, Peter (1984): Psychische Fehlbeanspruchung: Psychische Ermüdung, Monotonie, Sättigung und Streß. 1. Aufl. Berlin, Heidelberg: Springer (Spezielle Arbeits- und Ingenieurpsychologie in Einzeldarstellungen, 2/herausgegeben von Winfried Hacker).
- Hacker, Winfried; Richter, Peter (1984): Psychologische Bewertung von Arbeitsgestaltungsmaßnahmen. Ziele und Bewertungsmaßstäbe. Linzenzausg., 2., Veränd. und erg. Aufl. Berlin: Springer (Spezielle Arbeits- und Ingenieurpsychologie in Einzeldarstellungen, 1/hrsg. von Winfried Hacker).
- Hacker, Winfried; Ulich, Eberhard (1986): Arbeitspsychologie. Psychische Regulation von Arbeitstätigkeiten; Neufassung von »Allgemeine Arbeits- und Ingenieurpsychologie« (Schriften zur Arbeitspsychologie, 41). Neufassung, 1. Aufl. Bern: Huber.
- Hahn, Susanne; Thom, Achim (1983): Sinnvolle Lebensbewahrung, humanes Sterben. Positionen zur Auseinandersetzung um d. ärztl. Bewahrungsauftrag gegenüber menschl. Leben. Berlin: VEB Deutscher Verlag der Wissenschaften (Weltanschauung heute, 40).
- Helm, Johannes; Rösler, Hans-Dieter; Szewczyk, Hans (Hrsg.) (1981): Klinische Psychologie. Theoretische und Ideologische Probleme. Heidelberg: Steinkopff (Psychologie und Gesellschaft, 11).

- Hiebsch, Hans (1980): Wilhelm Wundt und die Entstehung der Psychologie. Eine Würdigung des Wirkens von Wilhelm Wundt anläßlich des XXII. Internationalen Kongresses für Psychologie vom 6.–12. Juli in Leipzig. Unter Mitarbeit von Wilhelm Wundt. Berlin: Ges. für Psychologie der DDR.
- Hiebsch, Hans (1983): FIM-Psychologie-Modellversuch. Version C. Tübingen: Deutsches Institut für Fernstudien an der Univ. Tübingen.
- Hiebsch, Hans (1986): Probleme der »sozialen Kognition«. In memoriam Henri Tajfel (1919–1982). Unter Mitarbeit von Henri Tajfel. Berlin: Akad.-Verl. (Sitzungsberichte der Sächsischen Akademie der Wissenschaften zu Leipzig, Philologisch-Historische Klasse, 126,5).
- Hiebsch, Hans (1987): Theoretische und methodologische Beiträge zur Psychologie. E. Ausw. seiner wiss. Arbeiten anläßlich seines 65. Geburtstages. Jena: Friedrich-Schiller-Universität (Wissenschaftliche Beiträge der Friedrich-Schiller-Universität Jena).
- Hiebsch, Hans; Böttcher, Hans R. (1986): Interpersonelle Wahrnehmung und Urteilsbildung. Psychologische Grundlagen der Beurteilung von Menschen. Berlin: Deutscher Verlag der Wissenschaft.
- Hiebsch, Hans; Brandstätter, Hermann; Kelley, Harold H. (Hrsg.) (1982): Social psychology. XXII. International Congress of Psychology, Leipzig GDR July 6–12, 1980; selected revised papers. International Congress of Psychology. Berlin: Dt. Verl. der Wiss (International Congress of Psychology Selected revised papers, 22).
- Hiebsch, Hans; Haschke, Renate (1984): Methodologische Probleme der Psychophysiologie bei der Systemanalyse menschlicher Handlungen. Berlin: Akademie-Verlag (Sitzungsberichte der Sächsischen Akademie der Wissenschaften zu Leipzig, Philologisch-Historische Klasse, 124,1).
- Hiebsch, Hans; Vorwerg, Manfred (1980): Sozialpsychologie. 2. Aufl. Berlin: VEB Deutscher Verlag der Wissenschaften.
- Höck, Kurt; Vorwerg, Manfred (Hrsg.) (1986): Psychosomatik. Leipzig: Barth (Psychotherapie und Grenzgebiete).
- Jakuszek, Rolf (1987): Kritische Analysen von Moralkonzepten bürgerlicher Psychologen. In: Wissenschaftliche Zeitschrift der Humboldt-Universität zu Berlin/Gesellschaftswissenschaftliche Reihe, 36(10), S. 934–936.

- Kislat, Günter; Otto, Karlheinz (1988): Erziehung jüngerer Schüler – psychologisch betrachtet. 2. Aufl. Berlin: VEB Volk u. Wissen (Ratschläge für Lehrer).
- Klix, Friedhart (Hrsg.) (1980): Psychological research Humboldt-Universität 1980; investigations of the Psychological Department of the Humboldt-Universität Berlin 1960–1980. Humboldt-Universität zu Berlin. Berlin: VEB Deutscher Verlag der Wissenschaften.
- Klix, Friedhart (Hrsg.) (1980): Psychologie in der DDR. Entwicklung, Aufgaben, Perspektiven. 2., erw. u. erg. Aufl. Berlin: VEB Deutscher Verlag der Wissenschaften.
- Klix, Friedhart (Hrsg.) (1985): Psychophysiological approaches to human information processing. Amsterdam: North-Holland (Advances in psychology, 25).
- Klix, Friedhart (1980): Information und Verhalten. Kybernet. Aspekte d. organism. Informationsverarbeitung; Einf. in naturwiss. Grundlagen d. allg. Psychologie. 5. Aufl. Berlin: VEB Deutscher Verlag der Wissenschaften.
- Klix, Friedhart (1981): Über die Repräsentation von Bedeutungsträgern im menschlichen Langzeitgedächtnis. In: Leopoldina-Symposion Naturwissenschaftliche Linguistik: vom 25.–29. Juli 1976 in Halle (Saale), Hörsaal des Physiologisch-Chemischen Instituts der Martin-Luther-Universität Halle-Wittenberg; mit 27 Tabellen, S. 203–215.
- Kossakowski, Adolf (Hrsg.) (1980): Psychologie im Sozialismus. Theoretische Positionen, Ergebnisse und Probleme psychologischer Forschungen. Berlin: VEB Deutscher Verlag der Wissenschaften.
- Kossakowski, Adolf (Hrsg.) (1980): Psychologie im Sozialismus. Theoret. Positionen, Ergebnisse u. Probleme psycholog. Forschungen. Berlin: VEB Deutscher Verlag der Wissenschaften.
- Kossakowski, Adolf (Hrsg.) (1980): Psychologie in der gesellschaftlichen Praxis. Zum Beitr. d. Psychologie bei d. Gestaltung d. entwickelten sozialist. Ges. in d. DDR. Berlin: VEB Deutscher Verlag der Wissenschaften.
- Kossakowski, Adolf (Hrsg.) (1982): Progress in psychology of personality. Selected revised papers. International Congress of Psychology »22, 1980, Leipzig«. Berlin: VEB Deutscher Verlag der Wissenschaften.

- Kossakowski, Adolf (Hrsg.) (1985): Beiträge zur pädagogisch-psychologischen Forschungsmethodik. Vorträge auf d. Kolloquium d. Wiss. Rates d. Inst. für Pädag. Psychologie d. APW d. DDR. Institut für Pädagogische Psychologie; Zentralstelle für Pädagogische Information und Dokumentation. Berlin: Zentralstelle für Pädag. Information u. Dokumentation (Fortschrittberichte und Studien/Akademie der Pädagogischen Wissenschaften der DDR, Zentralstelle für Pädagogische Information und Dokumentation, Berlin).
- Kossakowski, Adolf (Hrsg.) (1985): Pädagogisch-psychologische Informationen. [Berichte und Materialien]. Wissenschaftlicher Rat Pädagogische Psychologie. Berlin: Akad. der Pädag. Wiss. der DDR/Wiss. Rat des Inst. für Pädag. Psychologie.
- Kossakowski, Adolf (Hrsg.) (1985): Psychologische Grundlagen der Persönlichkeitsentwicklung im pädagogischen Prozeß. 4. Aufl. Berlin: VEB Volk u. Wissen.
- Kossakowski, Adolf (Hrsg.) (1986): Pädagogisch-psychologische Informationen. Berichte und Materialien. Wissenschaftlicher Rat Pädagogische Psychologie. Berlin: Akad. der Pädag. Wiss. der DDR, Wiss. Rat des Inst. für Pädag. Psychologie.
- Kossakowski, Adolf (Hrsg.) (1987): Pädagogisch-psychologische Informationen. Berichte und Materialien. Wissenschaftlicher Rat Pädagogische Psychologie. Berlin: Akad. der Pädag. Wiss. der DDR, Wiss. Rat Pädag. Psychologie.
- Kossakowski, Adolf (Hrsg.) (1988): Pädagogisch-psychologische Informationen. Berichte und Materialien. Wissenschaftlicher Rat Pädagogische Psychologie. Berlin: Akad. der Pädag. Wiss. der DDR, Wiss. Rat Pädag. Psychologie.
- Kossakowski, Adolf (1980): Handlungspsychologische Aspekte der Persönlichkeitsentwicklung. 1. Aufl. Berlin: VEB Volk u. Wissen (Beiträge zur Psychologie, 5).
- Kossakowski, Adolf (1983): Erziehung älterer Schüler – psychologisch betrachtet. 1. Aufl. Berlin: VEB Volk u. Wissen (Ratschläge für Lehrer).
- Kossakowski, Adolf (1985): Erziehung älterer Schüler – psychologisch betrachtet. 2. Aufl. Berlin: VEB Volk u. Wissen (Ratschläge für Lehrer).

- Kossakowski, Adolf; Lompscher, Joachim (1985): Erziehung im mittleren Schulalter – aus psychologischer Sicht. 1. Aufl. Berlin: VEB Volk u. Wissen (Ratschläge für Lehrer).
- Kossakowski, Adolf; Lompscher, Joachim (1987): Erziehung im mittleren Schulalter – aus psychologischer Sicht. 2. Aufl. Berlin: VEB Volk u. Wissen (Ratschläge für Lehrer).
- Kossakowski, Adolf; Wiehler, Edgar; Metz, Elke (Hrsg.) (1980): Psychologie im Sozialismus. Theoret. Positionen, Ergebnisse u. Probleme psycholog. Forschungen. Berlin: VEB Deutscher Verlag der Wissenschaften.
- Kühn, Horst (1980): Bürgerliche Psychologie in der BRD. 1. Aufl. Berlin: VEB Volk u. Wissen (Beiträge zur Psychologie, 8).
- Kühn, Horst (1985): Symposium mit internationaler Beteiligung aus Anlaß des Internationalen Jahres der Jugend 1985. Zum Thema »Wechselbeziehungen Individuum – Umwelt und psychische Entwicklung der Persönlichkeit in der Ontogenese«, Mai 1985; Ausgewählte Beiträge. Berlin: Gesellschaft für Psychologie der DDR.
- Kühn, Horst (1986): Determinants of the commodity structure of foreign trade: their coverage, systematization and correlations. In: Economic quarterly.
- Kulka, Helmut (Hrsg.) (1989): Arbeitswissenschaften für Ingenieure. Lehrbuch. 2. Aufl. Leipzig: Fachbuchverlag.
- Kulka, Helmut (1980): Ergonomie wofür? Ein neues Wissenschaftsgebiet im Wirkungsfeld von Mensch u. Technik. 1. Aufl. Leipzig: Fachbuchverlag (Polytechnische Bibliothek).
- Kunath, Paul (Hrsg.) (1983): Sportpsychologie in europäischen Ländern. Stand u. Tendenzen 1983; Material d. Internat. Seminars zur Sportpsychologie in d. Ländern Europas vom 22.4.1983 in Berlin (DDR). European Federation of Sports Psychology; Internationales Seminar zur Sportpsychologie in den Ländern Europas. 1. Aufl. Leipzig: Deutsche Hochschule für Körperkultur.
- Leipzig, Universität; Meischner, Wolfram (1980): Festveranstaltung der Karl-Marx-Universität anlässlich des 100jährigen [hundertjährigen] Jubiläums des von Wilhelm Wundt gegründeten Institutes für Experimentelle Psychologie an der Universität Leipzig. 31. Oktober 1979; Begrüssungsworte d. Leiters d. Interdisziplinären Arbeitskreises Wundt-Forschung an d. Karl-Marx-Univ.

Dozent Dr. habil. Wolfram Meischner. Leipzig: Rektor d. Karl-Marx-Univ (Leipziger Universitätsreden, N. F., H. 57).

- Lindig, Reinhard (Hrsg.) (1984): Sozialpsychologie für die Praxis. E. Ausw. von Beitr. d. Konferenz d. Sekt. Psychologie d. Friedr.-Schiller-Univ. Jena vom 29. Apr. 1983. Universität Jena. Jena (Wissenschaftliche Beiträge der Friedrich-Schiller-Universität Jena).
- Lindig, Reinhard (1989): Sozialpsychologie und neue Technik. In: Antrittsvorlesungen aus der Sektion Psychologie (2).
- Lohse, Heinz (1980): Zahlenfolgen. 1. Aufl. Berlin: VEB Volk u. Wissen.
- Lohse, Heinz (1983): Elementare Statistik. 1. Aufl. Berlin: VEB Volk u. Wissen (Mathematische Schülerbücherei, 94).
- Lohse, Heinz (1989): Elementare Statistik. 2. Aufl. Berlin: VEB Volk u. Wissen.
- Lohse, Heinz; Ludwig, Rolf; Röhr, Michael (1982): Statistische Verfahren für Psychologen, Pädagogen u. Soziologen. 1. Aufl. Berlin: VEB Volk u. Wissen.
- Lohse, Heinz; Ludwig, Rolf; Röhr, Michael (1986): Statistische Verfahren für Psychologen, Pädagogen und Soziologen. 2. Aufl. Berlin: VEB Volk u. Wissen.
- Lompscher, Joachim (Hrsg.) (1986): Psychologische Methoden der Arbeitsanalyse und Arbeitsgestaltung. Gesellschaft für Psychologie in der DDR; Weiterbildungstagung »Psychologische Methoden der Arbeitsanalyse und Arbeitsgestaltung«. Berlin: VEB Deutscher Verlag der Wissenschaften (Psychologie für die Praxis Ergänzungsheft, 1986).
- Lompscher, Joachim (Hrsg.) (1987): Entwicklungsprozesse im Vorschul- und Schulalter. Gesellschaft für Psychologie in der DDR; Symposium »Wechselwirkung Individuum – Umwelt und psychische Entwicklung der Persönlichkeit in der Ontogenese. Berlin: VEB Deutscher Verlag der Wissenschaften (Psychologie für die Praxis Erg.-H., 1987).
- Lompscher, Joachim (Hrsg.) (1988): Psychologische Analyse und Gestaltung pädagogischer Prozesse. Gesellschaft für Psychologie in der DDR. Berlin: Dt. Verl. der Wiss (Psychologie für die Praxis Erg.-H., 1988).
- Lompscher, Joachim (Hrsg.) (1988): Psychologische Methoden der Analyse und Ausbildung der Lerntätigkeit. Beiträge eines Sym-

posiums mit internationaler Beteiligung vom 11.–13. Jan. 1988 in Berlin. Symposium. Akademie der Pädagogischen Wissenschaften der DDR. Berlin: Eigenverl.

➢ Lompscher, Joachim (Hrsg.) (1989): Geistige Ressourcen. Wachstumsfaktor im Sozialismus; Plenar- und Einzelbeiträge des 7. Kongresses der Gesellschaft für Psychologie der DDR, Leipzig, Februar 1988. Gesellschaft für Psychologie in der DDR; Kongreß der Gesellschaft für Psychologie der DDR. Berlin: Dt. Verl. der Wiss (Psychologie für die Praxis, Erg.-H. 1989).

➢ Lompscher, Joachim (Hrsg.) (1989): Psychologische Analysen der Lerntätigkeit. Berlin: VEB Volk u. Wissen (Beiträge zur Psychologie, 24).

➢ Lompscher, Joachim; Irrlitz, Lieselotte (1985): Persönlichkeitsentwicklung in der Lerntätigkeit. Ein Lehrbuch für pädagogische Psychologie an Instituten für Lehrerbildung. Berlin: VEB Volk u. Wissen.

➢ Lompscher, Joachim; Vygotskij, Lev Semenovič (Hrsg.) (1985): Ausgewählte Schriften. Köln: Pahl-Rugenstein.

➢ Löwe, Hans (1983): Stand und Probleme der Psychologie des Erwachsenenalters. In: Hans Löwe, Ursula Lehr und James E. Birren (Hrsg.): Psychologische Probleme des Erwachsenenalters. Theoretische Positionen und empirische Untersuchungsergebnisse [XXIInd International Congress of Psychology Leipzig GDR July 6–12, 1980; selected revised papers]. Bern: Huber, S. 11–23.

➢ Löwe, Hans; Lehr, Ursula; Birren, James E.; Haenschke, Barbara (Hrsg.) (1983): Psychologische Probleme des Erwachsenenalters. Theoret. Positionen u. empir. Untersuchungsergebnisse [selected rev. papers. International Congress of Psychology]. Berlin: VEB Deutscher Verlag der Wissenschaften.

➢ Löwe, Hans; Lehr, Ursula; Birren, James E. (Hrsg.) (1983): Psychologische Probleme des Erwachsenenalters. Theoretische Positionen und empirische Untersuchungsergebnisse [XXIInd International Congress of Psychology Leipzig GDR July 6–12, 1980; selected revised papers. International Congress of Psychology]. Bern: Huber.

➢ Löwe, Hans; Misselwitz, Antje (1983): Untersuchungen zur Lernfähigkeit, Unsicherheitstoleranz und Ängstlichkeit im jüngeren und höheren Erwachsenenalter. In U. Schmidt (Hrsg.), Gerontologische Forschungsvorhaben im Feierabend- und Pflegeheim »Emma Gerbig«, *Gerontologie Heute*, 26, S. 51–61. Leipzig: Karl-Marx-Universität.

- Matern, Bärbel (Hrsg.) (1983): Psychologische Aspekte der Bildschirmarbeit. Leipzig: Barth (Zeitschrift für Psychologie Supplement, 5).
- Matern, Bärbel (1984): Psychologische Arbeitsanalyse. Berlin: Springer (Spezielle Arbeits- und Ingenieurpsychologie in Einzeldarstellungen, 3).
- Matern, Bärbel; Hacker, Winfried (1983): Psychologische Arbeitsanalyse. Mit 21 Tabellen. Berlin: VEB Deutscher Verlag der Wissenschaften (Spezielle Arbeits- und Ingenieurpsychologie in Einzeldarstellungen, Lehrtext 3/hrsg. von Winfried Hacker).
- Meischner, Wolfram (Hrsg.) (1980): Probleme und Ergebnisse der Wundt-Forschung. Leipzig: Univ (Wissenschaftliche Zeitschrift/Universität Leipzig Gesellschafts- und sprachwissenschaftliche Reihe, 29, 1980, H. 2).
- Meischner, Wolfram (Hrsg.) (1980): Wilhelm Wundt. Progressives Erbe, Wissenschaftsentwicklung u. Gegenwart; Protokoll d. internat. Symposiums, Leipzig, 1. u. 2. November 1979, Universität Leipzig. Leipzig: Rektor d. Karl-Marx-Univ (Wissenschaftliche Beiträge der Karl-Marx-Universität Leipzig, Reihe Psychologie).
- Meischner, Wolfram; Metge, Anneros (Hrsg.) (1980): Wilhelm Wundt – Progressives Erbe, Wissenschaftsentwicklung und Gegenwart. Protokoll des internationalen Symposiums, Leipzig, 1. u. 2. November 1979. Leipzig: Karl-Marx-Universität (Wissenschaftliche Beiträge der Karl-Marx-Universität Leipzig, Reihe Psychologie).
- Meischner, Wolfram; Metge, Anneros (1983): Zur Geschichte der Psychologie an der Universität Leipzig. Leipzig: Karl-Marx-Univ. Sekt. Psychologie (Psychologiehistorische Manuskripte, 1985,1).
- Meischner, Wolfram; Rathmann, Lothar; Klix, Friedhart; Vorwerg, Manfred (Hrsg.) (1980): Festveranstaltung der Karl-Marx-Universität anlässlich des hundertjährigen Jubiläums des von Wilhelm Wundt gegründeten Institutes für Experimentelle Psychologie an der Universität Leipzig. 31. Oktober 1979; Begrüssungsworte d. Leiters d. Interdisziplinären Arbeitskreises Wundt-Forschung an d. Karl-Marx-Univ. Dozent Dr. habil. Wolfram Meischner. Leip-

zig: Rektor d. Karl-Marx-Univ (Leipziger Universitätsreden, N. F., H. 57).

- Meischner, Wolfram; Wundt, Wilhelm (Hrsg.) (1983): Ausgewählte psychologische Schriften. Abhandlungen, Aufsätze, Reden. Reprint d. Ausg. 1858–1888. Leipzig: Zentralantiquariat der DDR.
- Meischner, Wolfram; Wundt, Wilhelm (Hrsg.) (1983): Ausgewählte psychologische Schriften. Abhandlungen, Aufsätze, Reden. Reprint d. Ausg. 1891–1913. Leipzig: Zentralantiquariat der DDR.
- Rapoport, Samuel Mitja; Thom, Achim (Hrsg.) (1989): Das Schicksal der Medizin im Faschismus. Auftrag und Verpflichtung zur Bewahrung von Humanismus und Frieden; internationales wissenschaftliches Symposium europäischer Sektionen der IPPNW, 17.–20. November 1988, Erfurt/Weimar – DDR. Internationale Ärzte für die Verhütung des Atomkrieges; Internationales Wissenschaftliches Symposium Europäischer Sektionen der IPPNW. 1. Aufl. Berlin: VEB Volk u. Gesundheit.
- Reschke, Konrad (Hrsg.) (1986): Psychologie an der Alma mater Lipsiensis. Standpunkte und Perspektiven. Leipzig: Karl-Marx-Univ. (Wissenschaftliche Beiträge der Karl-Marx-Universität Leipzig, Reihe Psychologie).
- Reschke, Konrad (Hrsg.) (1988): Beiträge zur Theorie und Praxis der medizinischen Psychologie für Stomatologen. Leipzig: Karl-Marx-Univ. (Wissenschaftliche Beiträge der Karl-Marx-Universität Leipzig, Reihe Psychologie).
- Reschke, Konrad (1985): Bibliographie wissenschaftlicher Arbeiten aus der Sektion Psychologie der KMU Leipzig. 1975–1985. 1. Aufl. Leipzig: Karl-Marx-Univ. Sekt. Psychologie.
- Rókusfalvy, Pál; Kunath, Paul; Kempe, Wolfgang; Tilling, Jutta; Winkler, Kurt (1980): Sportpsychologie. 1. Aufl. Berlin: Sportverlag.
- Rösler, Hans-Dieter (Hrsg.) (1980): Neuropsychologische Probleme der Klinischen Psychologie. Beitr. zur Psychopathologie, Psychodiagnostik u. Psychotherapie. Berlin: Deutscher Verlag der Wissenschaften.
- Rösler, Hans-Dieter (Hrsg.) (1983): Mental and language retardation. Diagnosis, development, rehabilitation; selected rev. papers.

International Congress of Psychology. Berlin: VEB Deutscher Verlag der Wissenschaften.
- Rösler, Hans-Dieter; Szewczyk, Hans (1987): Medizinische Psychologie. E. Lehrbuch für Studenten. 1. Aufl. Berlin: VEB Volk u. Gesundheit.
- Rösler, Hans-Dieter; Szewczyk, Hans (1989): Medizinische Psychologie. Ein Lehrbuch für Studenten. 2. Aufl. Berlin: VEB Volk u. Gesundheit.
- Schaarschmidt, Uwe (1985): Bilanz und neue Aufgaben. TESTINFORM – Information und Dokumentation. Apparative Diagnostik mit Z 1001. Adaptives Testen. Neuerscheinungen und lieferbare Titel. Berlin: Psychodiagnostisches Zentrum (PdZ-Informationen, 2).
- Schaarschmidt, Uwe (Hrsg.) (1987): Neue Trends in der Psychodiagnostik. Psychodiagnostisches Zentrum. Berlin: Psychodiagnostisches Zentrum.
- Sprung, Lothar (1980): Gustav Theodor Fechner und die Entwicklung der Psychologie. Leben, Werk und Wirken in einer »sensiblen« Phase der Entwicklung einer neuen Wissenschaft im 19. Jh. [Vortrag vom 23. Juli 1980]. Berlin: Urania (Urania im Funk).
- Sprung, Lothar; Sprung, Helga (1984): Grundlagen der Methodologie und Methodik der Psychologie. E. Einf. in d. Forschungs- u. Diagnosemethodik für empir. arbeitende Humanwiss. Berlin: VEB Deutscher Verlag der Wissenschaften.
- Sprung, Lothar; Sprung, Helga (1987): Grundlagen der Methodologie und Methodik der Psychologie. E. Einf. in d. Forschungs- u. Diagnosemethodik für empir. arbeitende Humanwissenschaftler. 2., durchges. Aufl. Berlin: VEB Deutscher Verlag der Wissenschaften.
- Suhrweier, Horst (1983): Grundlagen der rehabilitationspädagogischen Psychologie. Unter Mitarb. von Annelies Beger. Berlin: Volk u. Gesundheit (Beiträge zum Sonderschulwesen und zur Rehabilitationspädagogik, 37).
- Suhrweier, Horst (1984): Studienmaterial zur Persönlichkeitspsychologie schulbildungsfähiger schwachsinniger Kinder. Unveränd. Nachdr. Berlin: Humboldt-Univ., Fernstudium Hilfsschulpädag (Humboldt-Universität zu Berlin, Fernstudium Hilfspädagogik/ Humboldt-Universität zu Berlin, Fernstudium Hilfspädagogik, Nr. 11 15-1).

➢ Suhrweier, Horst (1986): Beurteilung geschädigter Kinder. 6. Aufl. Berlin: VEB Volk u. Wissen.
➢ Suhrweier, Horst (1987): Rehabilitationspädagogisch-psychologische Diagnostik. Mit 8 Tabellen. 1. Aufl. Berlin: Volk u. Gesundheit (Schriftenreihe Beiträge zum Sonderschulwesen und zur Rehabilitationspädagogik, 52).
➢ Suhrweier, Horst; Beger, Annelis (1983): Grundlagen der rehabilitationspädagogischen Psychologie. Berlin: Volk u. Gesundheit (Schriftenreihe Beiträge zum Sonderschulwesen und zur Rehabilitationspädagogik, 37).
➢ Suhrweier, Horst; Schäfer, Ingrid (1982): Beurteilung geschädigter Kinder. 5. Aufl. Berlin: VEB Volk u. Wissen.
➢ Sydow, Hubert; Petzold, Peter (1982): Mathematische Psychologie. Mathematische Modellierung und Skalierung in der Psychologie. Berlin: Springer.
➢ Sydow, Hubert; Petzold, Peter; Hagendorf, Herbert (1981): Mathematische Psychologie. Mathematische Modellierung und Skalierung in der Psychologie. 1. Aufl. Berlin: VEB Deutscher Verlag der Wissenschaften.
➢ Tembrock, Günter (1985): Ist der Mensch von Natur aus aggressiv? Über d. Naturgeschichte d. Aggression; e. Vortrag. Berlin: Präsidium d. Urania (Urania im Funk).
➢ Tembrock, Günter (1987): Der verhaltensbiologische Beitrag zur Evolutionstheorie. In: Spectrum: Berliner Journal für den Wissenschaftler, 18(6), S. 4.
➢ Tembrock, Günter (1988): Die Entwicklung von Strukturen und Funktionen im menschlichen Gehirn. In: Humanevolution aus verhaltensbiologischer Sicht (1).
➢ Tembrock, Günter (1988): Die Natur des Menschen. Die Ontogenese des Menschen aus verhaltensbiologischer Sicht. Leipzig: Präsidium der Urania (Schriftenreihe für den Referenten, 1988, H. 20).
➢ Thom, Achim (Hrsg.) (1983): Medizin im Faschismus. Protokoll. Berlin: Akad. für Ärztl. Fortbildung d. DDR Arbeitsgruppe Gesundheitspolitik im Kapitalismus.
➢ Thom, Achim (Hrsg.) (1984): Zur Geschichte der Psychiatrie im 19. Jahrhundert. 1. Aufl. Berlin: VEB Volk u. Gesundheit.
➢ Thom, Achim (Hrsg.) (1986): Arztpersönlichkeit in der sozialistischen Gesellschaft. Rolle u. Aufgaben d. Ärzte u. Zahnärzte

in d. med. Grundbetreuung. 1. Aufl. Berlin: Volk u. Gesundheit (Veröffentlichungen des Koordinierungsrates der Medizinisch-Wissenschaftlichen Gesellschaften der DDR, 7).

- Thom, Achim (Hrsg.) (1989): Das Schicksal der Medizin im Faschismus. Auftrag und Verpflichtung zur Bewahrung von Humanismus und Frieden; internationales wissenschaftliches Symposium europäischer Sektionen der IPPNW; 17.–20. November 1988, Erfurt/Weimar, DDR. Internationale Ärzte für die Verhütung des Atomkrieges. 1. Aufl. Neckarsulm, München: Jungjohann.
- Thom, Achim (Hrsg.) (1989): Psychodynamik. Zum Erbe Freuds in der modernen Medizin. *Wissenschaftliche Zeitschrift der Karl-Marx-Universität*, Mathematisch-naturwissenschaftliche Reihe, Jg. 38, H. 4, S. 365–452.Leipzig: Rektor d. Karl-Marx-Universität.
- Thom, Achim (1989): Das Thema »Medizin im Faschismus« in der medizin-historischen Ausbildung. Positionen, Erfahrungen, Probleme. In: Samuel Mitja Rapoport und Achim Thom (Hrsg.): Das Schicksal der Medizin im Faschismus. Auftrag und Verpflichtung zur Bewahrung von Humanismus und Frieden; internationales wissenschaftliches Symposium europäischer Sektionen der IPPNW, 17.–20. November 1988, Erfurt/Weimar – DDR. 1. Aufl. Berlin: VEB Volk und Gesundheit, S. 319–322.
- Thom, Achim (1989): Die Durchsetzung des faschistischen Herrschaftsanspruches in der Medizin und der Aufbau eines zentralistisch organisierten Medizinalwesens. In: Achim Thom und Gennadij Ivanovič Caregorodcev (Hrsg.): Medizin unterm Hakenkreuz. 1. Aufl. Berlin: VEB Volk u. Gesundheit, S. 35–62.
- Thom, Achim (1989): Die Entwicklung der Psychiatrie und die Schicksale psychisch Kranker sowie geistig Behinderter unter den Bedignungen der faschistischen Diktatur. In: Achim Thom und Gennadij Ivanovič Caregorodcev (Hrsg.): Medizin unterm Hakenkreuz. 1. Aufl. Berlin: VEB Volk u. Gesundheit, S. 127–166.
- Thom, Achim (1989): Die grundlegenden Merkmale der faschistischen Deformierung des humanen Sinnes der Medizin. Die Lehren der Geschichte für die soziale Verantwortung des ärztlichen Berufes und die medizinische Ethik in unserer Zeit. In:

Achim Thom und Gennadij Ivanovič Caregorodcev (Hrsg.): Medizin unterm Hakenkreuz. 1. Aufl. Berlin: VEB Volk u. Gesundheit, S. 455–464.

- Thom, Achim (1989): Die rassenhygienischen Leitideen der faschistischen Gesundheitspolitik. Die Zwangssterilisationen als Beginn ihrer antihumanen Verwirklichung. In: Achim Thom und Gennadij Ivanovič Caregorodcev (Hrsg.): Medizin unterm Hakenkreuz. 1. Aufl. Berlin: VEB Volk u. Gesundheit, S. 65–90.
- Thom, Achim (1989): Die Wesensmerkmale des Faschismus. Der Faschismus in Deutschland und sein Verhältnis zur Wissenschaft. In: Achim Thom und Gennadij Ivanovič Caregorodcev (Hrsg.): Medizin unterm Hakenkreuz. 1. Aufl. Berlin: VEB Volk u. Gesundheit, S. 17–34.
- Thom, Achim; Caregorodcev, Gennadij Ivanovič (Hrsg.) (1989): Medizin unterm Hakenkreuz. 1. Aufl. Berlin: VEB Volk u. Gesundheit.
- Thom, Achim; Jacobi, Carl Wigand Maximilian (1988): Carl Wigand Maximilian Jacobi (1775–1858) und der Formierungsprozeß der medizinischen Betreuung psychisch Kranker in Deutschland. In: *Beiträge zur Hochschul- und Wissenschaftsgeschichte Erfurts, 21*(1988), S. 149–159.
- Thom, Achim; Spaar, Horst (Hrsg.) (1985): Medizin im Faschismus. Symposium über das Schicksal der Medizin in der Zeit des Faschismus in Deutschland 1933–1945; Protokoll. Symposium über das Schicksal der Medizin in der Zeit des Faschismus in Deutschland 1933–1945. 1. Aufl. Berlin: Volk u. Gesundheit (Medizin und Gesellschaft, 26).
- Timpe, Klaus-Peter (1988): Zwischen Psychologie und Technik. Berlin: VEB Deutscher Verlag der Wissenschaften (Psychologie populär, 1)
- Vorwerg, Manfred (Hrsg.) (1981): Zur psychologischen Persönlichkeitsforschung. 1. Aufl. Berlin: VEB Deutscher Verlag der Wissenschaften.
- Vorwerg, Manfred (Hrsg.) (1982): Klinische Psychologie und soziales Verhalten. Leipzig: Barth (Psychotherapie und Grenzgebiete, 3).
- Vorwerg, Manfred (Hrsg.) (1982): Zur psychologischen Persönlichkeitsforschung. 1. Aufl. Berlin: VEB Deutscher Verlag der Wissenschaften

- Vorwerg, Manfred (Hrsg.) (1988): Beiträge zur psychologischen Friedensforschung. Leipzig: Karl-Marx-Universität.
- Vorwerg, Manfred; Schröder, Harry (Hrsg.) (1980): Persönlichkeitspsychologische Grundlagen interpersonalen Verhaltens. Leipzig: Karl-Marx-Universität.
- Vorwerg, M.; Alberg, T. (1987). Zum Determinationskonzept in der DDR-Psychologie. In W. Meiers und M. Markard (Hrsg.), Kritische Psychologie als Subjektwissenschaft. Klaus Holzkamp zum 60. Geburtstag, S. 30–42. Frankfurt a. M., New York.
- Wack, Gerhard (Hrsg.) (1982): Bald bin ich ein Schulkind. Ein Buch zur Vorbereitung der Kinder auf die Schule. Unter Mitarbeit von Werner Klemke. Ausgabe 1973, 8. Aufl. Berlin: VEB Volk u. Wissen.
- Witzlack, Gerhard (Hrsg.) (1983): Bald bin ich ein Schulkind. Ein Buch zur Vorbereitung d. Kinder auf d. Schule. Unter Mitarbeit von Werner Klemke. 13. Aufl. Berlin: VEB Volk u. Wissen.
- Witzlack, Gerhard (Hrsg.) (1986): Verhaltensbewertung und Schülerbeurteilung. Akademie der Pädagogischen Wissenschaften. Berlin: VEB Volk u. Wissen (Ratschläge für Lehrer).
- Witzlack, Gerhard (1982): Einführung in die Psychodiagnostik in der Schule. 2. Aufl. Berlin: VEB Volk u. Wissen.
- Witzlack, Gerhard (1982): Verhaltensbewertung und Schülerbeurteilung. Berlin: VEB Volk u. Wissen (Ratschläge für Lehrer).
- Witzlack, Gerhard (1984): Verhaltensbewertung und Schülerbeurteilung. 2. Aufl. Berlin: VEB Volk u. Wissen (Ratschläge für Lehrer, 7).
- Witzlack, Gerhard (1986): Einführung in die Psychodiagnostik in der Schule. 3. Aufl. Berlin: VEB Volk u. Wissen.
- Witzlack, Gerhard (1988): Verhaltensbewertung und Schülerbeurteilung. 4. Aufl. Berlin: VEB Volk u. Wissen (Ratschläge für Lehrer).

- *Dissertationen/Habilitationen* fanden in den 1980er u. a. zu folgenden Themen statt:

  - Frohburg, Inge (1985): Forschung in der Psychotherapie-Ausbildung. Berlin, Humboldt-Univ., Diss. B.
  - Reschke, Konrad (1981): Mehrdimensionale Skalierungs-Analysen kognitiver Konzepte der Personbeurteilung. Leipzig, Univ., Diss. A.

- Schimunek, Franz-Peter (1983): Forschungsmethodische Probleme der Ermittlung von Einstellungen bei Lehrerstudenten und Lehrern. Erfurt, Mühlhausen, Pädag. Hochsch., Diss. B.
- Sprung, Lothar (1980): Einführung in die Methodologie und Methodik der marxistisch-leninistischen Psychologie. Berlin, Humboldt-Univ., Diss. B.
- Vogt, Marga (1981): Zur Führungstätigkeit des Sportlehrers unter besonderer Berücksichtigung seiner Übungsleitertätigkeit im außerunterrichtlichen Sport. Rostock, Univ., Diss. B.

Wie in den Übersichten der vier vorherigen Jahrzehnte dargestellt, wurde in der DDR vermehrt seit den 1960er Jahren die Funktion der Psychologie für die Politik betont, »Leben umzugestalten« (Bibliothek des Lehrers, 1960, S. 23), und in diesem Zusammenhang wurde auch die Psychologie immer wieder verpflichtet, zur »Entwicklung des sozialistischen Bewusstseins« beizutragen (Ulbricht, 1968, S. 17). Politisch lag der Fokus dabei – wie im Kapitel zur »Psychologischen Kriegführung« (vgl. auch Hager, 1968, S. 13) bereits dargestellt – auf Gefahren der »psychologische[n] Manipulation der Massen«, wie sie aus Richtung der Bundesrepublik Deutschland gesehen wurden (Ulbricht, 1968, S. 19). Im Gegensatz zur Nachkriegsgeneration wurde bereits in den 1960er Jahren deutlich, dass es für die in der DDR geborene und herangewachsene Jugend eines anderen Narrativs zur Erstarkung und Erhaltung des Sozialismus bedurfte (Busse, 1991, S. 27). Hierdurch geriet auch die Entwicklung der Kinder und Jugendlichen in der DDR in den Mittelpunkt der Überwachung: Jugendkultur abseits der FDJ war möglich, wurde aber kontrolliert und nicht selten auch sanktioniert bzw. eingeschränkt. Unterstützung bei der FDJ-Arbeit gab es seit etwa Ende der 1950er Jahre auch von psychologischer Seite durch Manfred Vorwerg (Fischel, 1959, S. 259). Untersuchungen zu Entwicklungen und Einstellungen Jugendlicher fanden seit den 1970er Jahren statt und wurden in der Bundesrepublik Deutschland auch im Rahmen der vergleichenden Bildungsforschung zum Gegenstand gemacht (BArch KO, B 138/42731).

Für diesen Zeitraum der 1970er Jahre wird unter anderem das Gefühl von Stagnation etwa zusammenhängend mit dem Rückgang der wirtschaftlichen Kraft der DDR in Publikationen benannt, was insgesamt in der DDR zu psychischen Beeinträchtigungen und verschiedenen Gefährdungen führte (Busse, 1991, S. 27f.), ähnlich wie jene nach dem Bau der innerdeutschen Mauer und der damit attestierten »Berliner Mauer Krankheit« (Müller-Hegemann, 1973). Diese Entwicklungen und andere Bedürfnisse erforderten die Integration der Individualität des Menschen in öffentliche als auch fachliche Diskurse, welche diese aber immer innerhalb der sozialistischen Persönlichkeiten denken mussten. Erst ab den 1980er Jahren und auch wieder gespiegelt in Publikationen, die mit Provenienz DDR noch 1990 veröffentlicht wurden (bzw. mit diesem Fokus dann auch im wiedervereinigten Deutschland von Psychologinnen und Psychologen aus der DDR weiter verfolgt wurden), nimmt der Gegenstand der Individualität größeren Raum ein, der letztlich die Losungen der SED aufnahm: »Jeder nach seinen Leistungen, jeder nach seinen Fähigkeiten«, auf diese Weise sollte der Steigerung der Produktivität durch Konzentration auf die Individualität des Menschen Rechnung getragen werden (Busse, 1991, S. 29). Auch in pädagogischen Programmen wurde gefordert, dass »die Reserven, die in der Individualität stecken, genutzt werden« (Ihlefeld, 1975, S. 655). Hierfür kamen als Spezialist*innen die Psychologinnen und Psychologen (damals noch nicht in gendergerechter Bezeichnung) als Wirkfaktoren der Politik ins Spiel: »Der Psychologe [...] vermag den Wirkungsgrad des subjektiven Faktors, die gesellschaftliche Effektivität von Persönlichkeiten und Kollektiven beträchtlich zu erhöhen« (Thur, 1982, S. 63).

Beispielhaft stehen hierfür folgende Publikationen von 1990:

- *Manuskript-Druck:*
  - Lompscher, Joachim (1990): Aufsteigen vom Abstrakten zum Konkreten im Unterricht. Versuche zu einer alternativen Lehrstrategie. Ms.-Dr. Berlin: Akad. der Pädag. Wiss. der DDR Zentralstelle für Pädag. Information und Dokumentation (Fortschrittsbericht und Studien/Akademie der Pädagogischen Wissenschaften der DDR, Zentralstelle für Pädgogische Information u. Dokumentation, Berlin, 1990,3).
- *Buchpublikationen/Zeitschriften:*
  - Einmischung: zu Fragen der Ökologie, Verhaltensbiologie, Psychologie, Pädagogik, Philosophie u.a (1990). Berlin: VEB Volk u. Gesundheit.
  - Ilg, Hubert (1990): Psychologische Aspekte im Schulsport. 1. Aufl. Berlin: VEB Volk u. Wissen.
  - Klix, Friedhart (1990): Evolution cognitiver Prozesse und Leistungen (zur Entstehung von Basisprozessen menschlicher Intelligenz). In: Leopoldina-Meeting Humanethologie im Spektrum der

Wissenschaften: vom 2. bis 3. Oktober 1987 in Halle (Saale); mit 5 Tabellen, S. 39–54.

- Suhrweier, Horst; Ludwig, Gudrun (1990): Grundlagen der rehabilitationspädagogischen Psychologie. Mit 23 Tabellen. 2., erw. Aufl. Berlin: Verl. Gesundheit (Beiträge zum Sonderschulwesen und zur Rehabilitationspädagogik, 37).
- Tembrock, Günter (1990): Biokommunikation, Musik und Sprache. In: Beiträge zur Musikwissenschaft, 32(4), S. 241–246.
- Tembrock, Günter (1990): Die Verhaltensbiologie in der DDR. In: Einmischung: zu Fragen der Ökologie, Verhaltensbiologie, Psychologie, Pädagogik, Philosophie u. a. Berlin: VEB Volk u. Gesundheit, S. 24–39.
- Tembrock, Günter (1990): Ethologie und Ethik. In: Ethik und Sozialwissenschaften: EuS: Streitforum für Erwägungskultur.
- Tembrock, Günter (1990): Verhaltenbiologische Untersuchungen im perinatalen Kontext. In: Leopoldina-Meeting Humanethologie im Spektrum der Wissenschaften: vom 2. bis 3. Oktober 1987 in Halle (Saale); mit 5 Tabellen, S. 67–86.
- Thom, Achim (Hrsg.) (1990): Psychiatrie im Wandel. Erfahrungen und Perspektiven in Ost und West. Bonn: Psychiatrie-Verlag.
- Vorwerg, Manfred (1990): Psychologie der individuellen Handlungsfähigkeit. Eine Einführung. Berlin: VEB Deutscher Verlag der Wissenschaften.

Zu Rolle und Funktion der Gesellschaft für Psychologie (in) der DDR[41]

Die Phase, die von Lück et al. (1987) als »2. Periode der Entwicklung« (S. 184) der Psychologie in der DDR benannt wurde, beinhaltet für das Datum 19.10.1962 die Gründung der »Gesellschaft für Psychologie in der Deutschen Demokratischen Republik« (GfP) in Ost-Berlin. Vorausgegangen war ein Beschluss des wissenschaftlichen Beirates beim Staatssekretariat für das Hoch- und Fachschulwesen vom 13.10.1961, welcher eine Initiativkommission zur Errichtung einer psychologischen Gesellschaft benannte (Findbuch »Gesellschaft für Psychologie der DDR«, Archiv der Humboldt-Universität Berlin, S. 1). In diese Kommission waren folgende Professoren der Psychologie berufen worden: Werner Straub, Hans Hiebsch, Friedhart Klix und Gerhard Rosenfeld (Findbuch »Gesellschaft für Psychologie der DDR«, Archiv der Humboldt-Universität Berlin, S. 1). Die Konstituierung erfolgte auf Grundlage von 54 eingetragenen Mitgliedern der GfP und sollte in ideologischer Abgrenzung zur westdeutschen Fachgesellschaft für Psychologie, der Deutschen Gesellschaft für Psychologie (DGPs), erfolgen. Das Verhältnis zwischen der westdeutschen psychologischen Fachgesellschaft DGPs und der DDR-Fachgesellschaft GfP ist erst kürzlich umfassend untersucht worden (Guski-Leinwand & Bredenkamp, 2023), sodass an dieser Stelle nur die basalen Aspekte zur Rolle und Funktion der GfP benannt werden sollen.

Die westdeutsche DGPs hatte bereits 1948 in Göttingen ihren ersten Kongress nach dem Zweiten Weltkrieg abgehalten, der als 17. Kongress der Deutschen Gesellschaft für Psychologie gezählt wurde (vgl. Lück et al., 1987, S. 147–150). Ihm waren vier Kongresse unter immer stärkerer

41 Für die engagierte Recherche der Unterlagen im Archiv der Humboldt-Universität danke ich herzlich Herrn Dr. Carsten Roschke und der Archivleiterin HU Berlin, Frau Dr. Aleksandra Pawliczek, mit ihren Mitarbeiter*innen.

nationalsozialistischer Prägung vorangegangen. Die zum Zeitpunkt 1948 zurückliegenden Ereignisse und menschenrechtlichen Verfehlungen stellten keinen Diskussionspunkt dar (vgl. Inhaltsverzeichnis, abgedruckt in Lück et al., 1987, S. 150). Im Vorausgang zu diesem Kongress 1948 waren Neugründungen der DGPs in den einzelnen Besatzungszonen, so durch Gustav Johannes von Allesch (Göttingen) in der britischen und durch Gustav Kafka (Würzburg) in der amerikanischen Besatzungszone erfolgt. Aus diesen Neuanfängen entstand 1949 die heutige DGPs (Wellek, 1953, o. P.), die 2022 ihren 52. Kongress ausrichtete und für 2024 den 53. Kongress in Wien vorbereitet (Deutsche Gesellschaft für Psychologie, 2023).

Lüer (2010) hat in einer umfangreichen Untersuchung die »von der Politik auferlegten Restriktionen« für die Psychologie in der DDR am Beispiel der Gründung der GfP festgestellt und für die wissenschaftliche Gesellschaft, als die sich die GfP sah, den Unterschied herausgearbeitet, der zwischen einer ersten Fassung des Statuts für die GfP 1961 aus der Initiativkommission »ideologiefrei«, das heißt ohne politisch-ideologische Anbindung, und der dann später gültigen Fassung 1963 in § 2 des Statuts der GfP (Straub et al., 1963a, S. 97) mit vorgeordneter Orientierung an den politischen Vorgaben bestand (Lüer, 2010, S. 240). Der voranstehende § 1 regelte den Namen und den Sitz der Gesellschaft für Psychologie in der DDR in Berlin. Später entfiel aus ihrem Namen die lokale Präposition »in«, sodass sie sich »Gesellschaft für Psychologie der DDR« (GfP) nannte (vgl. Guski-Leinwand & Bredenkamp, 2023, S. 100). Als Gründungsdatum wurde der 19. Oktober 1962 genannt.

> »§ 2 Aufgaben
>
> Die Gesellschaft stellt sich das Ziel, verantwortlich an der Erfüllung der gesellschaftlichen und staatlichen Aufgaben in der DDR, insbesondere bei der Entwicklung der Volkswirtschaft und der Volksbildung, mitzuwirken und damit dem Frieden und dem Aufbau des Sozialismus in der DDR zu dienen. Sie trägt dazu bei, die Psychologie auf der Grundlage des dialektischen und historischen Materialismus weiterzuentwickeln und fördert den wissenschaftlichen Meinungsstreit. Sie betrachtet es als ihre Aufgabe, die wissenschaftliche Weiterbildung der Psychologen der DDR zu fördern und in Lehre und Forschung die Gemeinschaftsarbeit durchzusetzen. Sie unterstützt den psychologischen Unterricht in allen Bereichen und die psychologische Weiterbildung der Lehrer an den Ober- und Fachschulen sowie der betrieblichen Bildungseinrichtungen.

> Sie bekämpft alle Formen der Scharlatanerie auf ihrem Gebiet. Sie tritt unwissenschaftlichen Auffassungen entgegen und sieht eine ihrer wichtigsten Aufgaben in der Auseinandersetzung mit antihumanistischen und imperialistischen Theorien. Hierbei unterstützt sie besonders alle Wissenschaftler Westdeutschlands, die im Sinne des Humanismus, der Demokratie und des gesellschaftlichen Fortschritts wirken« (Straub et al., 1963a, S. 97).

Bei der Gründungsveranstaltung der psychologischen Fachgesellschaft GfP in der DDR wählte die erste Mitgliederversammlung ihren Vorstand mit der folgenden Besetzung als gewählte Mitglieder und anschließend gewähltem Geschäftsbereich (Findbuch »Gesellschaft für Psychologie der DDR«, Archiv der Humboldt-Universität Berlin, S. 1):

- Prof. Dr. Fischel (Geschäftsbereich: Zweiter Vorsitzender zusammen mit Prof. Klix),
- Prof. Dr. Hiebsch (ohne Geschäftsbereich),
- Prof. Dr. Klix (Geschäftsbereich: Zweiter Vorsitzender zusammen mit Prof. Fischel),
- Dr. Kulka (Geschäftsbereich: Sektionsleitung Arbeitspsychologie)
- Dr. Rosenfeld (Geschäftsbereich: Sektionsleitung Pädagogische Psychologie),
- Prof. Dr. Straub (Erster Vorsitzender),
- Dr. Szewczyk (Geschäftsbereich Sektionsleitung Medizinische Psychologie),
- Sekretär der Gesellschaft wurde Dr. Konrad Lüning, der 1963 die Gründung der Gesellschaft schriftlich bekannt machte (Lüning, 1963, S. 96).

Nachdem Werner Straub den Vorsitz der GfP während des ersten Kongresses 1964 noch innehatte, wurde auf diesem Kongress der dann folgende Vorsitz für die GfP gewählt, den Friedhart Klix dann auch während der Zeit der beiden Folgekongresse der GfP innehatte. Ihm folgte anschließend Adolf Kossakowski auf den Vorsitz (s. Tab. 5).

Tabelle 5: Übersicht psychologische Kongresse DDR und deren Vorsitzende

1. Kongress 21.–23.5.1964 (Dresden)	Vorsitzender: Prof. Straub
2. Kongress 23.–26.9.1968 (Ost-Berlin)	Vorsitzender: Prof. Klix

3. Kongress 15.–18.5.1972 (Erfurt)	Vorsitzender: Prof. Klix
4. Kongress 9.–12.9.1975 (Ost-Berlin)	Vorsitzender: Prof. Kossakowski
5. Kongress 7.–9.2.1979 (Ost-Berlin)	Vorsitzender: Prof. Kossakowski
6. Kongress 11.–14.1.1983 (Leipzig)	Vorsitzender: Prof. Kossakowski
7. Kongress 16.–19.2.1987 (Leipzig)	Vorsitzender: Prof. Kossakowski

(Angaben übernommen aus Findbuch »Gesellschaft für Psychologie der DDR«, Archiv der Humboldt-Universität Berlin, S. 1.)

Das »Statut der Gesellschaft für Psychologie in der DDR« (Straub et al., 1963a, S. 97–99), wie es 1963 festgeschrieben wurde, erfuhr im weiteren Gang der GfP Veränderungen: Eine Revision des § 2 wurde zwischen 1965 und 1966 im Zusammenhang mit der Aufnahme in die International Union of Psychological Sciences (IUPsyS) im Jahr 1966 in Verbindung mit dem XVIII. Internationalen Kongress für Psychologie in Moskau (Lüer, 2010, S. 244) notwendig und durchgeführt.

Über die nächsten eineinhalb Jahrzehnte gab es noch andere Fassungen des Statuts (vgl. (Findbuch »Gesellschaft für Psychologie der DDR«, Archiv der Humboldt-Universität Berlin, S. 1): Die Fassungen 1962 und 1970 begründen sich auf wissenschaftspolitische Anlässe bzw. die Tatsache, dass die GfP über einen Beschluss des Ministerrates von 1969 mit den Zielsetzungen der Deutschen Akademie der Wissenschaften (DAW) von 1970 bis 1977 verbunden wurde (Lüer, 2010, S. 242). 1976 erschien eine Neuauflage des Statuts (Gesellschaft für Psychologie der DDR, 1976)[42]. Seit 1964 nahm ein ständiger Beauftragter als »Parteisekretär« an sämtlichen Vorstandssitzungen teil (Lüer, 2010, S. 240). Eine letzte Fassung aus dem Jahr 1979[43] (Gesellschaft für Psychologie der DDR, 1979b) entstand aus dem Wechsel der Aufsicht über die GfP im Jahr 1977 von DAW zum Ministerium für Hoch- und Fachschulwesen (MHF) (Lüer, 2010, S. 242; Findbuch »Gesellschaft für Psychologie der DDR«, Archiv der Humboldt-Universität Berlin, S. 1). Diese Fassung als auch die Fassung des Statuts von 1979 sind während des ersten Förderzeitraums in Zusammenarbeit mit der Deutschen Nationalbibliothek (DNB) digitalisiert worden und vor Ort zur Nutzung möglich. Die insgesamt mehr als 20 Digitalisie-

42 Digitalisierte Fassung bei der DNB mit Signatur 1977 A 9851.

43 Digitalisierte Fassung bei der DNB mit Signatur 1979 A 2294.

rungen aller von der DNB gehaltenen Publikationen der Gesellschaft für Psychologie in der Deutschen Demokratischen Republik sind über den Katalog der DNB über den vollständigen Namen der Gesellschaft recherchierbar.[44]

Die Mitgliederstruktur der GfP beinhaltete ordentliche und außerordentliche Mitglieder sowie Ehrenmitglieder. Die Mitgliederanzahl der Gesellschaft für den jeweiligen Zeitpunkt des Kongresses betrug:

1. Kongress (21.–23.5.1964 in Dresden): 126 Mitglieder
2. Kongress (23.–26.9.1968 in Berlin): 229 Mitglieder (davon 169 männlich und 60 weiblich)
3. Kongress (15.–18.5.1972 in Erfurt): 449 Mitglieder (davon 316 männlich und 133 weiblich)
4. Kongress (9.–12.9.1975 in Ost-Berlin): ca. 800 Mitglieder
5. Kongress (7.–9.2.1979 in Ost- Berlin): 1.184 Mitglieder
6. Kongress (11.–14.1.1983 Leipzig): 1.715 Mitglieder
7. Kongress (16.–19.2.1987 in Leipzig): 2.458 Mitglieder

(Alle Angaben entnommen aus Findbuch »Gesellschaft für Psychologie der DDR«, Archiv der Humboldt-Universität Berlin, S. 2)

Die Leitung der GfP bestand aus dem Vorstand, der Revisionskommission, den Sektionsvorständen und den Vorständen der Arbeitsgemeinschaften. Vorstand und Sektionsvorstände wurden von der Mitgliederversammlung gewählt, welche als höchstes Gremium galt (Findbuch »Gesellschaft für Psychologie der DDR«, Archiv der Humboldt-Universität Berlin, S. 2).

Die Vorstände der Arbeitsgemeinschaften und die Revisionskommission wurden vom Vorstand eingesetzt.

Der Vorstand galt als ständiges Arbeitsorgan der Gesellschaft. Ihm gehörten an: der Vorsitzende, stellvertretende Vorsitzende, die Sektionsvorsitzenden, weitere Vorstandsmitglieder sowie der Leiter des Sekretariats und ein wissenschaftlicher Sekretär.

Dem Vorstand wurde die langfristige Planung zentraler Veranstaltungen und Aktivitäten zugesprochen und er arbeitete nach Jahresplänen. Durch eine Geschäftsordnung war der Geschäftsablauf der Leitung der GfP ge-

44 Vgl. folgenden Link: https://portal.dnb.de/opacPresentation?cqlMode=true&reset=true&referrerPosition=0&referrerResultId=idn%3D1224704681%26any&query=idn%3D004033876 (12.9.2023).

regelt. Der Rechenschaftspflichtigkeit gegenüber der Mitgliederversammlung kam der Vorstand zu den jeweiligen Kongressen in Form der Rechenschaftsberichte (meist in der *Psychologie-Information* veröffentlicht) nach (Findbuch »Gesellschaft für Psychologie der DDR«, Archiv der Humboldt-Universität Berlin, S. 2).

Die Sektionsvorstände galten als ständiges Arbeitsorgan der Sektionen. Auch diese arbeiteten nach Jahresarbeitsplänen und sollten in ihrer Arbeit von den jeweiligen Sektionsmitgliedern beraten werden (Findbuch »Gesellschaft für Psychologie der DDR«, Archiv der Humboldt-Universität Berlin, S. 2).

Die Revisionskommission hatte die Aufgaben, Einhaltung oder notwendig werdende Veränderungen des Statuts und der Geschäftsordnung zu gewährleisten, die Arbeitsweise der leitenden Gremien sowie die wissenschaftspolitische sachgemäße und sparsame Verwendung der Mittel der Gesellschaft zu prüfen bzw. zu steuern. Auch dieses Kontrollorgan war der Mitgliederversammlung rechenschaftspflichtig (Findbuch »Gesellschaft für Psychologie der DDR«, Archiv der Humboldt-Universität Berlin, S. 2 und 3). Die interne Struktur der GfP hatte zudem verschiedene Sektionen, die sich in thematische und regionale Arbeitsgemeinschaften unterteilten. Zu den ersten Sektionen, die sich nach der Gesellschaftskonstituierung gründeten, gehörten Sektionen die Arbeitspsychologie, Pädagogische Psychologie und Medizinische Psychologie, zu denen jeweils bereits nach Gründung der GfP Leitungsfunktionen gewählt worden waren (s. o.). Darauf folgten die Sektionsgründungen der Klinischen Psychologie, der Sozialpsychologie und der Allgemeinen Psychologie. Diese Sektionen und Arbeitsgemeinschaften waren thematisch und regional überwiegend an verschiedenen Universitätsinstituten, an Hochschulen und auch einzelnen Einrichtungen der Akademie der Wissenschaften beheimatet (Archiv der Humboldt Universität Berlin [HUB/UA], Bestand GfP; Findbuch »Gesellschaft für Psychologie der DDR«, S. 3; Archiv der Humboldt Universität Berlin, Bestand GfP, 186, Bl. 46–48):

Im Bereich »Allgemeine Psychologie« gab es folgende Sektionen und Arbeitsgemeinschaften:

- Humboldt-Universität Berlin, Sektion Psychologie:
  - »K ognition und kognitive Prozesse«
  - »Methodisch-methodologische Grundlagen und Geschichte der Psychologie«
- Karl-Marx-Universität Leipzig, Sektion Psychologie:
  - »Persönlichkeit und Persönlichkeitsentwicklung«

- Zentralinstitut für Herz- und Kreislauf-Regulationsforschung der Akademie der Wissenschaft, Berlin:
  - »Psychophysiologie«

Für den Bereich »Pädagogische Psychologie« waren neben akademischen Einrichtungen auch das Zentralinstitut für Berufsbildung in Berlin verzeichnet:

- Pädagogische Hochschule Erfurt/Mühlhausen:
  - »Erziehungsberatung«
- Friedrich-Schiller-Universität Jena, Sektion Erziehungswissenschaften
  - »Fehlentwicklung/Umerziehung«
- Humboldt-Universität Berlin, Sektion Rehabilitationspädagogik und Kommunikationswissenschaft:
  - »Rehabilitationspädagogische Psychologie«
- Karl-Marx-Universität Leipzig, Sektion Journalistik:
  - »Medienpsychologie«
- Zentralinstitut für Berufsbildung, Berlin/Bereich Psychologie
  - »Psychologie in der Berufsbildung«

Der Bereich »Klinische Psychologie« war sowohl medizinischen Institutionen als auch universitären Einrichtungen angesiedelt:

- Klinikum Berlin-Buch, Klinik für Internistische Leistungsmedizin:
  - »Verhaltenstherapie«
- Humboldt-Universität Berlin, Sektion Psychologie:
  - »Gesprächspsychotherapie«
- Wilhelm-Pieck-Universität Rostock, Sektion Pädagogik und Psychologie:
  - »Rehabilitationspsychologie«
- Magistrationspoliklinik Berlin:
  - »Psychohygiene/Psychoprophylaxe«
- Karl-Marx-Universität Leipzig, Sektion Psychologie:
  - »Klinische Psychodiagnostik«
- Friedrich-Schiller-Universität Jena, Sektion Psychologie:
  - »Partnerschafts- und Familientherapie«

Der Bereich »Sozialpsychologie« hatte seine Verortung sowohl universitär als auch unternehmensgebunden:

- Karl-Marx-Universität Leipzig, Sektion Psychologie

  - »Verhaltenstraining«
- VEB Jenapharm, Direktion Kader und Bildung:
  - »Sozialpsychologische Aufgaben bei der Entwicklung des gesellschaftlichen Arbeitsvermögens im Betrieb«

Als »Zentrale Arbeitsgemeinschaft (AG)« bestanden außerdem:

- Humboldt-Universität Berlin, Lehrstuhl Forensische Psychologie:
  - »Forensische Psychologie«
- Pädagogische Hochschule Erfurt-Mühlhausen, Institut für Unterstufenmethodik:
  - »Entwicklungspsychologie«

(Archiv der Humboldt Universität Berlin (HUB/UA), Bestand GfP, 186, Bl. 46–48: [undatierte] Übersicht über die Thematischen Arbeitsgemeinschaften der GfP)

An der Universität in Dresden gab es außerdem 1976 eine AG Psychologie des Staatssekretariats für Arbeit und Löhne (Universitätsarchiv TU Dresden, 2023b, S. 7)

Im totalitären SED-Staat wurde die Psychologie auch in den Dienst einer Manipulation breiter Bevölkerungsschichten gestellt. Anlässlich einer Beratung der Leiter der Regionalen und Thematischen Arbeitsgemeinschaften der GfP wurde im September 1981 die Rolle der Psychologie als Wissenschaft »für die Weiterentwicklung der sozialistischen Gesellschaft« respektive »unter den Bedingungen des verschärften Klassenkampfes« festgeschrieben: Das »große Wirkungsspektrum« der Psychologie in der DDR sollte demgemäß die »Produktion«, das »lebenslange Lernen«, die »Persönlichkeitsformung«, die »Gesunderhaltung«, die »sportliche Leistungsfähigkeit«, die »Leitung gesellschaftlicher Prozesse«, die »Landesverteidigung« sowie die »Erhöhung der Wirksamkeit der ideologischen Arbeit« umfassen (Archiv der Humboldt Universität Berlin, HUB, UA, GfP, 186, Bl. 144ff.).

Als direkte Verwertung psychologischen Fachwissens für parteipolitische Ziele und Parteipropaganda ist zu benennen, dass ein Thesenpapier vom Dezember 1986 vorsah, dass die GfP eine »zielgerichtetere Mitwirkung« bei der psychologischen Weiterbildung auch von Kadern verfolgen sollte als »Qualifizierung von Propagandisten der SED« (Archiv der Humboldt Universität Berlin, HUB, UA, GfP 186, Bl. 181ff.: Schriftliche Vorlage des Vorstandes der GfP vom 29.12.1986, ebd., Bl. 181ff.).

Fachlicherseits blieb man in der Psychologie in der DDR jedoch in vielen Bereichen auf westdeutsches Fachwissen angewiesen (Archiv der Humboldt-Universität Berlin, HUB/UA, GfP, 26, Bl. 213f.). So auch ganz besonders bei allen Aspekten der Suchtproblematik, zu dem das Ministerium für Gesundheitswesen der DDR psychologisch fundierte Untersuchungen auf »marxistischer Basis« durchführen ließ. Hintergrund war eine Materialsammlung unter Bezug auf »Probleme der Pharmaabhängigkeit bei Jugendlichen«. Im Fokus standen dabei psychische und physische Abhängigkeiten von der Substanzwirkung, »gefährliche Auswirkungen« auf Individuum und Gesellschaft, Abstinenzerscheinungen sowie die Typisierung von Betroffenen in den »kapitalistischen« Ländern. Obwohl man darauf pochte, dass es sich bei diversen psychischen Abhängigkeiten im gesamten Ostblock allenfalls um »Einzelfälle« (meist im Zusammenhang mit Alkohol) handele, kam man doch nicht umhin, sich auf westliche Literatur und Fachsicht zu berufen; dies im Hinblick auf psychopathologische Symptome sowie auf »Risikopersönlichkeiten« (Labilität und Unreife, allgemeine Retardierung, Verhaltensstörungen) zurückzuführen (Archiv der Humboldt-Universität Berlin, HUB/UA, GfP, 26, Bl. 72ff.). Bei der Bekämpfung von Drogenmissbrauch war beabsichtigt, auch das MfS zu konsultieren, wie es aus einem Entwurf des Justizministeriums für ein Gesetz über den Verkehr mit Suchtmitteln hervorgeht. Im Mittelpunkt sollte dabei die Frage nach gesonderten Strafbestimmungen bei der »Erschleichung von staatlichen Genehmigungen für den Suchtmittelverkehr« stehen (Bundesarchiv Berlin-Lichterfelde, BArch B, Generalstaatsanwaltschaft der DDR, DP 3, Sign. 163, Bl. 43ff.: Stellungnahme zum Entwurf des Gesetzes über den Verkehr mit Suchtmitteln v. 5.10.1972).

Zu Bereichen der Forensischen Psychologie gab es in der GfP eine eigene Arbeitsgemeinschaft, wie oben aufgeführt. Im Statut dieser Arbeitsgemeinschaft hieß es anno 1969 unter anderem: »Forensisch-psychologisch tätig ist jener Diplom-Psychologe, der auf dem Gebiet der psychologischen Gerichtsbegutachtung, der Kriminologie, der Kriminalistik, des Strafvollzugs, der Resozialisierung bzw. der Rehabilitation Haftentlassener oder zur Bewährung Verurteilter oder der in einer Einrichtung des Ministeriums des Inneren arbeitet« (Archiv der Humboldt-Universität Berlin, HUB, UA, GfP, 191, Bl. 24: Statut der Arbeitsgemeinschaft »Forensische Psychologie« in der GfP, gegründet mit Wirkung vom 13. Juni 1969).

Für die Tätigkeit im Rahmen forensisch-psychologischer Aufgaben wurde Seiten der GfP nicht nur dem Generalstaatsanwalt, sondern auch dem Präsidenten des Obersten Gerichts der DDR, den Ministerien für Justiz und Inneres sowie auch dem »Ministerium für Staatssicherheit« (MfS) entsprechende Empfehlungen zugeführt. Wörtlich hieß es unter anderem:

> »Mit der weiteren Durchsetzung des entwickelten Systems des Sozialismus erwachsen der Psychologie aus allen Bereichen der gesellschaftlichen Praxis ständig neue und vielfältige Aufgaben. Die Entwicklung neuer sozialistischer Beziehungen zwischen den Bürgern unseres Staates, die Herausbildung sozialistischer Persönlichkeiten, die Hilfe für gefährdete Menschen und somit der Kampf gegen die Kriminalität sind als gemeinsame Aufgaben allen sozialistischen Bürgern und staatlichen Institutionen gestellt worden. [...] Auf Grund ihrer Erkenntnisse über soziale Beziehungen, über die spezifischen Bedingungen der Persönlichkeitsentwicklung, über Persönlichkeitseigenschaften Krimineller, deren Motivation, über Möglichkeiten pädagogischer und psychologischer Beeinflussung normalen, kriminellen u.a. auffälligen Verhaltens vermag die Psychologie – insbesondere die forensische Psychologie – wesentliches für die Kriminalitätsbekämpfung beizutragen, vor allem unter dem Aspekt der Prophylaxe« (Archiv der Humboldt-Universität Berlin, HUB/UA, GfP, 191, Bl. 52ff.: Schreiben der GfP v. 13.4.1970 an die genannten Behörden und Ministerien).

Bedingt hierdurch nahm sich das MfS ein Mitspracherecht schließlich nicht nur bei der Ernennung, sondern auch bei der Entlohnung forensisch-psychologischer Begutachtung heraus. Die GfP legte dem MfS mit der Bitte um Zustimmung Entwürfe zur »Aufnahme forensisch-psychologischer Gutachter in die Zentrale Gutachterliste« sowie zur »Honorarordnung« für diverse Gutachten vor. Da laut GfP die Zustimmung »aller Leiter der Zentralen Rechtspflegeorgane« eingeholt werden musste, gingen diese Entwürfe zeitgleich abermals den Ministerien für Justiz und Inneres sowie dem Obersten Gericht und dem Generalstaatsanwalt zu (Archiv der Humboldt-Universität Berlin, GfP, 192, Bl. 60: Schreiben der GfP an den Minister für Staatssicherheit vom 13.4.1970, Bl. 60: Schreiben der GfP an den Minister für Staatssicherheit vom 13.4.1970).

Für die Arbeit einer wissenschaftlichen Gesellschaft in der DDR, wie es die GfP in ihrem Selbstverständnis war, hat Lüer im Gesamtzusammenhang »komplizierte Geflechte von Machtverhältnissen« (Lüer, 2010, S. 249) benannt, die bei der fachlichen Arbeit – anders als beispielsweise in der Bundesrepublik Deutschland zu dieser Zeit – bedeutenden Einfluss hatten. Mit Blick auf die Sektionen und Arbeitsgemeinschaften als auch andere Stellen muss bei der Verschiedenartigkeit der institutionellen Anbindung auch an eine Durchlässigkeit der erarbeiteten Inhalte gedacht werden, das heißt, es kann nicht ausgeschlossen werden, dass auch (unbenannte) Wechselwirkungen zwischen außerakademischen Zentren und deren politischen Aufträgen bestanden, die aus anderen Ministerien stammten als dem MHF, dem die GfP unterstellt war. Insoweit kann und konnte bzw. wurde kein Informationsfluss vonseiten der Psychologinnen und Psychologen reguliert oder regulierbar, was jedoch über spezifische Berufsethik hätte geschehen können. Anders als in der Bundesrepublik Deutschland gab es in der DDR keine ethischen Richtlinien oder Vergleichbares für die Psychologie und ihre Professions- oder Disziplinvertreterinnen und -vertreter. Es gab jedoch auch keine explizite Unterwerfung der Psychologinnen und Psychologen in der DDR unter die marxistisch-leninistische Philosophie, wenngleich diese implizit oder immanent immer vorhanden war. Ein solcher Passus fehlt auffallend im Statut der GfP und muss daher als ein Erhalten von fachlicher Freiheit bzw. Handlungsspielräumen gesehen und auch betont werden, wie sie nach 1990 aus der Aufarbeitungsperspektive erkannt wurden (z. B. Schönpflug, 2012, S. 332).

Somit erklärt sich ansatzweise, wie es zur Verwirklichung weitergehender Interessen und zu welchen Verwertungsabsichten durch staatliche Stellen mittels psychologischem Fachwissen und den Ergebnissen der Psychologie in der DDR kommen konnte. Im nun folgenden Teil IV mit seinen Kapiteln soll über die während des Förderzeitraums 2019 bis 2022 in diesem Zusammenhang erarbeiteten Ergebnisse eine kurze Darstellung stattfinden.

Teil IV

Verwertungen der Psychologie zu Zwecken politischer Repression

Staatliche Stellen und ihr Interesse an psychologischem Fachwissen

Psychologische Forschung und Lehre blieben unter der Kontrolle staatlicher Stellen und somit auch inhaltlich mit der Staatsdoktrin der SED-Politik in der DDR verbunden, wie in Teil III umfangreich dargestellt wurde. Über die Kongressberichte der GfP wie auch über Einzelpublikationen aus den Reihen der Psychologenschaft in der DDR wird deutlich, wie sich die Grundlagen- und Anwendungsfächer zum Sozialismus stellten bzw. sich auf diesen mit ihren Forschungsergebnissen bezogen.

Ein Teilgebiet der Psychologie soll an dieser Stelle noch kurz gesondert dargestellt werden: die Tierpsychologie an der Leipziger Universität wie auch der Berliner Humboldt-Universität, die dort jeweils eine langfristige Verortung erhielt (H. Sprung & L. Sprung, 2001). Ein inhaltlicher Bezug auf den Sozialismus ist nicht erkennbar, obwohl sie sich wegen des ihr zugrunde liegenden »Analogieprinzips, eine Methode, ohne welche vergleichende Wissenschaft, folglich auch Tierpsychologie, nicht denkbar ist« (Revesz, 1947, S. 61), prinzipiell eignete (vgl. hierzu auch von Allesch, 1937). Tierpsychologische Publikationen gab es über den gesamten Zeitraum der DDR (Angermeier, 1966[45]; Bürger, 1962; Dembowski, 1955; Fischel, 1955, 1956, 1967; Tembrock, 1949, 1963, 1971, 1983; Ullrich, 1969). In ihrer Analogiefunktion wurde sie im »Rubrikator« als zugehörig zur Entwicklungs- und Erwachsenenpsychologie geführt (Zentralinstitut für Information und Dokumentation der Deutschen Demokratischen Republik, 1986, S. 41).

Der Forschungs- und Interessensbereich an der Tierpsychologie ist am Beispiel der genannten Publikationen als ein heterogenes Interesse aus Einzelprofessionen (Tierpflege) als auch einzelnen Disziplinen wie Biologie

45 Als Lehrender an einer amerikanischen Universität hatte Angermeier 1966 in der Wissenschaftlichen Zeitschrift der Karl-Marx-Universität einen tierpsychologischen Beitrag veröffentlichen können.

und Verhaltenswissenschaften zu bezeichnen. Ihre Institutionalisierung im SED-Staat begründet sich einerseits auf die Tradition, da an der Leipziger Universität bereits seit der zweiten Hälfte der 1930er Jahre Tierpsychologie Gegenstand von Publikationen war (Krueger, 1937). Andererseits hatte sie einen pragmatischen Nutzen zu erfüllen, wie es aus einem Rechenschaftsbericht über das Leipziger Psychologie-Institut Ende der 1950er Jahre zu entnehmen ist: »Die Tierpsychologie begann in der letzten Zeit mit *Hundeforschungen* und führte sie in enger Zusammenarbeit mit den für das Diensthundewesen zuständigen Stellen der Deutschen Volkspolizei durch« (Fischel, 1959, S. 258). Die möglicherweise mit diesen Untersuchungen zusammenhängenden oben genannten Möglichkeiten der Analogieschlüsse auf den Menschen bedürfen einer gesonderten Untersuchung und bilden ein Forschungsdesiderat.

Die staatliche Kontrolle über die Wissenschaften und damit auch über die anderen Teilbereiche der Psychologie stellte einerseits sicher, dass keine politisch unliebsamen Forschungen und Ergebnisse zutage kamen, die sich gegen die Zielsetzungen der SED-Diktatur hätten auswirken können (vgl. Laatz, 1985, S. 66). Hierzu gehören zu allererst die pädagogischen Zielsetzungen, aber im Weiteren auch die Einhaltung der Verfassung und Gesetze. Besonderes Interesse hatten somit das Ministerium für Volksbildung einerseits und die Generalstaatsanwaltschaft der DDR als Teilbereich des Ministeriums der Justiz. Zunächst sollen Aktivitäten aus dem Bereich des Ministeriums für Volksbildung, anschließend aus dem Bereich der Generalstaatsanwaltschaft als Beispiele dargestellt werden:

Um die sozialistische Erziehung sicherzustellen, entstanden unter Leitung des Ministeriums für Volksbildung sogenannte »Perspektivpläne« für die Ausbildung von Pädagogen im Fach Psychologie. Die Ausbildung im Fach Psychologie wurde als integrierender Bestandteil der wissenschaftlichen Grundausbildung eines »sozialistischen Lehrers« und damit in den Dienst für den Aufbau des Sozialismus gestellt. Zugrunde gelegt wurde dabei – offenkundig in Anlehnung an die Maximen der GfP – die marxistische Persönlichkeitspsychologie für »pädagogische Kader«, aber auch Förderaspekte bei »hochbefähigten« und »leistungsschwachen« Schüler*innen. Daneben standen auch Themen der »Beratung« von Eltern und anderen Erziehern«. Die Analyse der »Schulwirklichkeit« hatte unter psychologischem Aspekt zu erfolgen. Nicht zuletzt in Abgrenzung zur westdeutschen Psychologie war auch eine Verbesserung der »sozialistischen Studienmoral« im Sinne von hoher Disziplin und harter Arbeit und in Verbindung mit »staatsbürgerliche[r] Erziehung« und Jugendpsychologie angestrebt (Bundesarchiv Berlin, BArch B, Bestand Ministerium für Volksbildung, Bestand DR 2, Sign. 24708, Bl. 62–68 und 77–82). In diesem Zusammenhang sollten neben der Förderung von Fähigkeiten und Begabungen auch die Moralvorstellungen und das »sittliche Verhalten« jugendlicher Schüler*innen auch im außerschulischen Bereiche beeinflusst werden, was auch die Arbeit mit den Eltern ebenso wie entsprechende Lehrerweiterbildung an Schulen einschloss (Bundesarchiv Berlin, BArch B, Bestand Ministerium für Volksbildung, Bestand DR 2, Sign. 24708, Bl. 77–82).

Auch die Ausbildung der damals noch sogenannten Kindergärtnerinnen zeigte im Lehrprogramm Themenfelder wie »Psychologie des Vorschulalters« sowie »Diagnostik und Entwicklung«, aber auch »parteilichen Unterricht« und »marxistisch-leninistische Grundpositionen«. Zensuren sollten als »Stimulierungsmittel« dienen. Neben der Anfertigung schriftlicher Hausaufgaben sollte eine Auseinandersetzung mit »bürgerlichen Theorien« erfolgen, ferner wurde ein »klassenbewusstes Herangehen an die Lösung von Problemen« angestrebt, wobei die »Liebe zum Kind« betont wurde. Allgemeine und Persönlichkeitspsychologie sowie Funktionen der höheren Nerventätigkeit blieben verbunden mit der »Herausbildung eines wissenschaftlichen Weltbildes«. Auf die »enge Beziehung zur Berufspraxis«, das heißt, im Kindergarten wurde ebenso großer Wert gelegt wie auf die »Befähigung« der Studentinnen zu Gruppenerzieherinnen im Sinne des in der DDR allgegenwärtigen Kollektivismus (Bundesarchiv Berlin BArch B, Ministerium für Volksbildung, DR 2, Sign. 30196, Bl. 149ff.: Lehrprogrammanalyse Psychologie der Pädagogischen Schule für Kindergärtnerinnen Franzburg, undatiert). Einige Lehrinhalte wurden auch im direkten Bezug zur offiziellen Ideologie propagiert und vermittelt: Künftige Kindergärtnerinnen erhielten eine Einführung in Allgemeiner Psychologie und Persönlichkeitspsychologie, sammelten praktische Erfahrungen im Kindergarten und erhielten zeitgleich unter Berufung auf den 8. Parteitag der SED eine »marxistisch-leninistische Fundierung«. Physiologische Grundlagen des Psychischen und psychologische Fragen des Lernens im Kindergarten gehörten ebenso zum Fachwissen aus der Psychologie wie die »Lenkung psychischer Prozesse des Vorschulkindes«. All diese Verwertungen von psychologischem Fachwissen gepaart mit politisch-ideologischen Vorgaben sollte dem »Vormarsch zur höheren Arbeitsproduktivität« sowie der »Aneignung von Verhaltenseigenschaften« und

»Aspekten der Normverinnerlichung« dienen (Bundesarchiv Berlin-Lichterfelde [BArch B], Ministerium für Volksbildung, DR 2, Sign. 30196, Bl. 173ff.: Analyse der Ausbildungsergebnisse auf der Grundlage des verbindlichen Lehrprogrammes im Fach Psychologie [Studienjahr 1971/72] der Pädagogischen Schule für Kindergärtnerinnen Welde).

Zusammenfassend lässt sich erkennen, dass die Psychologie umfassend zu Erziehungszwecken hin auf eine sozialistische Erziehung genutzt wurde. Unter dieser Betrachtung kann die DDR vergleichend zu anderen Ergebnissen der historischen Erziehungsforschung (Vogel, 1982) auch als »Erziehungsstaat« (Vogel, 1982, S. 132) bezeichnet werden, in dem »legitime Ansprüche aus anderen Wertgebieten« (Vogel, 1982, S. 132) sich psychologischer Fachinhalte bedienten.

Inhaltlich gehören in diesen Zusammenhang auch die Aktivitäten der Generalstaatsanwaltschaft der DDR. Diese stellte im Juni 1968 entsprechende »Anforderungen« durch eine »staatliche Jugendpolitik«. So pochte man auf Jugendgesundheitsschutz und Arbeitsschutz und verwahrte sich gegen eine »Duldung negativer Erscheinungen«, darunter Arbeits- und Schulschwänzen, »gesellschaftswidriges« Verhalten durch die Übernahme der falschen (d.h. imperialistischen) Ideologie, Alkoholmissbrauch u.a. Stattdessen forderte man eine Betreuung »gefährdeter oder straffällig gewordener« Jugendlicher durch einschlägig geschultes Lehr- und Erziehungspersonal im Sinne »moralischer Haltung und Verhaltensweisen« sowie auch eine »Vernichtung jugendgefährdender Erzeugnisse«. Schulen, Internate und Lehrlingswerkstätten sollten demgemäß regelmäßig kontrolliert werden. Eine solche »Kontrolltätigkeit« hatte »in enger Zusammenarbeit« mit FDJ und Pionierorganisation zu erfolgen. Fallweise sollten sogar im Sinne der »öffentlichen Ordnung« von der Deutschen Volkspolizei berufene Bürger*innen hinzugezogen werden (BArch B, Generalstaatsanwaltschaft der DDR, DP 3, Sign. 96, Bl. 428ff.).

Bei der Nutzung oder Vewertung psychologischen Fachwissens durch staatliche Einrichtungen in der DDR ging es besonders um klinisch-psychologisches Fachwissen, das zu psychiatrischen Kontexten herüberreichte und ebenfalls für Aufgaben der Generalstaatsanwaltschaft der DDR von Relevanz war (BArch B, Bestand Generalstaatsanwaltschaft u.a., DP 3). Wie unter anderem unter den Phasen oder Perioden der Psychologie in der DDR beschrieben wurde, lag das staatliche Interesse für das Gelingen der sozialistischen Gesellschaft vor allem auch auf der zuverlässigen Prägung der DDR-Bürgerinnen und DDR-Bürger als sozialistische Persönlichkeiten. Und damit ab Mitte bis Ende der 1950er Jahre auch auf der jüngeren Generation bzw. den Jugendlichen und Kindern in der DDR. Verschiedene Einordnungen bei Abweichungen des jugendlichen Verhaltens als »asozial« und die Bekämpfung desselben ist in Studien archiviert (BArch B, DP 3/866).

Staatsanwält*innen waren zu eigenmächtigem Vorgehen in klinisch-psychologischen Kontexten besonders ermächtigt. Die Generalstaatsanwaltschaft erließ 1977 eine Anweisung hinsichtlich der »Aufgaben des Staatsanwalts bei der Einweisung in stationäre Einrichtungen für psychisch Kranke«. Dazu zählten die Aufsicht und gegebenenfalls auch Anordnung des jeweiligen Staatsanwalts über befristete Einweisungen, ferner die Berücksichtigung psychiatrischer Gutachten sowie der Abschluss der »notwendigen psychiatrischen Untersuchungen« innerhalb einer Sechswochenfrist. Ziel war die Feststellung der »Zurechnungsfähigkeit« oder – alternativ – die Beantragung einer gegebenenfalls unbefristeten gerichtlichen Einweisung (BArch B, Generalstaatsanwaltschaft der DDR, DP 3, Sign. 882, Bl. 2f.).

Über den Verlauf des Förderzeitraums 2019 bis 2022 wurden weitere Akten recherchiert, die aus dem Bestand der Generalstaatsanwaltschaft der DDR-Berichte über Gerichtsprozesse oder gerichtliche Verfahren gegen Hochschullehrer*innen, Jugendliche und junge Erwachsene enthielten. Da es sich hierbei um Unterlagen handelt, die streng den Persönlichkeitsrechten unterliegen, wird aus diesen kein Inhalt präsentiert, sondern nur überblicksartig wiedergegeben, worum es sich handelte, um für gebenenfalls weitere Forschung die Bestandssignatur (s. Verweis am Ende dieses Absatzes) zu Forschungszwecken nutzen zu können. Interessant – mit Blick auf polizeiliche und damit gegebenenfalls auch zu geheimpolizeilichen Aufgaben hinreichend – ist in diesem Bestand ein Schreiben von Generaloberst Dickel über die erweiterten Zuständigkeiten und Abläufe bei Ermittlungen vom 24.2.1981. Ebenfalls hierzu gehört ein Schriftstück »Einschätzung zur Verfolgung der Jugendkriminalität und junger Erwachsener in Berlin-Pankow – Delikte gegen die staatliche und öffentliche Ordnung« (datiert 20.5.77 mit Handvermerk), worin auch zahlreiche Verfahren namentlich Betroffener dokumentiert und mit den juristischen Basistexten verbunden sind. Außerdem enthält diese Signatur auch einen »Bericht über die Ergebnisse der Untersuchungen zur Sicherung der Reaktion auf alle Straftaten Jugendlicher«, dazu wurde auch die psychologisch-psychiatrische Begutachtung thematisiert. Außerdem ist eine Beschlussvorlage vom 31.3.77 erhalten. Ferner gibt ein weiteres Schriftstück Auskunft über die »Einschätzung des Rechtsbewusstseins der Schüler und Verhinderung von Rückständen in der Persönlichkeitsentwicklung«, des Weiteren geben Berichte Aufschluss über die Arbeitsaufgabenplanung für die Jugend und die Erfahrungen mit diesen Plänen. Ein weiteres Dokument befindet sich in diesem Bestand, in dem es um den »Schutz der staatlichen und öffentlichen Ordnung vor Straftaten …« geht, bei dem es um die bis dahin als unzureichend eingeschätzte Berücksichtigung der Persönlichkeit bei Täter*innen ging (Bundesarchiv Berlin, BArch B, Generalstaatsanwaltschaft der DDR, DP 3, Signatur 860).

Zusammenfassend lässt sich sagen, dass nach stichprobenartiger Einsicht in die oben genannten Bestände offenkundig wird, dass mit psychologischem Fachwissen Aufgaben der Generalstaatsanwaltschaft der DDR direkt bewältigt werden sollten und psychologisches Wissen somit für exekutive Funktionen genutzt wurde. Dies wiederum verweist in den Bereich der juristischen Sanktionierung und bedarf einer eigenen Aufarbeitung, sodass auch hier ein Forschungsdesiderat erkennbar wird, denn psychologisches Fachwissen oder methodische Zugänge der Psychologie stehen heutzutage nicht als juristische Instrumentarien im Sinne einer Hilfswissenschaft für die Jurisprudenz, noch sah sich die akademische Psychologie in der DDR in dieser Rolle oder wurde die Psychologie in der DDR in dieser Funktion offiziell, das heißt nach Stand der hiesigen Untersuchungsergebnisse durch die Fachgesellschaft GfP positioniert. Gemäß Statut der GfP (siehe hierzu das Kapitel in Teil III) wollte bzw. sollte die GfP aber den erziehungsstaatlichen Forderungen Rechnung tragen.

Das Ministerium für Staatssicherheit und seine Nutzung psychologischer Inhalte

Nachdem zuvor kurz die DDR als »Erziehungsstaat« (Vogel, 1982, S. 132) umrissen wurde, sollen hier auch weitere relevante Ergebnisse zur staatlichen Charakterisierung der DDR herangezogen werden, um abschließend eine Aussage über den Stellenwert und die Bedeutung umfangreicher Nutzungen der Psychologie zu Staats(sicherheits-)zwecken treffen zu können.

Die DDR wurde in politikwissenschaftlichen Diskursen auf Aspekte einer Doppelstaatlichkeit untersucht (Brey, 2006): Der Gedanke von einem Doppelstaat in der DDR ging dabei von Untersuchungen des Nationalsozialismus aus, der als »Dualismus von Normen und Maßnahmenstaat« (Fraenkel, 1974, S. 96f., zit. in Brey, 2006, S. 60) erkannt worden war und Parallelen zur DDR, vor allem im Hinblick auf die Strafjustiz, aufwies (Werkentin, 1994, S. 395ff., zit. in Brey, 2006, S. 36): »Recht wurde als Waffe verstanden, um politische Gegner verfolgen zu können« (Brey, 2006, S. 63). Unter dieser Perspektive wurde auch die Psychologie institutionalisiert und instrumentalisiert eingesetzt, um wirksam im Sinne der sozialistischen Gebote und Forderungen gegen politische Gegner*innen innen wie auch außenpolitisch vorgehen zu können: Besonders im Kontext der Justiz und des Ministeriums für Staatssicherheit wurde ausgewähltes psychologisches Fachwissen hierfür herangezogen und in rechtswissenschaftlichen Studiengängen an der Juristischen Hochschule des MfS in Manuskripten als Psychologie und in späteren Jahren als »Operative Psychologie« dort im Sinne einer Spezialdisziplin gelehrt und institutionalisiert (vgl. Richter, 2001; Wieser, 2022). Sie ist zumeist über ihre Aufgaben besonders ab den 1980er Jahren erschließbar, die sowohl Befähigungen transportierten als auch konkrete Verwertungszwecke nannten (Richter, 2001, S. 48–56). Aus Sicht des heutigen – und sicher auch aus damaligem – Selbstverständnis der Psychologie besonders erschreckend und verwerflich sind Aufgaben- und Zielstellungen »zum Erkennen, Aufklären und Bearbeiten feindlich-negativer Personen und Handlungen, die Befähigung

Inoffizieller Mitarbeiter zum Herstellen und Ausbauen vertraulicher Beziehungen zu operativ interessierenden Personen« (Richter, 2001, S. 53) als auch die Zielsetzung, »die psychischen Erscheinungen in Handlungen und von Personen so zu beeinflussen, daß sie der operativen Arbeit dienlich sind« (Richter, 2001, S. 55).

Vor dem Hintergrund dieser Ausführungen erscheint die Operative Psychologie in ihrer Struktur und ihren spezifischen Ableitungen aus der Gesamtheit des psychologischen Fachwissens in Verbindung mit »einer zur Staatsideologie erhobenen Weltanschauung und des von ihr konstruierten Feindbildes« (Kapferer, 1990, S. IX) weniger als ein Derivat der akademischen Psychologie der DDR[46], sondern vielmehr als »Paralogismus«, das heißt als Trug- und Fehlschluss, der sich dadurch auszeichnet, dass »ein bloß scheinbar gültiger, der Form nach fehlerhafter« (Konhardt, 1989, S. 108) Schluss verstanden wird, welcher von der »sozialistischen Persönlichkeit« (Der Vorsitzende des Staatsrates der Deutschen Demokratischen Republik, 1965, § 1, Absatz 1; vgl. Busse, 1991, S. 29) ausgehend und über Feindbild-Darstellungen zu einem Fehlverständnis des Menschen und folglich Fehlbehandlungen unter psychologischer Etikette führten.

Zudem erscheint die Operative Psychologie des MfS insgesamt inhaltlich wie eine Antwort auf die Aufklärungsbemühungen nicht zuletzt auch der Politischen Psychologie der BRD, ausgehend von den Überzeugungen in der DDR, dass die BRD eine Psychologische Kriegführung gegen die DDR betrieb. Wie weiter oben dargelegt, hatten die Einrichtungen der politischen Bildungsarbeit in der Bundesrepublik Deutschland ja auch einen expliziten Auftrag zur Erforschung von und Aufklärung über die DDR. Die Operative Psychologie transportierte aber – wie die Ergebnisse von Richter (2001) bereits vor über zwei Jahrzehnten zeigten – Manipulationsabsichten, die durch Zugriffe auf fachpsychologische Inhalte realisiert werden sollten. Sichtweisen auf Menschen als »feindlich-negative Personen« (Richter, 2001, S. 53) offenbaren eine militarisierte Sprache in Verbindung mit psychologischen Überlegungen der Einflussnahme. Die

46 Vorläufig war die Operative Psychologie auf dem Symposium des BMBF-Forschungsverbundes »Seelenarbeit im Sozialismus: Psychologie, Psychiatrie und Psychotherapie (SiSaP)« im April 2023 in Weimar als Derivat bezeichnet worden. Für den konstruktiven Austausch mit Katharina Lenski und ihre Einwände zu dieser Einordnung dankend, fand im Nachgang eine vertiefende Auseinandersetzung der Autorin statt, aus der die vorliegende Einordnung hervorgegangen ist.

sich hiermit offenbarende Zielsetzung in der Operativen Psychologie ist unter den Vorzeichen der »Psychologischen Kriegführung« (siehe hierzu die Ausführungen in Teil II) als eine Form der psychischen Militarisierung zu bezeichnen, die sich in der akademischen Psychologie verbietet. Daher wird hier ausdrücklich nicht von einer psychologischen Militarisierung gesprochen, da lediglich auf Einstellungen von Personen Einfluss genommen wurde, aber keine akademische Ausrichtung diese Militarisierung verfolgte. Auch geht und ging die Psychologie – in der DDR wie in der BRD – nicht von einem dichotomen Menschenbild und somit durchgehend also vom Menschen als Feind aus, widmet sich aber Untersuchungen zur Entstehung von Feindbildern, so zum Beispiel in der sozialpsychologischen Gruppenforschung (z. B. Stürmer & Siem, 2022) oder der in der Politischen Psychologie (z. B. Leidner et al., 2022; Zmerli & Feldman, 2022). Die Begriffshorizonte »Feind« stammen bereits aus früheren Jahrhunderten aus dem militärischen Sprachbereich (Adelung, 1775, S. 85ff.). Unter diesen begrifflich-historischen Vorzeichen nahm das MfS mit seiner Nutzung psychologischer Fachinhalte und der sich daraus begründeten Operativen Psychologie eine Umwidmung fachspezifischer Inhalte vor. Ein solcher Zugriff, der auch als »Verstaatlichung« (Vogel, 1982, S. 124) psychologischer Inhalte bezeichnet werden kann, ist nicht unter den damaligen Fachgremien bzw. innerhalb der psychologischen Fachgesellschaft GfP in der DDR diskutiert worden. Es handelte sich um geheime Nutzungen und Umwidmungen auf staatsdienliche Horizonte in Manuskripten an der Juristischen Hochschule, aber auch in anderen behördlichen Einrichtungen (s. Tab. 6).

Das Lehrgebiet »Operative Psychologie« an der JHS des MfS lässt sich über die Jahrzehnte in einer Bandbreite von der Wahrnehmungs- und Kognitionspsychologie über die Persönlichkeitspsychologie und Motivationspsychologie hin zur Sozialpsychologie u. a. beschreiben.

Unter dieser Ausrichtung konnten sowohl Diplomarbeiten als auch Doktorarbeiten erstellt werden. Zu den Dissertationen an der JHS des MfS, die auch psychologiebezogene Titel aufweisen, liegt bereits eine umfangreiche Publikation vor (Förster, 1994), ebenso zu den Diplomarbeiten und Abschlussarbeiten im postgradualen Studium an der JHS (Förster, 1998). Ausgewählte Diplomarbeiten mit Bezug zur Psychologie sind nach Titel und Jahr des Einreichens nachfolgend aufgeführt, um eine thematische Übersicht der verwendeten Psychologiebezüge nachvollziehbar zu machen. Die Autor*innenschaften und weitere Angaben sind in der umfangreichen Bibliografie unter Anwendung der »Hinweise zur Nutzung der Bibliographie« von Förster (1998, S. 25 u. 26) aus der Gesamtpräsentation aller Diplomarbeiten zu recherchieren (Förster, 1998, S. 29–518).

Bevor diese Juristische Hochschule jedoch diesen eigenen Verwertungsansatz psychologischer Kenntnisse als Operative Psychologie etablierte und als juristische Fachakademie eingerichtet wurde, war sie als »Hochschule des Ministeriums für Staatssicherheit« seit Oktober 1955 aus der 1951 eingerichteten »Schule des Ministeriums für Staatssicherheit« in Potsdam-Eiche/Golm hervorgegangen. Als Hochschule des MfS bot sie in ihren Anfangsjahren eine zweijährige Ausbildung im Direktstudium an mit

> »der Unterweisung in acht Lehrfächern:
> Dialektischer und historischer Materialismus
> Geschichte der deutschen Arbeiterbewegung
> Geschichte der KPdSU
> Staats- und Rechtslehre
> Politische Ökonomie – Spezialdisziplin (Grundfragen der operativen Arbeit, Zersetzungstätigkeit, Abwehr, Untersuchungsarbeit und Strafprozessrecht)
> Militärische Ausbildung
> Sport
> Das Studium schloss mit der erfolgreichen Prüfungsabnahme in allen acht Lehrfächern. Nach Beendigung der Ausbildung erfolgte zudem die Ernennung zum Unterleutnant« (Universität Potsdam, 2020a).

Mit dem Jahr 1957 begann der »Ausbau des Überwachungsstaates«, wie es Engelmann und Schumann (1995) untersucht haben. Unter Erich Mielke als Nachfolger von Ernst Wollenweber im Ministeramt für den Staatssicherheitsdienst wurde »die ministeriumseigene Bildungseinrichtung schrittweise an das Hochschulsystem der DDR« angepasst und somit auch Lehrinhalte und -angebote erweitert »zu einer Schmiede für leitende MfS-Kader« (Universität Potsdam, 2020a). Grundlage hierfür war die Dienstanweisung 16/57, welche den Zugriff auf Universitäten, Hochschulen und wissenschaftliche Einrichtungen mit sicherte, um die als operativ bezeichneten Aufgaben und Ziele des MfS dort unter anderem auch durch »Ausweitung und Effektivierung des Netzes inoffizieller Mitarbeiter« zu verwirklichen (Engelmann & Schumann, 1995, S. 351; vgl. BStU, Dienstanweisung Nr. 16/57 des Ministers vom 30.5.1957). Von diesem Zeitpunkt an lässt sich ein durch eine Dienstanweisung geregelter Fluss fachspezifischer Inhalte und eine sukzessive Verwertung von Inhalten erwarten. Vor diesem Hintergrund bilden die »Effektivierung des Apparats und gleichzeitig eine stärkere Ausrichtung des MfS auf die politisch-ideologische Absicherung des SED-Regimes« (Engelmann & Schumann, 1995, S. 350) eine Klammer auch um die ab den 1960er Jahren gezielte Verwertung ausgewählter Inhalte der Psychologie für das MfS. Die im Rahmen des BMBF-Teilprojektes thematisch nachgewiesenen Archivalien als Manuskripte der JHS des MfS beginnen ab den 1960er Jahren (s. u.).

Nachdem zunächst ein Lehrstuhl für Operative Psychologie in der Sektion politisch-operative Spezialdisziplin neben anderen Lehrstühlen in dieser Sektion eingerichtet worden war, wurde dieser 1982 zusammen mit dem Lehrstuhl für politisch-operative Leitungswissenschaft in ein Institut für politisch-operative Leitung zusammengeführt (Förster, 1998, S. 6, FN 13).

1975 war ein Studienplan wie eine Art »Lehrprogramm« für die Hochschul-Direktlehrgänge aufgelegt worden (BStU, ZA, JHS 23170, Januar 1975) mit etwa 6.370 Lehrstunden und damit 1.100 Stunden weniger als im Studienplan, der circa zehn Jahre später erlassen worden war (7.400 Lehrstunden) (vgl. Förster, 1998, S. 5 und S. 6): 1984 und nochmals 1986 erschien ein weiterer Studienplan für das Direktstudium der Offiziersschüler[47], der ein Drittel weniger Stunden in allen Lehrgebieten (2.616 bzw. 2.618 Std.) vorsah als der allererste Studienplan 1975 (BStU, ZA, JHS 23280, September 1986). Der ab 1986 bis zur Wiedervereinigung Deutschlands gültige Studienplan sah ein vier Jahre dauerndes Hochschulstudium in ähnlicher Weise vor wie die damals allgemeinen Hochschulstudiengänge in der DDR. Die beiden vorangegangenen Studienpläne sahen eine stärkere Verschulung vor. Das Studium ab 1986 umfasste Fachvermittlungen aus zwölf Lehrgebieten mit insgesamt 2.616 bzw. 2.618 Stunden, außerdem existierte ab 1986 ein Fernstudium mit einem Umfang von gesamt 954 Stunden. Für das Direktstudium mit 2.616 bzw. 2.618 Stunden (Förster, 1998, S. 7), von denen eines die Operative Psychologie mit 131 Stunden darstellte, ergibt sich somit ein Anteil von 5 % am Gesamtanteil aller Lehrstunden (vgl. Förster, 1998, S. 5 und 6). Auch wenn dies zunächst als eine fast verschwindend geringe Zahl erscheint, sagt dies nichts über die vernachlässigbare Wirkung der damit vermittelten Inhalte aus, denn zu diesen

47 Es gab kaum Offiziersschülerinnen, die in Dokumenten befindliche maskuline Schreibweise hier übernommen.

genannten Lehrstunden gesellten sich aus einem anderen Lehrgebiet, in dem es um die »Grundfragen der IM-Arbeit und ausgewählte operative Prozesse« laut Zeugnis ging, »pädagogisch-psychologische Grundfragen der staatlichen Leitung«, welche fast doppelt so viele Lehrstunden umfassten wie die Operative Psychologie und somit circa 10 % am Gesamtumfang darstellte. Damit bestand das Studium zu circa 15 % aus psychologisch angereichertem Fachwissen mit pädagogischem Bezug und machte damit rund ein Sechstel der Gesamtstunden aus. Auf dem Abschlusszeugnis erschienen die absolvierten Inhalte nicht unter der MfS-Hochschulbezeichnung, sondern als »Psychologie« und »Pädagogisch-psychologische Grundfragen der staatlichen Leitung« (Förster, 1998, S. 12) als sogenannte »Legende«.

Förster (1998, S. 10) stellte in Bezug auf die Themenwahl der Diplom- und Doktorarbeiten auf Basis der Prüfungsordnung von 1971 heraus: »Die Themen wurden entsprechend dem – vom Minister bestätigten – Forschungsplan und dem daraus abgeleiteten Themenkatalog vergeben.« Unter dieser Diplomprüfungsordnung sollte die »Arbeit auf die ›weitere qualitative Entwicklung der politisch-operativen und der politisch-ideologischen Arbeit in den Organen des MfS, insbesondere auf die Erhöhung der Effektivität der Führungs- und Leitungstätigkeit‹ zielen« (Förster, 1998, S. 10). Insgesamt gab es drei Studienordnungen, 1975, 1984 und 1986, die unterschiedlich die Praxisvoraussetzungen und Praktikumsanteile bzw. Spezialausbildungsanteile im Studium regelten.

Auch die Zulassungsvoraussetzungen zum Studium unterschieden sich in diesen Jahren. Innerhalb dieser Zulassungsordnungen gab es unterschiedliche Regelungen, doch war die generelle Zulassungsvoraussetzung die Hochschulreife/Abitur. 1980 lag die erste Zulassungsordnung vor (Förster, 1998, S. 4), 1987 folgte eine Zulassungsordnung mit zusätzlich vorher zu absolvierenden Tätigkeiten im MfS und es gab eine Unterscheidung zwischen Direkt- und Fernstudium (Förster, 1998, S. 5).

Es konnte im Rahmen des BMBF-Teilprojekts zur Psychologie in der DDR leider kapazitätsbedingt nicht mehr untersucht werden, auf welcher Basis der Forschungsplan bzw. Themenkatalog des Ministers die psychologischen bzw. psychologisch-pädagogischen Inhalte festlegte. Es ist jedoch an der unten stehenden Auflistung der nach Jahrzehnten gestaffelten Titel von Diplomarbeiten mit psychologischem Bezug erkennbar, dass sie analog zu den akademischen Disziplinschwerpunkten in der Psychologie betrachtet werden können.

Jedoch wurde im BMBF-Teilprojekt eine Studie zu den Folgen von Zersetzung angestoßen, die als Dissertationsprojekt von Frau Hannah Daria Nussmann auch noch nach Ende des ersten Förderzeitraums weitergeführt wird. Da es sich hierbei um inhaltlich miteinander verbundene Ergebnisse handelt und die Dissertationsergebnisse vorab nicht veröffentlicht werden dürfen, ist an dieser Stelle in die Zukunft zu verweisen. Es kann jedoch vorweggenommen werden, dass die psychologischen Fachkenntnisse, die unter einer Operativen Psychologie oder einschlägiger MfS-Manuskripte zu psychologischen Themenbereichen erlangt werden konnten, zu Zwecken der Zersetzung genutzt wurden. Pingel-Schliemann (2004, S. 201–213) kam in dem Zusammenhang zu dem Ergebnis, dass »das Potential der Psychologie nicht gebraucht wurde, um Menschen zu helfen, sondern um sie zu schädigen« (Pingel-Schliemann, 2004, S. 201). Sie bezeichnete die Operative Psychologie als eine Form »der perversen Anwendung der Psychologie« (Pingel-Schliemann, 2004, S. 203) und hat mit dieser Formulierung ausgedrückt, dass die Verkehrung, die ins Gegenteil verkehrten Inhalte zu einer fehlgeleiteten Anwendung – gegen den Menschen – führten.

Mit dem Nachlass der vormals beim BStU bzw. jetzt im Bundesarchiv in Berlin und seinen Außenarchiven liegen gesicherte Manifestationen dieser Operativen Psychologie als einer Schädigungspsychologie, wie sie hier genannt sein soll, vor, deren Untersuchung nicht am Ende der ersten Förderphase des BMBF-Teilprojektes Psychologie unter politischem Diktat und Justiz im Forschungsverbund »Seelenarbeit im Sozialismus« als abgeschlossen betrachtet werden darf. Besonders unter Hinzunahme der Fokussierung auf Hass, Hasserzeugung oder Hasserziehung bedarf es einer eindeutigen Unterscheidung und Herausstellung, dass das, was als Operative Psychologie den Namen der Disziplin Psychologie als Wissenschaft über das Erleben und Verhalten von Menschen trägt, nicht als eine solche Psychologie bezeichnet werden darf: Operative Psychologie bemächtigte sich des Erlebens und Verhaltens von Menschen unter verschiedenen Anlässen und politischen – und darauf aufbauend vielfach auch strafrechtlichen – Vorwürfen gegen die Betroffenen. Die Operative Psychologie ist gemäß ihrer Basisdokumente und in Anlehnung an bisherige Untersuchungen (z. B. Richter, 2001; Pingel-Schliemann, 2004; Richter, 2021) folglich – wenn man die Begrifflichkeit der »Psychologie« als Einordnung beibehalten will – gleichsam als eine Schädigungspsychologie, als eine Bemächtigungspsychologie und als eine Verfolgungspsychologie zu charakterisieren. Ihr menschenverachtendes Vorgehen ist dabei ebenso zu nennen wie die Fokussierung auf Hass, der – wie Robert J. Sternberg schon vor einigen Jahrzehnten untersucht hat – immer unter polarisierender und propagandistischer Einwirkung von Politik im 20. Jahrhundert sogar ganze Gesellschaften und Völker auf dem gesamten Erdball vernichten konnte (Sternberg, 2003).

Hass als Ressource für die Psychologie!?

Weiter oben ist bereits kurz erwähnt worden, dass die tschekistischen Ausgangspositionen für die Aufstellung des MfS in all seinen Bezügen von Relevanz war (s. Kapitel »Abriss zu Inhalten und Linien in der akademischen Psychologie in SBZ und DDR [1945–1990]: Phasen und Schwerpunkte«). Hierfür ist im Rahmen einer Untersuchung von psychologischen Verwertungen die »tschekistische Ideologie« mit ihren eigenen Ausdehnungen der marxistisch-leninistischen Lehre und damit auch emotionsbezogener Inhalte von besonderer Relevanz: Als »tschekistische Ideologie« wird laut MfS-Lexikon unter anderem verstanden:

> »die Kultivierung und Vermittlung eines Feindbildes des ›Imperialismus‹ für die Wahrnehmung von innergesellschaftlichen und zwischenstaatlichen Konfliktlagen;
>
> die Propagierung eines berufsspezifischen Wertekanons, in dem die MfS-Mitarbeiter sich als antiintellektuelle, militante Avantgarde der Tat mit ›proletarischem Instinkt‹ begriffen: ›Tschekisten zeichnen sich dadurch aus, dass sie jenen »6. Sinn« besitzen, der sie befähigt, die Feinde zu erkennen und aufzuspüren‹ (Erich Mielke, 1957)« (MfS-Lexikon/Bundesarchiv, 2023).

Als psychologisch interessant ist dabei besonders

> »das normative Leitbild der ›tschekistischen Persönlichkeit‹ für die Formung und seelisch-moralische Orientierung der MfS-Mitarbeiter als Weltanschauungskämpfer. Im Mittelpunkt standen die ›tiefen Gefühle des Hasses, des Abscheus, der Abneigung und Unerbittlichkeit‹ als ›entscheidende Grundlage für den leidenschaftlichen und unversöhnlichen Kampf gegen den Feind‹« (ebd.).

Bei den Lehrinhalten der Operativen Psychologie und auch aus Lehrdokumenten für andere Diensteinheiten des MfS wird deutlich, wie zum

Beispiel Ende der 1970er Jahre aus dem Zuständigkeitsbereich AGM (Arbeitsgruppe des Ministers) des MfS der Hass bzw. die Orientierung auf einen solchen als Emotion eine wichtige Rolle spielte: Hier sollte eine »Vertiefung des unbändigen Hasses auf den Feind« zu militärischen Zwecken genutzt werden« (BStU MfS AGM 292, Bl. 130). Wenngleich im Förderzeitraum nur stichprobenartige Befunde zur Thematik Hass gefunden werden konnten, so zeigen diese doch eine einschlägige Emotionalisierung, die unter bzw. mit psychologischer Expertise realisiert werden sollte. Hierzu wurden Studierende an der JHS über »Gefühlsprozesse« (BStU MfS-JHS, Nr. 23952) unterrichtet, die ihnen Lenkungsmöglichkeiten in Gefühlsrichtungen vermittelte bzw. Manipulationswissen an die Hand gab. Die oben beispielhaft benannten »tiefen Gefühle des Hasses« und das Wissen über Gefühlsprozesse (und anderes Wissen aus der Psychologie) wurden also zur berufsspezifischen Aufgabenerfüllung bzw. Aufgabenverantwortung in Bereichen des MfS herangezogen. Wenngleich es richtig ist, dass Richter (2001) den theoretischen Charakter der Lehrinhalte an der JHS betonte, so muss doch über die Verwertung psychologischen Wissens verbunden mit der Forderung, »Hass« als eine »entscheidende Grundlage« für die Aufgabenerfüllung zu betrachten, kritisch reflektiert werden. Die Psychologie als Disziplin sollte zwar in der DDR die politischen Vorgaben bzw. Ausrichtung auf den Sozialismus im Allgemeinen wissenschaftlich untermauern, doch wurde sie nicht in den Dienst einer spezifischen Emotion oder damit verwandter anderer Gefühle wie Abscheu, Abneigung u. a. gestellt. Sondern sie verstand (und versteht sich heute immer noch) als eine Wissenschaft, die sich mit dem Erleben und Verhalten des Menschen in seiner ganzen Breite beschäftigt.

Wenn nun aber in den Reihen des gesamten Ministeriums für Staatssicherheit – erkennbar aus den Provenienzen der Manuskripte mit psychologischem Bezug wie unten aufgeführt – psychologische Inhalte mit dieser Emotionalisierung direkt oder indirekt verbunden wurden, muss über Auswirkungen auf die Aufgaben- bzw. Diensterfüllung der jeweiligen Einheiten des MfS nachgedacht werden. Bisher ist es kaum möglich, wie auch Richter (2001) schloss, Aussagen »über die tatsächlich erfolgte Umsetzung« der Operativen Psychologie zu tätigen bzw. Wirkungen konkret nachzuweisen (S. 27). Dass die Operative Psychologie »explizit gegen Menschen ausgerichtet gewesen« ist, ist jedoch nicht zurückzuweisen (Richter, 2001, S. 27), und es muss besonders kritisch betrachtet werden, dass eine gefühlsspezifische Verwertung psychologischen Fachwissens als Operative Psychologie »Diplomjuristen« (Richter, 2001, S. 19) und auch verschiedenen anderen, nicht-akademischen Berufsgruppen in anderen Abteilungen und Einrichtungen des MfS an die Hand gegeben wurde, die sich in ihrer Ausbildung streng von jener der Diplom-Psychologinnen und Diplom-Psychologen in der DDR unterschieden bzw. nur wenig bis gar nichts zu den Zielsetzungen und wissenschaftlichen Ausgangsbedingungen der Disziplin Psychologie gewusst haben. Schmiedebach (2021) hat dieses Wissen unter der Frage nach der Wissenschaftlichkeit der Operativen Psychologie untersucht und festgestellt, dass sie die »Anwendung eines psychologischen Wissens, das sich mit der Optimierung des Überwachungsapparates und der Zersetzung von sozialen Beziehungen« charakterisieren lässt und als »Sozialtechniken« bezeichnet werden kann (S. 105). Ausgehend hiervon stellt sich die Frage nach einem verantwortlichen Umgang mit spezifischem Wissen bzw. konkret die Frage nach einer »Handlungsverantwortung« bzw. die »Handlungsergebnisverantwortung« (Lenk, 1992, S. 27–29 und S. 33): Danach ist »[d]er Handelnde [...] verantwortlich für die Folgen und Ergebnisse seines eigenen Handelns (in einer bestimmten Verantwortungssituation unter Gesichtspunkten der Handlungsanalyse)« (Lenk, 1992, S. 27). Im Falle der Lehre an der JHS des MfS im Fach Operative Psychologie oder im Bereich der »Grundfragen der IM-Arbeit und ausgewählte operative Prozesse« – inhaltlich laut Abschlusszeugnis synonym für »pädagogisch-psychologische Grundfragen der staatlichen Leitung« (s. hierzu das vorherige Kapitel) – geht es um die Handlungs- oder Handlungsergebnisverantwortung der Lehrenden als Wissenschaftler*innen an der JHS, die »auch für die psychischen und physischen Folgen« ihres Handelns verantwortlich sind und deshalb auch an ihren »Unterlassungen« (Lenk, 1992, S. 27) gemessen werden müssen. An Unterlassungen des MfS-Personals ist hierbei vor allem an Konzeption und Weiterentwicklung der Operativen Psychologie durch Lehrpläne und -veranstaltungen zu denken, ebenso aber auch an die Anregungen oder Aufforderungen zur thematischen Vertiefung derselben in qualifizierenden Abschlussarbeiten: Hierzu ist vonseiten der ehemaligen Verantwortlichen aus der JHS oder anderen weisungsgebenden Stellen kein verantwortungsvoller Umgang im Sinne der Reflexion, aktiven Kontaktaufnahme zur Prüfung der Lehrinhalte der Operativen Psychologie oder anderes bekannt geworden, was beispielsweise durch einen kritischen Fachdialog mit den Fachverbänden für Psychologie, dem BDP und der DGPs, im Sinne einer Verantwortungsnahme und öffentlichen

Stellungnahme nach der Wiedervereinigung hätte stattfinden können. Bereits früh gab es ja Schilderungen über schädigende Behandlungen durch diese Sozialtechniken des MfS, wie es unter anderem als »Zersetzung der Seele« (Behnke & Fuchs, 1995) bekannt geworden ist.

Mit dieser Frage nach der Handlungsverantwortung bzw. Handlungsergebnisverantwortung ist konkret die Frage verbunden, welchen Einfluss die Orientierung an negativen bzw. schädigenden Gefühlen von Hass, Abscheu, Abneigung als »Vertiefung« durch psychologisches Fachwissen hat. Beantworten lässt sich diese Frage nicht in Kürze und die Zeit, in der die Hauptverantwortlichen bzw. Urheber*innen der Operativen Psychologie hätten verantwortlich gemacht werden können, ist in diesem Punkt ungenutzt vorbeigezogen. Für die vielen heute noch nach Anerkennung für ihr erlittenes Unrecht Suchenden, die in den Beratungsstellen der ostdeutschen Länder Rat und Unterstützung finden, ist dieser Aspekt aber von Bedeutung, denn die Beantwortung dieser Frage bedeutet das Bekenntnis zu einer (mindestens) psychischen Misshandlung, da sich diesen Betroffenen mit Konzepten genähert wurde, die ihre Emotionalität von vornherein auf eine bestimmte Tönung in Richtung Hass verändern wollten bzw. sich ihnen mit dieser Haltung näherten, um sie weiterzugeben bzw. zu evozieren. Die hierdurch in den Betroffenen ausgelösten Emotionen und psychischen Prozesse bedürfen einer Gefühlsprozess-Forschung, die im Rahmen des BMBF-Teilprojektes über ein Dissertationsprojekt in Teilen bereits angestoßen wurde.

Die oben beschriebenen Konzeptionen der Operativen Psychologie und anderer als psychologisch bezeichneter Inhalte des MfS sind als akademisierte und somit wissenschaftsgebundene Inhalte jedoch ohne Aufklärung über die Vorzeichen und die Zusammensetzung der Operativen Psychologie mit tschekistischen Ideologieanteilen gegenüber den von Verfolgung und/oder Zersetzung Betroffenen DDR-Bürgerinnen und Bürgern angewendet worden. Wissenschaftliches Arbeiten jedoch trägt das Kennzeichen wie auch die Voraussetzung von Aufklärung über die Inhalte, die Nebenwirkungen und zu erwartenden Folgen bestimmter wissenschaftlicher Vorgehensweisen oder – im Falle der JHS und anderer – akademisierten Umgehens mit Dienstinhalten. Diese Folgen sind in Anlehnung an Lenk (1992) als Handlungsergebnisfolgen zu bezeichnen, die aus dem MfS bzw. durch deren Mitarbeiter*innen in den Diensteinheiten resultieren und sollten als solche auch bereits in den Beratungen zur Anerkennung des erlittenen Leides so benannt werden, unabhängig von einer gegebenenfalls weitergehenden klinisch-psychologischen Diagnose, die dadurch aber nicht ersetzt werden darf.

Auch bis heute ist diese Aufklärung noch nicht vollends zu leisten, da die tschekistische Ideologie als in großen Teilen immanent in den Lehren an der JHS und anderer Bildungs- und Vollzugseinrichtungen des MfS zu betrachten ist und damit nicht isolierbar von den einzelnen Beratungsfällen zu lösen ist. Für weitere Forschungen zu den Auswirkungen des SED-Unrechts ist daher auf die Wirkung von hassbezogenen oder hassinduzierenden Konzepten in ihrer Auswirkung auf die Betroffenen, aber auch die sich in diesen Konzepten implizit oder explizit zu findenden Elemente in diesen Konzepten zu schauen.

Einordnung und Definition der Operativen Psychologie des Ministeriums für Staatssicherheit

Die Operative Psychologie des Ministeriums für Staatssicherheit in der DDR war bereits in verschiedenen Publikationen seit Mitte der 1990er Jahre Gegenstand der kritischen Auseinandersetzung, die aus unterschiedlichen Disziplinen heraus stattfand. In den beiden vorherigen Kapiteln wurde ihr militärischer Bezug und ihr Schädigungscharakter unter ersten Stichworten einer Schädigungspsychologie (so man den Begriffsteil Psychologie analog weiterverwendet), einer Bemächtigungs- und Verfolgungspsychologie benannt und von den Zielsetzungen der wissenschaftlich-akademischen Disziplin Psychologie in der DDR wie auch gegenwärtig abgegrenzt. Im Folgenden soll kurz resümiert werden, wie im Zeitraum der Entstehung der Operativen Psychologie in der DDR bereits das Selbstverständnis der Psychologie als diametral entgegengesetzt zur Operativen Psychologie diskutiert wurde:

Mit Begründung der Operativen Psychologie tauchte in der DDR und damit prinzipiell als deutschsprachige Wortneuschöpfung ein Begriff auf, mit dem Rückgriffe auf die Psychologie durchgeführt wurden, um sehr konkrete, auf das MfS bezogene Ziele zu erreichen. Dieses Auswerten oder Verwerten der Psychologie hatte bis dahin noch nicht in dieser Weise stattgefunden bzw. war der Öffentlichkeit bekannt geworden, obwohl es im Rahmen des XVI. Internationalen Kongresses für Psychologie in Bonn durch den damaligen Bundesinnenminister in seiner Begrüßung bei der Kongresseröffnung eine Warnung vor dem »Missbrauch psychologischer Erkenntnisse« und »Gehirnwäsche« im Zusammenhang mit der Abgrenzung von Scharlatanerie und Professionalität gab (C. F. Graumann et al., 1961, S. 32). Die Sensibilität für ein destruktives Ausnutzen psychologischer Erkenntnisse, das inhaltlich den Missbrauch oder die Instrumentalisierung reflektiert und die destruktive Kraft psychologischer Methoden und Erkenntnisse benennt (vgl. hierzu die Beiträge in Maercker & Gieseke, 2021), war also zum Zeitpunkt des Kalten Krieges bereits gegeben, wurde jedoch in der akademischen Psychologie in Deutschland bis in das 21. Jahrhundert hinein nur selten untersucht und zumeist mit einer Kapitalismuskritik verbunden (z. B. Mausfeld, 2009a, 2009b, 2010, 2018). Jedoch stehen zeitlich und inhaltlich eng mit dieser »Warnung« 1960 in Zusammenhang die Reflexion berufsethischer Grenzen (Bondy, 1959) als auch die Entwicklung berufsethischer Verpflichtungen in Westdeutschland, wie sie seit 1964 mit verschiedenen Diskussionsrunden und Stellungnahmen (Interne BDP-Nachrichten, 1965a, 1965b) dann in eine Erstversion 1967 mündeten (Schorr, 1999, S. 290). Diese und auch die 1964 erschienene *Denkschrift zur Lage der Psychologie* (Graf Hoyos, 1964) sollten für Orientierung und Transparenz hinsichtlich Professionalität und Weiterentwicklung der Psychologie dienen.[48]

Das zurückliegende BMBF-Teilprojekt legte bei der Untersuchung der Operativen Psychologie des Ministeriums für Staatssicherheit besonderes Augenmerk auf die »Verwertungen« psychologischen Fachwissens, die durch das MfS stattfanden. Zur Verwendung des Begriffes »Verwertung« wurde eingangs schon eine Erläuterung gegeben, da er – im Unterschied zur Anwendung bzw. angewandten Psychologie – eine konkrete Nutzenorientierung transportiert und damit auch Passung auf ganz konkrete Probleme, wie sie aus dem Dienstalltag des MfS stammten. Damit wird der konkrete Bezug und nicht die noch zu erwartende Ergebnislage, wie sie üblicherweise nach akademischen Abschluss- oder Qualifikationsarbeiten als Diplom- oder Dissertationsarbeit vorgelegt werden, nicht verwendungs- oder nutzungsoffen präsentiert, wie es bei der angewandten Psychologie ist, sondern sie bleiben abgegrenzt und nicht übertragbar auf das allgemeine Erleben und Verhalten von Menschen für sich stehen. Diese Eingrenzung bzw. selektive Auswahl oder Zusammenstellung ist für alle im Dienstzusammenhang des MfS entstandenen Manuskripte, Diplom- und Dissertationsarbeiten besonders hervorzuheben und wirft an sich die Frage des angemessenen Umgangs mit psychologischem Fachwissen oder gar der Wissenschaftlichkeit der Operativen Psychologie auf (Schmiedebach, 2021; Richter 2021) und auch die Frage, ob bzw. inwieweit dort die Psychologie selbst als »Etikett« gedient hat, wie es vergleichbar Kapferer (1989) für den Marxismus-Leninismus »auf« der akademischen Psychologie in der

48 Die »Destruktivkraft Wissenschaft« wurde in einem so benannten Symposium der Vereinigung Deutscher Wissenschaftler im Oktober 1981 diskutiert, jedoch eher auf Technik, nicht auf die Psychologie bezogen (BArch KO, B 138/56855).

DDR festgestellt hat. Eine Etikettierung einer solchen Lehre, die sich zwar – legendiert (vgl. oben die Informationen zu den Fächerangaben auf den Zeugnissen der JHS) – als Psychologie darstellte, tatsächlich aber eine militarisierte Emotionslehre transportierte, die aus der tschekistischen Ideologie und damit aus militärischen Zusammenhängen stammte, bedarf auch nach Abschluss der ersten Förderphase der umfassenden Diskussion, um das Recht und die Grenzen staatlicher Verwertungen der Psychologie.

Zu den Verwertungen psychologischen Fachwissens wurde im Förderzeitraum (2019–2022) bei den Sachkundigen in den Archiveinrichtungen des BStU eine Stichwortsuche erbeten und von diesen durchgeführt. Im Ergebnis zu den in den Archivalien präsentierten Inhalten der Operativen Psychologie (und weiterer Nutzungen psychologischer Inhalte in behördlichen Einrichtungen) wird hier eine Einordnung und Definition der Operativen Psychologie des Ministeriums für Staatssicherheit in der folgenden Weise vorgeschlagen, da die Operative Psychologie wie oben ausgeführt im Zusammenhang mit Überzeugungen einer »Psychologischen Kriegführung« (siehe hierzu das Kapitel in Teil II dieses Buches) stand.

Als ein akademischer Lehrbereich wurde die Operative Psychologie nicht aus den akademischen Reihen der DDR entwickelt, sondern aus einer staatlichen Institution geschaffen und verbreitet. Aus diesem Grund ist sie nicht als eine akademische Richtung oder Psychologie zu bezeichnen, sondern – in Analogie zu Ergebnissen aus der Pädagogik als »Staatspädagogik« (Krüger & Marotzki, 1994, S. 7) – folgerichtig als *Staatspsychologie* einzuordnen, die von staatlichen Stellen zu staatlichen Zwecken begründet wurde, um Menschen in der gewollten Linientreue der SED-Politik führen bzw. unterdrückend zu dieser zwingen zu können. Dies wurde als Steuerung mittels psychologischer Kenntnisse vor allem durch Willi Stoph 1963 gefordert (Bundesministerium für Gesamtdeutsche Fragen, 1964, S. 21). Diese Forderung in der DDR wiederum geschah unter Missachtung des akademisch implizit oder explizit geltenden professionellen Rahmens und der Haltungen bzw. ethischen Richtlinien, die in der DDR als solche für die Psychologie nicht als explizite Selbstverpflichtung bestanden, aber im Übergang Ende der 1950er Jahre zu den 1960er Jahren durch die Verbindungen der DDR-Kolleg*innenschaft mit Westdeutschland über Kongresse und Publikationen als implizite Orientierung gegeben waren (vgl. Bondy, 1959; Interne Mitteilungen des BDP, 1965a, 1965b).

Inhaltlich ging es einer so verstandenen Staatspsychologie lediglich um die »einfachsten Grundsätze der Pädagogik und Psychologie« (Bundesministerium für Gesamtdeutsche Fragen, 1964, S. 21) und damit um ein ausschnittweises Fachwissen, das mit politischen Inhalten und Zielsetzungen kombiniert wurde und im Ganzen – orientiert am gestaltpsychologischen Aussagewert des Satzes von Lewin (1939/2012) – zu etwas anderem als der Summe seiner Teile wurde, also im fachlich übertragenen Sinne einer Nichtsummativität entspricht: Die ausgewählten Grundsätze oder Inhalte aus der Psychologie wurden in ihrer Funktion, die sie im Zusammenhang mit der Psychologie als Wissenschaft vom Erleben und Verhalten des Menschen haben, verändert bzw. verloren sie in Verwertung einer diktatorischen Politik als Operative Psychologie.

Eine Staatspsychologie wie die Operative Psychologie ist streng von der akademischen Psychologie bzw. der Psychologie als Disziplin zu unterscheiden, da sie »eingreifend« (Richter, 2001, S. 44) unter geheimdienstlichem Vorgehen wirksam wurde. Dieses geheimdienstliche Vorgehen ist denn auch das größte Unterscheidungskriterium zwischen Operativer Psychologie und akademischer oder praktisch-tätiger Psychologie, die gemäß den frühen Überlegungen nach den »ethischen Grenzen psychologischer Arbeit« (Bondy, 1959) die »Freiheit in der Befragung und zur Freiheit in der Beziehungsaufnahme« bei den Menschen zu wahren hat, die mit psychologischen Methoden in Kontakt kommen (Bondy, 1959, S. 241) und damit auch ein Vertrauensverhältnis im Sinne des gegenseitigen Vertrauens gewahrt bleibt. Grundsätzlich sollte mit der Psychologie ein »Verständnis der Menschen für den Menschen« (Bondy, 1959, S. 241) geschaffen werden und nicht – wie unter SED-Diktatur von Stoph und dem MfS beabsichtigt – ein Verständnis über den Menschen, der im Mfs »operativ interessierende Person« hieß, geben. Von ihrem Bestimmungsgrund her ist die Psychologie keine staatsrechtliche Disziplin, die Zwecke der staatlichen Führungs- und Repressionsabsichten verfolgt. Überdies wurden Menschen in der DDR vom MfS unter einem vorgetäuschten bzw. fehlbesetzten Verständnis über das Wesen einer »vertraulichen Beziehung« kontaktiert: Laut *Wörterbuch der Staatssicherheit* war ein »Vertrauensverhältnis« im Rahmen der Staatssicherheit auf Täuschung aufgebaut: »Zwischen IM und operativ interessierender Person wird in der Regel von vertraulichen Beziehungen gesprochen, die ausdrücken sollen, daß die operativ interessierende Person zum IM volles Vertrauen hat, während der IM ihr gegenüber ein Vertrauen vortäuscht« (Der Bundesbeauftragte für die Unterlagen des Staatssicherheitsdienstes der ehemaligen Deutschen Demokratischen Republik, 1993, S. 438). Dieses Vorgehen in der DDR hat Wieser (2020) als mikro-totalitäre Praxis untersucht und bezeichnet. Unter der Perspektive psychologisch verwandter Begriffe im MfS-Wörterbuch hat Richter (2001) einen Anteil von 68 Nachschlagewörtern mit einem Anteil von knapp 10 % am Gesamtanteil ausgemacht (Richter, 2001, S. 37).

Manuskripte mit psychologischem Bezug aus der JHS und anderen Einrichtungen des Ministeriums für Staatssicherheit der DDR

Die in der JHS des MfS oder aus dem Kreis oder für den Kreis der Hauptabteilungen und Bezirksverwaltungen entstandenen Manuskripte mit psychologischem Bezug haben gemeinsam, dass sie sich stets auf die Tätigkeitsbereiche des MfS und Ereignisse in ihrem Zuständigkeitsbereich beziehen, wie im ersten Kapitel dieses Teils III bereits beschrieben. Für die Verwertung psychologischer Kenntnisse im Rahmen der Institutionen und Abteilungen des MfS wurden Akten recherchiert oder in Teilen recherchiert, die auf die beiden psychologiebezogenen Lehrgebiete an der JHS des MfS in Potsdam passend erschienen. Hierbei handelt es sich um die Bereiche, die der »Operativer Psychologie« und »Grundfragen der IM-Arbeit und ausgewählte[n] operative[n] Prozesse[n]« zuzuordnen waren.

Grundsätzlich fallen in den Titeln und Ausrichtungen dieser Manuskripte – auch bei sehr allgemein gehaltenen Betitelungen – die strenge Aufgaben- und Zielorientierung des MfS ins Auge: »im Keim zu ersticken«, wie es nach Richter (2001, S. 57) die Richtlinie 1/58 (ebd.) der Staatssicherheit vermittelte: Erstickt werden sollte alles, was gegen die SED-Politik bzw. gegen den Sozialismus gerichtet war. Diese sogenannte Erstickung sollte auch über Hinzuziehung und Nutzung psychologischen Fachwissens im Rahmen der oben genannten psychologiebezogenen Lehrinhalte an der JHS bzw. für den Gesamtbereich des MfS geschehen, betrachtet man die im Anhang wiedergegebenen Dokumenten-/Akten-Titel aus den verschiedensten Beständen des MfS. Hinzukommt – wie Richter (2001) herausgearbeitet hat –, dass es im MfS einen Wechsel »von offenen Verfolgungsmethoden in den fünfziger Jahren hin zu den verfeinerten und subtilen Repressionsmechanismen« (S. 59) gab, die mit einer »Akademisierung innerhalb des Ministeriums, wie [...] am Beispiel der Operativen Psychologie« deutlich gemacht, einherging und »Geheimdienststudiengänge« diese Akademisierung sicherstellen sollten (S. 59).

In Tabelle 6 wird ein Auszug aus Guski-Leinwand (2023) präsentiert, der in gekürzter Fassung die »Tabellarische Übersicht ausgewählter Akten/Bestände aus dem Bundesarchiv, Stasi-Unterlagen-Archiv (vormals BStU) u.a. zu Themen der Psychologie, Operativen Psychologie, psychischen Manipulationen und Zersetzung durch das MfS. BMBF-Teilprojekt »Psychologie unter politischem Diktat und Justiz« im Forschungsverbund »Seelenarbeit im Sozialismus ... (SiSaP)«, Fördernummer 01UJ1908BY. Dortmund: Fachhochschule Dortmund/Fachbereich Angewandte Sozialwissenschaften« wiedergibt.

Tabelle 6: Überblick über psychologiebezogene Themen in geheimen Manuskripten des MfS[49, 50]

Jahresdatum	Art des Dokuments (z. B. Studienanleitung)/ Titel/Inhalte	Signatur (siehe Dateiname)	Blattnummer
Januar 1963	Lektion: Gegenstand, Aufgaben und Methoden der Psychologie in der politisch-operativen Tätigkeit des Ministeriums für Staatsicherheit; ausgearbeitet: Major Felber (Leitung der Abteilung Fernstudium)	BStU MfS-JHS, Nr. 1864	BSTU 0010-0027
1964	Studieneinführung zum Thema »Analyse der Tätigkeit«, »Motivation und Regulation der Handlung«, »Eigenschaften der Persönlichkeit und ihre Beurteilung«, »Die psychologischen Gesetzmäßigkeiten der Erkenntnisprozesse und ihre Bedeutung für die politisch-operative Arbeit«: – Die Psychologie der Persönlichkeit – Grundprobleme der Psychologie der Persönlichkeit – Grundfragen der marxistischen Persönlichkeitspsychologie	BStU MfS HA KuSch29151	BSTU 0108-0394
Juni 1966	Schulungsmaterial »Studieneinführung mit Unterrichtsprogramm für das Fach Psychologie«	BStU MfS BV Erfurt 359	BSTU 000377-000555

49 Inhalte entnommen aus Guski-Leinwand (2023b).

50 Die hier genannten Signaturen »BStU« sind inzwischen ggfs. verändert durch den organisatorischen Übergang der Behörde des BStU in das Bundesarchiv. Bei Recherchen ist ggfs. nach einer erneuerten Signatur zu fragen.

Jahres-datum	Art des Dokuments (z. B. Studienanleitung)/ Titel/Inhalte	Signatur (siehe Dateiname)	Blatt-nummer
Juni 1966	Studieneinführung mit Unterrichtsprogramm für das Fach Psychologie	BStU MfS-JHS, Nr. 23570	BSTU 0003-0004-0008
Juli 1967 & Juni 1966	Studienmaterial zum Unterrichtskomplex IV der Sozialistischen Kriminologie und Studieneinführung »Der Gegenstand der Psychologie, deren Bedeutung und Aufgaben für die Tätigkeit im MfS«, Juni 1966 (BSTU 000425-000471)	BStU MfS BDL S 449	BSTU 000161-000198, 000425-000471
Juli 1966	Studienmaterial zum Unterrichtszyklus Psychologie: 1. Zur Psychologie der vorsätzlichen Handlung von Hans-Jürgen Lender 2. Einige Prinzipien und Techniken der Befragung und Vernehmung von Hans-Dieter Schmidt 3. Die psychologischen Grundlagen bei der Erforschung der Schülerpersönlichkeit 4. Psychologie und sozialistische Leitungstätigkeit von Dr. Werner keiser	BStU Berlin MfS JHS 23574	BSTU 0001-0088
Juli 1966	Studieneinführung (Thema 5)/Schulungsmaterial: Die Leistungseigenschaften der Persönlichkeit und ihre Einschätzung in der politisch-operativen Arbeit: Die Fähigkeiten und ihre Entwicklung in der Tätigkeit	BStU Berlin MfS JHS 1426	BSTU 0004-0045
Juli 1966	Studienmaterial zum Unterrichtszyklus Psychologie: Zur Psychologie der vorsätzlichen Handlung (Hans-Jürgen Lander)	BStU MfS-JHS, Nr. 23574	BSTU 0004-0019
Juni 1967	Studieneinführung mit Unterrichtsprogramm für das Fach Psychologie, Lehrmaterial für das Fernstudium VIII. Lehrgang	BStU MfS-JHS, Nr. 1850	BSTU 0003-0007
Juni 1967	Studieneinführung: Die Verhaltenseigenschaften der Persönlichkeit, Einstellung und Charakter: Kapitel 1: Einstellungen der Persönlichkeit	BStU MfS-JHS, Nr. 24051	BSTU 0005-0012
Juni 1967	Studieneinführung: Die Verhaltenseigenschaften der Persönlichkeit, Einstellung und Charakter: Kapitel 2: Der Charakter	BStU MfS-JHS, Nr. 24051	BSTU 0013-0034
Juni 1967	Studieneinführung: Die Verhaltenseigenschaften der Persönlichkeit, Einstellung und Charakter: Kapitel 3: Form-Merkmale des Charakter	BStU MfS-JHS, Nr. 24051	BSTU 0035-0040

Jahres-datum	Art des Dokuments (z. B. Studienanleitung)/ Titel/Inhalte	Signatur (siehe Dateiname)	Blatt-nummer
Juni 1967	Studieneinführung: Die Verhaltenseigenschaften der Persönlichkeit, Einstellung und Charakter: Kapitel 4: Äußerung des Charakters in den Lebensbereichen der Persönlichkeit	BStU MfS-JHS, Nr. 24051	BSTU 0040-0045
Juni 1967	Studieneinführung: Die Verhaltenseigenschaften der Persönlichkeit, Einstellung und Charakter: Kapitel 5: Hinweise auf Möglichkeiten der Formung des Charakters und der Einstellungen im Bildungs- und Erziehungsprozess	BStU MfS-JHS, Nr. 24051	BSTU 0046-0059
Juni 1967	Studieneinführung: Die psychologischen Gesetzmäßigkeiten der Wahrnehmung und Beobachtung	BStU MfS-JHS, Nr. 24467	BSTU 00004-00040
Oktober 1967	Psychologie Lektionen; handschriftliche Aufzeichnungen	BStU MfS HA II 32440	BSTU 0001-0072
1967	Lehrbuch *Kriminologie*, Band II: – Die allgemeine Methodik der Erforschung der Kriminalität und ihrer Ursachen – Die Aufdeckung und Beseitigung der Umstände, die die Verbrechensbegehung begünstigen bei einem konkreten Strafverfahren – Die Erforschung und Vorbeugung der Rechtsverletzungen im einzelnen Objekt – Die Erforschung und Vorbeugung der Kriminalität im Rayon, im Gebiet und in der Republik usw.		BSTU 0058-0270
1967	Lehrbuch *Kriminologie*, Band 1: – Gegenstand, Methode und System der sowjetischen Kriminologie – Geschichte und heutige Lage der Kriminologie in der UdSSR – Kritik der modernen bürgerlichen Kriminologie – Die Kriminalität und ihre Ursachen – Die Persönlichkeit des Verbrechers und die Umstände, die die Begehung eines konkreten Verbrechens begünstigen – Die Vorbeugung gegen die Kriminalität – Die Tätigkeit der Staatsorgane und der gesellschaftlichen Organisationen auf dem Gebiet der Kriminalitätsvorbeugung		BSTU 0293-0401

Jahres-datum	Art des Dokuments (z. B. Studienanleitung)/ Titel/Inhalte	Signatur (siehe Dateiname)	Blatt-nummer
1967	»Teilfernstudium Psychologie«: – Gegenstand der Psychologie, psychologische Prozesse, Die Motivation der menschlichen Handlung, Schaubild »Phasen der Willenshandlung« (BSTU 0117), Analyse der Handlung, Die Leistungseigenschaften der Persönlichkeit, Die Verhaltenseigenschaften der Persönlichkeit ab BSTU 0196: Lehrmaterial »Teilstudium Leitungswissenschaft« (1968): – Schaubild »Die wissenschaftlichen Disziplinen der marx-len. Organisationswissenschaft« & »Die Wissenschaft von der Führung und Leitung« (vgl. BSTU 0205) – Die zweckgerichtete Verarbeitung der Informationen – Die Analyse des Informationsflusses, Prognosebildung – Der Entscheidungsprozeß, Schaubild »Arbeitsteilung zwischen Stab und Linie« (BSTU 0279) – Kaderarbeit – Menschenführung	BStU MfS HA KuSch 31238	BSTU 0001-0301
Mai 1968	»Diplomarbeit zur Psychologie, Taktik und Technik der Anfertigung und des Versendens von anonymen und pseudonymen Hetzschriften«	BStU MfS-JHS, Nr. 2569	BSTU 0009-0041
Dezember 1968	MfS, Aufzeichnungsbuch für die Fachschulung, handschriftliche Aufzeichnungen	BStU MfS HA VIII 11994	BSTU 0001-0178
März, Juni 1970	Fachschulung	MfS HA XX 19449	Gesamtes Dokument
August 1970	Abschlussarbeit »Die Gewährleistung des Schutzes der staatlichen, wirtschaftlichen und militärischen Geheimnisse durch die sozialistische Rechtsordnung«	BStU MfS HA VIII 12715	BSTU 0001-0031
1970	Unterrichtsprogramm für den III. Qualifizierungslehrgang im Abendstudium Psychologie: – Marxistische Psychologie – Fachwortverzeichnis zum Schulungsmaterial für die Fachschulung zu psychologischen Problemen	BStU MfS ZOS 3630	BSTU 0001-0014

Jahres-datum	Art des Dokuments (z. B. Studienanleitung)/ Titel/Inhalte	Signatur (siehe Dateiname)	Blatt-nummer
1971	Abschnitt 3 – Die wesentlichsten subversiven Formen, Mittel und Methoden der politisch-ideologischen Diversion gegen die DDR und andere sozialistische länder	BStU MfS VVS 160 Archiv 0054 21808/3	BSTU 000001-000172
1971	Abschnitt 5 – »Die Qualifizierung und der Einsatz der IM/GMS-Arbeit zur zielgerichteten Aufklärung und Bekämpfung der politisch-ideologischen Diversion« sowie Abschnitt 6 – »Die Funktionen des IM-Systems bei der Bekämpfung der politisch-ideologischen Diversion« (ab 000079) ab BStU 000159 Sachwortverzeichnis	BStU MfS VVS 160 Archiv 0054/21808/3	BSTU 000001-000172
April 1971	Konzeption für das Forschungsvorhaben »Grundlagen der Psychologie der operativen Arbeit (Handbuch)«	BStU, MfS-JHS, Nr. 1522	BSTU 0011-0030
April 1971	s.o. Teil 3: Psychologische Bedingungen der tschekistischen Arbeit im Operationsgebiet	BStU MfS-JHS, Nr. 1522	BSTU 0035-0042
April 1971	s.o. Teil 4: Der Missbrauch der Psychologie zur Aktivierung der Feindtätigkeit gegen das sozialistische Lager und zur Durchsetzung staatsmonopolitischer Ziele innerhalb der imperialistischen Herrschaftsspähre	BStU MfS-JHS, Nr. 1522	BSTU 0042-0047
April 1971	s.o.Teil 5: Psychologische Aspekte im Prozess der Untersuchungsarbeit und der Arbeit mit Beschuldigten in der Tätigkeit des MfS	BStU MfS-JHS, Nr. 1522	BSTU 0048-0049
1971	»Zur Genesis der psychologischen Kriegführung. Ein Überblick« von Dr. Kurt Zeisler	BStU MfS HA XVIII 19945	BSTU 0001-0013
Oktober 1973	Studienskript »Psychologie in der Sowjetwissenschaft« mit vielen sowjetischen Beiträgen (ins Deutsche übersetzt) (im folgenden Auszüge daraus)	BStU MfS JHS 1617 (nur teilweise eingesehen, Blattnr. beachten, s. u.)	BSTU 0001-0239
Oktober 1973	Vorwort	BStU MfS JHS 1617	BSTU 0006
Oktober 1973	A. Leontjew »Die Psychologie heute und morgen« (1970)	BStU MfS JHS 1617	BSTU 0007-0010

Jahres-datum	Art des Dokuments (z. B. Studienanleitung)/ Titel/Inhalte	Signatur (siehe Dateiname)	Blatt-nummer
Oktober 1973	Interview mit Lomow (1972) über die Aufgaben des neu gegründeten Instituts für Psychologie	BStU MfS JHS 1617	BSTU 0011-0016
Oktober 1973	Studientext von Lomow (1971) »Zur Rolle der Praxis in der Entwicklung der Theorie der allgemeinen Psychologie«	BStU MfS JHS 1617	BSTU 0017-0027
Oktober 1973	Übersetzung von Leontjew »Karl Marx und die Psychologie« (1968)	BStU MfS JHS 1617	BSTU 0028-0042
Oktober 1973	Übersetung von Petrowski »Die Entwicklung der Psychologie in der Sowjetunion seit 1917« (1967)	BStU MfS JHS 1617	BSTU 0043-0057
Oktober 1973	Übersetzung von Bernstein »Die Psychologie der wissenschaftlichen Arbeit« (1965)	BStU MfS JHS 1617	BSTU 0058-0069
Oktober 1973	Übersetzung von Ramul »Zur Psychologie des Wissenschaftlers« (1965)	BStU MfS JHS 1617	BSTU 0070-0073
Oktober 1973	Übersetzung von Gawrilow »Probleme der sowjetischen Gerichtspsychologie« (1965)	BStU MfS JHS 1617	BSTU 0074-0083
Oktober 1973	Übersetzung des Textes »Soziale und biologische Faktoren der Entwicklung des Menschen« (1972)	BStU MfS JHS 1617	BSTU 0084-0096
Oktober 1973	Übersetzung des Textes von Smirnow »Zur Konzeption der sozialistischen Persönlichkeit« (1971)	BStU MfS JHS 1617	BSTU 0097-0107
Oktober 1973	Übersetzung des Textes von Petrowski »Zu einigen Problemen der sozialpsychologischen Forschung« (1970)	BStU MfS JHS 1617	BSTU 0108-0118
Oktober 1973	Übersetzung des Textes von Mjassischtschew »Sozialpsychologie und Psychologie der Beziehungen« (1965)	BstU MfS JHS 1617	BSTU 0119-0126
Oktober 1973	Übersetzung des Textes von Prigoshin »Lenin über sozialpsychologische Aspekte der Leitung« (1970)	BstU MfS JHS 1617	BSTU 0127-0139
Oktober 1973	Übersetzung des Textes von Jablokowa »Das Problem der Kleingruppen in der bürgerlichen und in der marxistischen Soziologie«	BstU MfS JHS 1617	BSTU 0140-0143

Jahres-datum	Art des Dokuments (z. B. Studienanleitung)/ Titel/Inhalte	Signatur (siehe Dateiname)	Blatt-nummer
Oktober 1973	Übersetzng des Textes von Bessonow »Kapitalismus und Manipulation«	BstU MfS JHS 1617	BSTU 0144-0155
Oktober 1973	Text von Adler & Kretzschmar »Sozialistische Persönlichkeitsentwicklung und soziologische Forschung« (1971)	BstU MfS JHS 1617	BSTU 0190-0202
Oktober 1973	Text von Moldenhauer, Böhme & Wardezki »Zu einigen Grundproblemen der Analyse«	MfS JHS 1617	BSTU 0203-0216
Oktober 1973	Text »Die Untersuchung als Erkenntnis- und Verifizierungsprozeß«	MfS JHS 1617	BSTU 0217-0239
Verschieden (ca. Anfang der 1970er Jahre), siehe nächste Spalte	Studienmaterial, folgende Texte: – »Die Ausarbeitung der Dialektik – ein Vermächtnis Lenins« von Kedrow (Übersetzung 1972) – Beschluss des Plenums des Obersten Gerichts zu Fragen der gerichtlichen Beweisaufnahme und der Wahrheitsfindung im sozialistischen Strafprozess vom 30.9.1970 – »Zu einigen theoretischen und praktischen Fragen des Kampfes gegen die Kriminalität« von Dr. Josef Streit – »Marxistisch-leninistische Partei – Weltanschauung – Philosophie« von Kohlsdorf & Opitz – »Zur positivistischen Konzeption des Gesetzes« von G. Richter – »Zur historisch-materialistischen Auffassung von Basis und Überbau« von A. Bauer – »Das individuelle Bewußtsein und die Dialektik von objektiven Bedingungen und subjektivem Faktor« von T. Hahn	MfS JHS 24621	BSTU 0001-0136
1975	Information über den ehemaligen Studenten der Psych. a. d. Friedrich-Schiller-Universität Jena, Fuchs, Jürgen	MfS HAXX/AKG 2253	Gesamtes Dokument
1975	Auszüge aus »Psychologische Probleme der Täterpersönlichkeit« Grundlagen der Persönlichkeit und des Sozialverhaltens u. a.	BStU MfS HA II 32993	BSTU 0001-0091

Jahres-datum	Art des Dokuments (z. B. Studienanleitung)/ Titel/Inhalte	Signatur (siehe Dateiname)	Blatt-nummer
Dezember 1977	Information zum XXII. Internationalen Kongress für Psychologie (ICP) vom 29.6. bis 7.7.1980 in Leipzig	MfS HA XX/3 3877	Gesamtes Dokument
August 1978	Internationales Symposium für Sportpsychologie	MfS HA XX 15009	Gesamtes Dokument
1978	Arbeits- und Maßnahmeplan des Fachbereiches Psychologie für das Jahr 1978	BStU MfS-JHS, Nr. 4601	BSTU 0004
Dezember 1978	Sammelband *Psychologische Studientexte*, Teil III, Potsdam	BStU MfS-JHS, Nr. 24810	BSTU 0004-0063
März 1979	Arbeitsbuch Aufzeichnungsheft, handschriftliche Aufzeichnungen	BStU MfS HA VIII 14195	BSTU 0001-0238
1979	Schriften der Militärakademie; Politisch-moralische und psychologische Anforderungen des Übergangs zum bewaffneten Kampf und ihre Berücksichtigung in der Führung der politischen Arbeit	BStU MfS AGM 292	BSTU 0094-0202
November 1979	Die wachsenden Anforderungen der sozialistischen Schule in der DDR an die berufliche Vorbereitung der künftigen Lehrer, insbesondere an ihre pädagogisch-psychologische und methodische Ausbildung	MfS HA XX 8777	Gesamtes Dokument
November 1980	Wissenschaftskonzeption »Zur weiteren Profilierung der operativen Psychologie an der Hochschule des MfS«: 1. Notwendigkeit und Ausgangspunkte für die weitere Profilierung der operativen Psychologie 2. Hauptrichtungen der Entwicklung der operativen Psychologie 3. Konsequenzen für die Entwicklung der wissenschaftlichen Arbeit auf dem Gebiet der operativen Psychologie	BStU Berlin MfS JHS 23090	BSTU 000001-000039
(1980er Jahre)	Div. Klausuren Psychologie 16. FSL	BStU MfS HA VIII 4085	BSTU 0001-0116
(1980er Jahre)	Verschiedene Artikel zum Thema Homosexualität	BStU MfS HA II/6 1948	BSTU 000001-000050

Jahres-datum	Art des Dokuments (z. B. Studienanleitung)/ Titel/Inhalte	Signatur (siehe Dateiname)	Blatt-nummer
(1980er Jahre)	Handschriftliche Aufzeichnungen, div. Seminare z. B. zum Thema Personenbeschreibung, Leitungswissenschaft, psychische Prozeße, psychische Eigenschaften der Persönlichkeit, das Wesen der Fähigkeiten	BStU MfS HA KuSch 32034	BSTU 0004-0160
(1980er Jahre)	Handschriftliche Aufzeichnungen, Schema zur Entwicklung von Persönlichkeitseigenschaften (BSTU 0332)	BStU MfS HA KuSch 33412	BSTU 0003-0438
1980	Wissenschaftskonzeption zur weiteren Profilierung der Operativen Psychologie an der Hochschule des MfS: – Notwendigkeit und Ausgangspunkte für die weitere Profilierung der O. P. – Wissenschaftstheoretische und organisatorische Schlussfolgerungen	BStU MfS HA KuSch 20877	BSTU 0002-0038
1981	(Titel unklar)	MfS HA XX 22258	
1982	Tabelle der Tarnnamen des Ministeriums für Staatssicherheit & Fachwortverzeichnis zum Schulungsmaterial für die Fachschulung zu psychologischen Problemen	BStU MfS KD Langensalza 407	BSTU 000039-000091
1982	Abteilung Agitation, Das antikommunistische Feindbild der Bundeswehr – Bestandteil psychologischer Kriegsvorbereitung	BStU MfS SED-KL 3499	BSTU 000001-000020
September 1984	»Seminarhinweise 12. Fachschulfernstudienlehrgang (operative Diensteinheiten) Operative Psychologie«: 1. »Grundfragen der marxistisch-leninistischen Psychologie in ihrer Anwendung auf die politisch-operative Arbeit/Der Motivationsprozess und der Gefühlsprozess – ihre Wirksamkeit im operativ bedeutsamen Verhalten und Möglichkeiten ihres Erkennens« 2. »Die psychischen Prozesse der Wahrnehmumg, des Gedächtnisses und des Denkens im Handeln operativer Kräfte« 3. »Die Eigenschaften der Persönlichkeit, ihre Wirksamkeit im operativ bedeutsamen Verhalten und die Möglichkeiten ihres Erkennens und Beeinflussens«	BStU Berlin MfS JHS 1474	BSTU 0001-0061

Jahres-datum	Art des Dokuments (z. B. Studienanleitung)/ Titel/Inhalte	Signatur (siehe Dateiname)	Blatt-nummer
	4. »Psychologische Grundlagen, Prinzipien und Methoden der Persönlichkeitsbeurteilung und deren Nutzung in der politisch-operativen Arbeit«		
September 1984	Unterrichtsprogramm für den 12. Fachschulfernstudienlehrgang (operative Diensteinheiten) Operative Psychologie: Thema 1: Grundfragen der marxistisch-leninistischen Psychologie in ihrer Anwendung auf die politisch-operativ Arbeit Thema 2: Die psychischen Prozesse der Wahrnehmung, des Gedächtnisses und des Denkens im Handeln operativer Kräfte Thema 3: Die Eigenschaften der Persönlichkeit, ihre Wirksamkeit im operativ bedeutsamen Verhalten und die Möglichkeiten ihres Erkennens und Beeinflussens Thema 4: Psychologische Grundlagen, Prinzipien und Methoden der Persönlichkeitsbeurteilung und deren Nutzung in der politisch-operativen arbeit	BStU Berlin MfS JHS 23360	BSTU 000001-000011
1985	Seminaranleitung Psychologie aus dem Fachschulstudium »Rechtswissenschaft«: Thema 1: Die psychischen Erscheinungen von Personen als Gegenstand der Tätigkeit des operativen Mitarbeiters, Wesen und Funktion des Psychischen Thema 2: Die Prinzipien der dialektisch-materialistischen Psychologie als Grundlagen für das Einschätzen und Beeinflussen psychischer Erscheinungen in der politisch-operativen Arbeit Thema 3: Der Motivationsprozess und der Gefühlsprozess – ihre Wirksamkeit im operativ bedeutsamen Verhalten und Möglichkeiten ihres Erkennens Thema 4: Der Wahrnehmungsprozess und der Gedächtnisprozess – ihre Rolle im Handeln operativer Kräfte bei der Gewinnung operativ bedeutsamer Informationen Thema 5: Der Denkprozess im Handeln operativer Kräfte bei der schöpferischen Lösung von Aufgaben Thema 6: Die Nutzung der Bedürfnisse und Interessen von Personen in der politisch-operativen Arbeit	MfS JHS 24686	BSTU 0001-0145

Jahres-datum	Art des Dokuments (z. B. Studienanleitung)/ Titel/Inhalte	Signatur (siehe Dateiname)	Blatt-nummer
	Thema 7: Einstellungen und Überzeugungen im Handeln von IM und operativ bedeutsamen Personen – Möglichkeiten ihrer Einschätzung und Beeinflussung durch den operativen Mitarbeiter Thema 8: Die Anwendung von Gesetzmäßigkeiten und Bedingungen der Fähigkeitsentwicklung bei der Befähigung operativer Kräfte Thema 9: Psychologische Grundlagen der Persönlichkeitsbeurteilung in ihrer Anwendung in der politisch-operativen Tätigkeit Thema 10: Die Anwendung psychologischer Prinzipien und Methoden bei der Beurteilung operativer Kräfte und operativ interessierenden Personen Thema 11: Wesen, Funktion und Besonderheiten von Vertrauensbeziehungen in der politisch-operativen Arbeit Thema 12: Die Nutzung der sozialpsychologischen Gruppenmerkmale für die Analyse von und die Einwirkung auf operativ interessierende Gruppen Thema 13: Verantwortung und Aufgaben jedes Angehörigen des MfS zur Entwicklung der Kampfkraft des tschekistischen Kollektivs Thema 14: Die Durchsetzung bewusster tschekistischer Disziplin in der Einheit von Erziehung und Selbsterziehung im Kollektiv der Diensteinheit Thema 15: Die Aufgaben der politisch-operativen Mitarbeiter bei der Gewinnung neuer tschekistischer Kader		
1985	Schulungsmaterial »Miteinander reden – aber wie …? Psychologische und methodische Aspekte der Gestaltung schwieriger Gespräche«	BStU MfS KD Arn 188	BSTU 000046-000069
1985	Seminaranleitung Psychologie (15 Themen; vgl. MfS JHS 24686)	BStU MfS BV Erfurt 728	BSTU 000273-000417
1985	MfS Information über Planungen der USA-Streitkräfte zur Psychologischen Kriegführung in europa	BStU MfS HA II 24045	BSTU 000001-000008

Jahres-datum	Art des Dokuments (z. B. Studienanleitung)/ Titel/Inhalte	Signatur (siehe Dateiname)	Blatt-nummer
1985	Psychologie Studiematerial: – Die Herausbildung der Lenin'schen Prinzipien der Kaderarbeit usw. (s. o.) – Ab BSTU 0123: Studienanleitung Kriminalistik (s. o.) – ab BSTU 0141: Studienmaterial »Grundfragen der Zusammenarbeit«	BStU MfS HA KuSch 1563	BSTU 0068-0217
Mai 1985	Psychologie Studienmaterial »Die psychischen Prozesse und ihr Wirken im Handeln von Menschen in der politisch-operativen Arbeit [...]« (vgl. hierzu die Inhalte zu den Prozessen wie unter BStU MfS-JHS, Nr. 23952 bereits aufgeführt)	BstU MfS BV Erfurt 156	BSTU 000001-000174
Mai 1985	Studienmaterial »Die psychischen Eigenschaften der Persönlichkeit«: 1.1. Das Wesen der psychischen Eigenschaften 1.2. Die Entwicklung der psychischen Eigenschaften 1.3. Die Analyse psychischer Eigenschaften 2. Die Bedürfnisse und ihre Rolle in der Tätigkeit des MfS 2.1. Das Wesen der Bedürfnisse 2.2. Die Erscheinungsformen von Bedürfnissen 2.3. Die Nutzung und Entwicklung von Bedürfnissen 3. Einstellungen und Überzeugungen, ihre Analyse und Entwicklung in der politisch-operativen Arbeit 3.1. Das Wesen der Einstellungen und Überzeugungen 3.2. Psychologische Möglichkeiten der Analyse operativ bedeutsamer Einstellungen 3.3. Psychologische Möglichkeiten der Entwicklung und Beinflussung von Einstellungen und Überzeugungen operativer Kräfte 4. Die Fähigkeiten und ihre Rolle in der politisch-operativen Arbeit 4.1. Das Wesen der Fähigkeiten 4.2. Arten operativ bedeutsamer Fähigkeiten 4.3. Zur Analyse der Fähigkeiten	BstU MfS BV Erfurt 156	BSTU 000175-000297

Jahres-datum	Art des Dokuments (z. B. Studienanleitung)/ Titel/Inhalte	Signatur (siehe Dateiname)	Blatt-nummer
	4.4. Die Entwicklung von Fähigkeiten in der politisch-operativen Arbeit 5. Die Nutzung und Entwicklung von Fertigkeiten, Gewohnheiten und Kenntnissen in der politisch-operativen Arbeit 6. Die Beachtung von Temperamentseigenschaften in der politisch-operativen Arbeit		
Mai 1985	Studienmaterial der Juristischen Hochschule Potsdam, Teil 1 »Grundfragen der marxistisch-leninistischen Psychologie«: 1. Der Gegenstand der Psychologie 1.1. Das Wesen des Psychischen 1.2. Die psychischen Erscheinungen 1.3. Prinzipien der dialektisch-materialistischen Psychologie 2. Die psychologische Charakteristik der Handlung und der Persönlichkeit 3. Die Rolle der Psychologie bei der Lösung von Aufgaben in der politisch-operativen Arbeit 3.1. Allgemeine Charakteristik des Wirkens psychischer Erscheinungen in der politisch-operativen Arbeit 3.2. Psychologische Aspekte in den Leistungen operativer Kräfte bei der Realisierung operativer Aufgaben 3.3. Psychologische Aspekte des Verhaltens operativ bedeutsamer Personen	BstU MfS BV Erfurt 156	BSTU 000364-000451
Mai 1985	Studienmaterial »Psychologische Grundlagen, Prinzipien und Methoden der Persönlichkeitsbeurteilung«: 1. Grundlagen der Beurteilungstätigkeit 1.1. Notwendigkeit und Funktion der Beurteilung der Persönlichkeit im Prozess der operativen Arbeit 1.2. Einflussfaktoren der Beurteilungstätigkeit 2. Psychologische Prinzipien der Beurteilungstätigkeit 2.1. Die Beurteilung der Persönlichkeit verlangt einen objektiven Maßstab 2.2. Die Persönlichkeit ist stets in der Tätigkeit zu beurteilen 2.3. Die Persönlichkeit ist in ihrer Individualität zu beurteilen	BStU MfS BV Erfurt 156	BSTU 000452-000524

Jahres-datum	Art des Dokuments (z. B. Studienanleitung)/ Titel/Inhalte	Signatur (siehe Dateiname)	Blatt-nummer
	2.4. Die Persönlichkeit ist in ihrer Entwicklung zu beurteilen 2.5. Die Persönlichkeit ist im und durch das Kollektiv zu beurteilen 3. Zur Anwendung psychologischer Methoden bei der Beurteilung von Personen in der politisch-operativen Arbeit 3.1. Notwendigkeit und Probleme der Anwendung psychologischer Methoden 3.2. Zur Anwendung der Verhaltensbeobachtung 3.3. Zur Anwendung der Analyse von Tätigkeitserlebnissen 3.4. Zur Anwendung der biografischen Methode 3.5. Zur Anwendung der Explorationsmethode		
Mai 1985	Lehrmaterial »Die psychologischen Prozesse – ihre Wirkung und Nutzung in der politisch-operativen Arbeit« (vgl. BStU MfS-JHS, Nr. 23952)	BStU MfS KD Langensalza 352	BSTU 000001-000175
Mai 1985	Lehrmaterial »Die psychischen Eigenschaften der Persönlichkeit – ihre Wirkung und Nutzung in der politisch-operativen Arbeit« (vgl. BStU MfS BV Erfurt 156)	BStU MfS KD Langensalza 352	BSTU 000176-000298
Mai 1985	Lehrmaterial »Die operative Personenkontrolle (OPK)«	BStU MfS KD Langensalza 352	BSTU 000337-000418
Mai 1985	Lehrmaterial »Grundfragen der marxistisch-leninistischen Psychologie und ihre Anwendung auf die politisch-operative Arbeit« (vgl. BStU MfS BV Erfurt 156)	BStU MfS KD Langensalza 352	BSTU 000419-000506
Mai 1985	Lehrmaterial »Sozialpsychologische Grundlagen für die Analyse und Entwicklung von sozialen Beziehungen zwischen Menschen in der politisch-operativen Arbeit«: 1. Zur Anwendung sozialpsychologischer Erkenntnisse in der politisch-operativen Tätigkeit	BStU MfS KD Langensalza 379 (nicht vollständig erhalten, Seitenzahl beachten!)	BSTU 000076-000173

Jahres-datum	Art des Dokuments (z. B. Studienanleitung)/ Titel/Inhalte	Signatur (siehe Dateiname)	Blatt-nummer
	2. Zur Rolle zwischenmenschlicher Beziehungen in der Arbeit des MfS und zu einigen Problemen ihrer Analyse und Entwicklung bzw. Beachtung 2.1. Zum Wesen des Vertrauens in den zwischenmenschlichen Beziehungen 2.1.1. Zu ausgewählten Besonderheiten bei der Analyse und Entwicklung der Vertrauensbeziehungen zwischen Inoffizellem Mitarbeiter und Operativem Mitarbeiter 2.1.2. Zu ausgewählten Besonderheiten bei der Analyse und Entwicklung vertraulicher Beziehungen zwischen Inoffizellen Mitarbeitern und operativ interessierenden Personen 2.2. Zum Wesen von Konflikten in den zwischenmenschlichen Beziehungen 2.2.1. Zum Erkennen und Lösen von Konflikten in den zwischenmenschlichen Beziehungen in der politisch-operativen Arbeit 3. Gruppen als Gegenstand der politisch-operativen Arbeit 3.1. Sozialpsychologische Wesensbestimmung von Gruppen 3.2. Die Nutzung der sozialpsychologischen Gruppenmerkmale für die Analyse von und die Einwirkung auf operativ interessierende Gruppen 3.2.1. Gemeinsame Ziel- und Aufgabenstellung 3.2.2. Räumlich-zeitliche Voraussetzungen 3.2.3. Kooperation und Kommunikation 3.2.4. Gruppenstrukturen 3.3. Zur Realisierung der Führung als Gruppenfunktion 4. Sozialpsychologische Erkenntnisse für die Führung tschekistischer Kollektive 4.1. Zum Wesen des Kollektivs und zu den Besonderheiten tschekistischer Kollektive 4.2. Die Nutzung sozialpsychologischer Erkenntnisse für die Einschätzung des Entwicklungsstandes tschekistischer Kollektive 4.3. Sozialpsychologisch nutzbare Bedingungen und Zusammenhänge für die Entwicklung und Festigung tschekistischer Kollektive		

Jahres-datum	Art des Dokuments (z. B. Studienanleitung)/ Titel/Inhalte	Signatur (siehe Dateiname)	Blatt-nummer
Mai 1985	Lehrmaterial »Psychologische Grundlagen, Prinzipien und Methoden der Persönlichkeitsbeurteilung und deren Nutzung in der politisch-operativen Arbeit« (vgl. BStU MfS BV Erfurt 156)	BStU MfS KD Langensalza 384	BSTU 000159-000339
Mai 1985	Lehrmaterial »Grundfragen der marxistisch-leninistischen Psychologie in ihrer Anwendung auf die politisch-operative Arbeit«	BStU MfS KD Langensalza 405	BSTU 000196-000285
Mai 1985	Lehrmaterial »Grundfragen der marxistisch-leninistischen Psychologie in ihrer Anwendung auf die politisch-operative Arbeit« (vgl. BStU MfS BV Erfurt 156)	BStU Potsdam MfS JHS 75/85/I (in BStU MfS KD Arn 540, hinter Seite 218/BStU ab Blatt 000368ff.)	BSTU 000368-000455
Juni 1985	Studienmaterial/Unterrichtsprogramm	BStU MfS Potsdam 287	BSTU 000252
Juni 1985	Unterrichtsprogramm für das Fachschulfernstudium (BSTU 000001-000024), Curriculum & Lehrmaterial »Die Durchsetzung bewußter tschekistischer Disziplin in der Einheit von Erziehung und Selbsterziehung im Kollektiv der Diensteinheit« (BSTU 000168) (vgl. BStU MfS BV Erfurt 165)	BStU MfS KD Langensalza 380	BSTU 000001-000211
Juni 1985	Studienmaterial »Die Arbeitsweise der imperialistischen Geheimdienste bei der Organisierung von Spionagetätigkeit gegen die Deutsche Demokratische Republik«: 1. Grundfragen der Arbeitsweise imperialistischer Geheimdienste bei der Organisierung von Spionagetätigkeit gegen die DDR 1.1. Begriff, Klassenwesen und Hauptbestandteile der Arbeitsweise imperialistischer Geheimdienste bei der Organisierung von Spionage 1.2. Generelle die Arbeitsweise imperialistischer Geheimdienste beeinflussende Bedingungen 2. Geworbene Spione, Kernstück des Systems der Informationsgewinnung imperialistischer Geheimdienste	BStU MfS KD Arn 540	BSTU 000001-000221

Jahres-datum	Art des Dokuments (z. B. Studienanleitung)/ Titel/Inhalte	Signatur (siehe Dateiname)	Blatt-nummer
	2.1. Methoden und Mittel der Suche, Auswahl, Aufklärung, Annäherung und Werbung von Personen zur Spionage durch die imperialistischen Geheimdienste 2.2. Die Ausbildung und Instruierung von Spionen durch die imperialistischen Geheimdienste 2.3. Die Überprüfung von Spionen auf »Ehrlichkeit« und »Zuverlässigkeit« durch die imperialistischen Geheimdienste 2.4. Der Einsatz geworbener Agenten der imperialisitischen Geheimdienste zur Beschaffung von Spionageinformationen 2.5. Zur materiellen Vergütung der Tätigkeit von Spionen durch die imperialisitischen Geheimdienste 2.6. Das Verbindungssystem zwischen Geheimdiensten und Spionen – Bedeutung, beeinflussende Bedingungen, Methoden und Mittel 3. Zum subversiven Missbrauch legaler Basen und Positionen, insbesondere zur Spionagetätigkeit durch die imperialisitischen Geheimdienste 4. Die Auswertung sogenannter offener Quellen zur Beschaffung von Spionageinformationen 5. Die Nutzung vorhandener Kontroll-, Überwachungs- und Befreiungssysteme in imperialisitischen Staaten zur Beschaffung von Spionageinformationen 6. Der Missbrauch wissenschaftlich-technischer Mittel und Möglichkeiten zur Gewinnung von Spionageinformationen durch die Geheimdienste		
Juni 1985	Fachschulfernstudium politisch-operative Fachrichtung für Angehörige in operativen Dienststellungen, Lehrgebiet Operative Psychologie, Unterrichtsprogramm	BStU MfS-JHS, Nr. 23352	BSTU 00003-00004
Juni 1985	Unterrichtsprogramm für den 13. Fachschulfernstudienlehrgang für operativ tätige Offiziershörer-Operative Psychologie	BStU MfS-JHS, Nr. 23353	BSTU 00003-00004
Juni 1985	Fachschulfernstudium politisch-operative Fachrichtung für Angehörige in operativen Dienststellungen, Lehrgebiet Operative Psychologie, Seminarhinweise	BStU MfS-JHS, Nr. 23401	BSTU 0004-0044

Jahres-datum	Art des Dokuments (z. B. Studienanleitung)/ Titel/Inhalte	Signatur (siehe Dateiname)	Blatt-nummer
August 1985	Unterrichtsprogramm für das Ergänzungsstudium	BStU MfS KD Apolda 366	BSTU 000001-000023
August 1985	Unterrichtsprogramme für das Ergänzungsstudium, Curriculum	BStU MfS KD Langensalza 391	BSTU 00024-00026
August 1985	Rahmenseminarplan für das Ergänzungsstudium	BStU MfS-JHS, Nr. 918	BSTU 0409-0411
September 1985	Lehrmaterial »Die Durchsetzung bewußter tschekistischer Disziplin in der Einheit von Erziehung und Selbsterziehung im Kollektiv der Diensteinheit«: 1. Tschekistische Disziplin als notwendige Voraussetzung für die weitere Entwicklung der Kampfkraft des MfS 1.1. Die tschekistischen Normen als grundlegende Bedingung für tschekistische Disziplin 1.2. Die tschekistische Disziplin als ein wesentliches Ziel und Mittel der Erziehung 2. Erziehung und Selbsterziehung als Wege zur Erreichung tschekistischer Disziplin 2.1. Das Wesen und die Dialektik von Erziehung und Selbsterziehung 2.2. Wesenliche Gesetzmäßigkeiten im Prozess der Disziplinerziehung 3. Die Verantwortung des Tschekisten bei der Durchsetzung bewusster Disziplin 3.1. Der Tschekist als Miterzieher des Kollektivs und seiner Mitglieder 3.2. Die Selbsterziehung zur Durchsetzung des eigenen disziplinierten Verhaltens	BStU MfS BV Erfurt 165	BSTU 000207-000251
Oktober 1985	Studienmaterial für das Fachschulfernstudium »Die politisch-operative Arbeit zur Sicherung der Jugendpolitik der SED«	BStU MfS KD Arn 540	BSTU 000222-000367
Oktober 1985	Lehrmaterial: Verantwortung & Aufgaben der Angehörigen des MfS zur Entwicklung der Kampfkraft des tschekistischen Kollektivs	BStU MfS-JHS, Nr. 24442	BSTU 0004-0007

Jahresdatum	Art des Dokuments (z. B. Studienanleitung)/ Titel/Inhalte	Signatur (siehe Dateiname)	Blattnummer
Dezember 1985	Psychologie Studienmaterial, Hrsg: Juristische Hochschule Potsdam: Die Herausbildung der Lenin'schen Prinzipien der Kaderarbeit	BStU MfS-JHS, Nr. 24045	BSTU 000003 – 000005
Mai 1986	Lehrstuhl Psychologie: Studienmaterial Teil 2: Die Psychischen Prozesse und ihr Wirken im Handeln von Menschen	BStU MfS-JHS, Nr. 23952	BSTU 0006-0077
Juli 1986	Forschungskonzeption zum Thema »Neue Aspekte der qualitativen Bestimmung psychophysiologischer Reaktionen durch den Einsatz von Mikrorechnern und sich daraus im Prozeß der politisch-operativen Arbeit des MfS ergebende Möglichkeiten und Anforderungen für die Erarbeitung von Orientierungs- und Entscheidungshilfen bei der Wahrheitsfindung zu politisch-operativen und strafrechlichen Schwerpunkten«	BStU MfS HA II 41341	BSTU 0001-0025
September 1986	Studienplan für das Fachschulfernstudium Fachrichtung Rechtswissenschaft für Angehörige des Ministeriums für Staatssicherheit in operativen Dienststellungen: – Bildungs- und Erziehungsziele – Grundlagen des Marxismus-Leninismus – Geschichte der deutschen Arbeiterbewegung und des MfS – Grundfragen Staat & Recht – ab BSTU 0041: Studienanleitung Leitungswissenschaft – ab BSTU 0060: Fachausbildung Studienanleitung – ab BSTU 0083: Psychologie Studienanleitung – ab BSTU 0092: Leitfaden »Grundfragen der Bearbeitung Op. Vorgänge«	BStU MfS HA KuSch 1549	BSTU 0001-0109
Dezember 1986	Studienmaterial »Lehrstuhl II Studienanleitung«	BStU MfS BV Erfurt 158	BSTU 000280-000287
Dezember 1986	Lehrstuhl II Studienanleitung	BStU MfS Bad Langensalza 416	BSTU 000061-000066

Jahres-datum	Art des Dokuments (z. B. Studienanleitung)/ Titel/Inhalte	Signatur (siehe Dateiname)	Blatt-nummer
Januar 1987	Psychologie, Studienanleitung (Hrsg.: Juristische Fachhochschule Potsdam)	BStU MfS-JHS, Nr. 23966	BSTU 00005-00017
Mai 1987	Lehrgebiet 6, Studienmaterial, »Psychologische Aspekte der Entscheidung bei der Lösung politisch-operativer Aufgaben«: 1. Entscheidungen in der politisch-operativen Arbeit 2. Die Entscheidung als eine komplexe psychische Leistung 2.1. Zum Wesen der Entscheidung 2.2. Zu den Bedingungen der Entscheidung 3. Zur Nutzung psychologischer Erkenntnisse über Entscheidungsleistungen in der politisch-operativen Arbeit 3.1. Zur Analyse von Entscheidungsleistungen in der politisch-operativen Arbeit 3.2. Zur Entwicklung von Entscheidungsleistungen in der politisch-operativen Arbeit	BStU MfS BV Erfurt 731	BSTU 000051-000105
März 1988	Lehrgebiet 10, Studienanleitung: 1. Grundanforderungen an die Bearbeitung Operativer Vorgänge, insbesondere die Beweisführung und die Vorbeugung/Schadensabwendung 2. Die politisch-operativen und strafrechtlichen Voraussetzungen für das Anlegen Operativer Vorgänge 3. Zum Anlegen Operativer Vorgänge 4. Das Herausarbeiten und Festlegen konkreter, tatbestandsbezogener Ziele in Operativen Vorgängen und das Erarbeiten von Operativplänen 5. Die Einschätzung von Ausgangsmaterialien, die Erarbeitung eines Eröffnungsberichts 6. Die Erarbeitung konkreter Ziele und das Festlegen operativer Maßnahmen in Operativplänen 7. Die Aufgaben der Operativen Mitarbeiter bei der Vorbereitung und Durchführung der Einführung von IM in die Bearbeitung von Operativen Vorgängen 8. Zur Einführung von IM in die Bearbeitung Operativer Vorgänge	BStU MfS BV Erfurt 731	BSTU 000083-000105

Jahres-datum	Art des Dokuments (z. B. Studienanleitung)/ Titel/Inhalte	Signatur (siehe Dateiname)	Blatt-nummer
	9. Das Herauslösen von IM aus der Bearbeitung Operativer Vorgänge 10. Zum Herauslösen von IM aus der Bearbeitung Operativer Vorgänge 11. Die Arbeit mit operativen Legenden und Kombinationen in Operativen Vorgängen 12. Zur Ausarbeitung von operativen Kombinationen 13. Die Aufgaben der operativen Mitarbeiter bei der Vorbereitung des Abschlusses Operativer Vorgänge 14. Zur Entwicklung von Ausgangsmaterialien und zur Bearbeitung spionageverdächtiger Personen und Sachverhalte 15. Die politisch-operative Bekämpfung staatsfeindlicher Hetze in Operativen Vorgängen 16. Die politisch-operative Bekämpfung von Straftaten im Zusammenhang mit politischer Untergrundtätigkeit in Operativen Vorgängen 17. Die politisch-operative Bearbeitung von Terror- und anderen operativ bedeutsamen Gewaltakten 18. Die Vorgangsbearbeitung von Verratsdelikten in der Volkswirtschaft 19. Die Vorgangsbearbeitung von Sabotageverbrechen und angrenzenden politisch-operativ bedeutsamen Straftaten der allgemeinen Kriminalität 20. Die operative Vorgangsbearbeitung von Diversionsverbrechen und angrenzenden politisch-operativ bedeutsamen Straftaten der allgemeinen Kriminalität 21. Die Bearbeitung Operativer Vorgänge bei Verdacht des staatsfeindlichen Menschenhandels, ungesetzlicher Grenzübertritte sowie operativ bedeutsamer Strafrechtsverletzungen zur Erzwingung von Übersiedlungen		
Februar 1989	Selbst- und Fremdorganisation in sozialen Systemen	2484	Gesamtes Dokument
März 1989	Studienmaterial »Die Aufbereitung, Erfassung und Speicherung operativ bedeutsamer Informationen und ihre Nutzung in den operativen Diensteinheiten des MfS«:	BstU MfS BV Erfurt 156	BSTU 000298-000363

Jahres-datum	Art des Dokuments (z. B. Studienanleitung)/ Titel/Inhalte	Signatur (siehe Dateiname)	Blatt-nummer
	1. Die Erfordernisse der Erfassung, Speicherung operativ bedeutsamer Informationen und der Nutzung gespeicherter Informationen in der politisch-operativen Arbeit 2. Die Aufbereitung und Bereitstellung operativ bedeutsamer Informationen zur Erfassung und Speicherung durch den operativen Mitarbeiter 3. Anforderungen der politisch-operativen Arbeit an den Aufbau und die inhaltliche Ausgestaltung der Informationsspeicher der operativen Diensteinheiten 4. Die Vorverdichtungs-, Such- und Hinweiskartei (VHS-Kartei) 5. Der Informationsspeicher auf der Grundlage des Sichtlochkartenverfahrens (SLK-Speicher) 5.1. Die Dokumentenkartei 5.2. Die Sichtlochkartei 5.3. Die Nutzung des SLK-Speichers 6. Die Zentrale Materialablage (ZMA) 7. Schema der Nutzung der Informationsspeicher in den operativen Diensteinheiten 8. Die Nutzung von Informationsspeichern anderer Diensteinheiten sowie anderer Organe und Einrichtungen		
Mai 1989	Kaderordnung: Über die Arbeit mit den Angehörigen im MfS	MfS HAXX/9 1378	Gesamtes Dokument
November 1989	Amt für nationale Sicherheit, Fakten und Argumente zur Arbeit des MfS	BStU MfS ZAIG 37168	BSTU 0344-0381
1989	Diverse handschriftliche Aufzeichnungen	BStU MfS HA VIII 6024	BSTU 0005
1989	Div. Klausuren (handschriftliche Aufzeichnungen)	BStU MfS HA 9162	BSTU 0001-0171
(Späte 1980er Jahre)	Handschriftliche Aufzeichnungen Vernichtungen, Beweis(-führung), Wahrscheinlichkeit, Kriminologie, diverse Seminare zum Thema Strafrecht, Schaubild »Verlauf der Bearbeitung op. Vorgänge (BSTU 0101), PuT, PiD	BStU MfS HA KuSch 30235	BSTU 0003-0241

Jahres-datum	Art des Dokuments (z. B. Studienanleitung)/ Titel/Inhalte	Signatur (siehe Dateiname)	Blatt-nummer
(Späte 1980er Jahre)	Handschriftliche Aufzeichnungen Seminarvorbereitungen u. a. zu Polittourismus, historische Seminare	BStU MfS HA KuSch 30233	BSTU 0005-0102
(Späte 1980er Jahre)	Handschriftliche Aufzeichnungen zu div. Seminaren, u. a. – Wirtschaftliche Störtätigkeit – Lehrgebiet 4: OPK, Spionageabwehr, die Arbeitsweise der Sicherheitsbeauftragten Schaubild »Einheit von pol. und op. Führung« (BSTU 0226) Analytische Arbeit zur Einschätzung der pol.op. Kontrolltätigkeit	BStU MfS HA KuSch 30234	BSTU 0003-0327
1989	Handschriftliche Aufzeichnungen: div. Prüfungen	BStU MfS HA KuSch 31906	BSTU 0037-0150
Ca. 1989	Div. Prüfungsaufgaben & Leitfaden	BStU MfS HA KuSch 31925	BSTU 0029-0130
1989	Handschriftliche Aufzeichnungen: operative Psychologie, Leitungswissenschaft, div. Klausuren	BStU MfS HA KuSch 31909	BSTU 0002, 0396, 0493-0757 (unvollständig)
?	Schulungsmaterial »Miteinander reden – aber wie ...? Psychologische und methodische Aspekte der Gestaltung schwieriger Gespräche«	MfS HA XX, HA XX AG 12334	
o. A.	Komplex II: Grundlagen der Operativen Psychologie	BStU MfS-JHS, Nr.24279	BSTU 0019-0020
?	Studienmaterial »Die psychologischen Grundlagen der Erkenntnisprozesse und ihre Anwendung bei der Gewinnung, Verarbeitung und Auswertung von Informationen« & »Psychologische Erkenntnisse über die menschliche Handlung und ihre Regulation. Die Bedeutung solcher Erkenntnisse für das Einschätzen und Beeinflussen von Verhaltensweisen«	BStU MfS HA VIII 14790	BSTU 0001-0029

Jahres-datum	Art des Dokuments (z. B. Studienanleitung)/ Titel/Inhalte	Signatur (siehe Dateiname)	Blatt-nummer
?	Psychologische Gesichtspunkte der Kaderbeurteilung – Bewertungsmaßstäbe und ihre Problematik, Beurteilungsschema	BStU MfS ZOS 202	BSTU 0001-0010
?	– Schaubild »Die Komplexität operativer Fähigkeiten« (vgl. BSTU 0002) – Handschriftliche Aufzeichnungen: Die psychischen Eigenschaften – Psychologische Charakteristik der Persönlichkeit – Die Analyse der Fähigkeiten, Prinzipien der Psychologie – Die psychischen Prozesse	BStU MfS ZOS 486	BSTU 0001-0187

Beispielhafte Diplomarbeiten an der JHS des MfS mit psychologischem Bezug (N = 41) nach Jahren (1961–1990)

Die im Kontext des rechtswissenschaftlichen Studiums an der JHS des MfS entstandenen Diplomarbeiten, die in ihren Titeln psychologischen Bezug erkennen lassen, erstrecken sich über den vollen Zeitraum der Jahre 1961 bis 1990 und sind von Richter (2001) mit einer Anzahl von gesamt 186 analysiert worden (S. 124). Richter (mit Bezug auf Förster, 1998) hat einen Anteil von 5 % der Diplomarbeiten mit psychologischem Bezug zum Gesamtanteil aller Diplomarbeiten an der JHS errechnet (Richter, 2001, S. 121). Daneben wurden 25 weitere Diplomarbeiten an staatlichen Hochschulen und Universitäten vergeben (Richter, 2001, S. 122). Thematisch überwiegen dabei Themen aus der Forensischen bzw. Kriminalpsychologie und der Sozialpsychologie. Einzelne Arbeiten sind auch zur Arbeitspsychologie sowie zur Militär- und Klinischen Psychologie verzeichnet (Richter, 2001, S. 122).

Außerdem wurden 23 Dissertationen an der JHS mit psychologischem Bezug angefertigt, was nach Richter einen Anteil von 12,85 % gemessen an der Gesamtheit aller Dissertationen (rund 180) an der JHS des MfS (Richter, 2001, S. 119) ausmacht. Die Fachgebiete sind vor allem der Arbeits- und der Sozialpsychologie zuzuordnen und zu einem geringen Teil auch der Allgemeinen Psychologie und der Forensischen Psychologie bzw. Kriminalpsychologie (Richter, 2001, S. 119).

Die Diplomarbeiten spiegeln einerseits thematisch die Schwerpunkte wider, die in Teil III zur akademischen Psychologie unter den Phasen und Schwerpunkten skizziert sind, andererseits aber sind sie mit überwiegendem Bezug zu den politischen Zielsetzungen und Themen des MfS bzw. der Staatsführung der DDR. Dass solche Themen in Diplomarbeiten (wie auch in Dissertationen; vgl. hierzu Förster, 1994) auftauchten, hatte mit den Zielsetzungen für die Operative Psychologie zu tun, dass die »Psychologie einen Beitrag zur weiteren Erhöhung des Nutzeffektes der tschekistischen Tätigkeit leisten« musste (Richter, 2001, S. 48). Das Studium bzw. Studieninhalte aus der marxistisch-leninistischen Psychologie dienten als Grundlagen, die »bezogen und angewandt auf die Arbeit des MfS« werden sollten, um »den »Faktor Mensch« noch »bewußter bei der Realisierung operativer Prozesse berücksichtigen und nutzen« zu können (Richter, 2001, S. 49).

Auffällig sind weitere Gemeinsamkeiten bei den Diplomarbeiten der verschiedenen Jahrzehnte: Erstens dominiert in den Titeln der Diplomarbeiten nicht die psychologische Fachsprache, sondern die Dienstsprache des MfS. Psychologische Termini werden überwiegend sehr allgemein als »psychologisch«, in einzelnen Fällen auch als »arbeitspsychologisch« oder als »forensische Psychologie« oder als »Experimentalpsychologische Untersuchung« benannt. Themen und Ergebnisse, welche zum Beispiel die Beeinflussung von Gruppen betreffen und hier etwa die von Kurt Lewin, Salomon Ash oder anderen Psychologen durchgeführten Untersuchungen hätten betreffen können, lassen sich in den Titeln der Diplomarbeiten, die im Rahmen des Förderzeitraums des BMBF-Teilprojektes zur Psychologie recherchiert wurden, nicht erkennen. Ein weiteres Kriterium, das in den Betitelungen auffällt, ist die Ereignisbezogenheit, indem zum Beipiel operative Vorgänge als Basis herangezogen werden oder für einen bestimmten Ereigniszeitraum (z. B. direkt nach dem Mauerbau 1961) mit konkretem Anlassbezug aus dem Praxisfeld des MfS in den Mittelpunkt der akademischen Abschluss-Qualifikationen gerückt werden.

In Tabelle 7 nun eine Übersicht über Diplomarbeiten mit psychologischem Bezug aus dem Bestand der JHS des MfS nach Jahr und Titel in Dekaden (1961–1990) gelistet.

Tabelle 7: Übersicht über Diplomarbeiten mit psychologischem Bezug aus dem Bestand der JHS des MfS nach Jahr und Titel in Dekaden (1961–1990)

1960er Jahre (N = 10)
Wesentliche kriminologische und psychologische Aspekte bei negativ-feindlichen Gruppen von jugendlichen Personen im Bereich der Bezirksverwaltung für Staatssicherheit Frankfurt (Oder) (dargestellt für den Zeitraum nach dem 13.8.1961) (1961) Der USA-Imperialismus, der Organisator der psychologischen Kriegsführung – Seine Rolle bei der Organisierung der Wühlarbeit gegen die DDR (1962) Das »Informationsbüro West« (IWE) im System der psychologischen Kriegsführung (1962)
Die Konzeption des verdeckten Krieges unter besonderer Berücksichtigung der politisch-psychologischen Elemente (1965) Psychologische Aspekte der Zusammenarbeit mit inoffiziellen Mitarbeitern aus jugendlichen Personenkreisen, die zur Aufklärung von Feindtätigkeit eingesetzt werden (1965)

Die Rolle der »Schriftenreihe Innere Führung« bei der antikommunistischen Verhetzung der Bundeswehrangehörigen. Dargestellt an den Reihen »Bolschewismus« und »Psychologische Waffen« (1966) Einige psychologische Probleme der Tätigkeit des Untersuchungsführers und der Stand ihrer Verwirklichung in der Abteilung IX der Bezirksverwaltung für Staatssicherheit Suhl (1967) Zur Psychologie, Taktik und Technik der Anfertigung und des Versendens von anonymen und pseudonymen Hetzschriften. Dargestellt auf der Grundlage der Tatanalysen von 25 Verfassern anonymer Hetzschriften (1968) Die Erforschung psychischer Eigenschaften der Täterpersönlichkeit im Stadium der operativen Bearbeitung und ihr Einfluß auf die Qualität der Untersuchungstätigkeit und deren Ergebnisse (Untersucht an 20 in den Jahren 1965 bis 1968 abgeschlossenen Operativ-Vorgängen der BV für Staatssicherheit Karl-Marx-Stadt) (1968) Grundsätzliche Erfahrungswerte der Vorbereitung und Durchführung von Verpflichtungsbewegungen aus bedeutsamen politischen Anlässen im MfS (1968)
1970er Jahre (N = 20)
Die Zentren der psychologischen Kriegsführung und der politisch-ideologischen Diversion. Der Mechanismus ihres Zusammenwirkens bei der Entwicklung praktikabler Modelle für die Organisierung der politisch-ideologischen Diversion (1970) Pädagogisch-psychologische Probleme der Einführung und Einarbeitung neuer Kader in den operativen Dienst des Ministeriums für Staatssicherheit (1971)
Psychologische Gesichtspunkte und Erfordernisse für die Gestaltung des persönlichen Kennenlernens operativ bedeutsamer Personen aus dem Kreis der Kunst- und Kulturschaffenden (1971) Die psychologischen Erfordernisse zur effektiven Gestaltung der Öffentlichkeitsarbeit einer Bezirksverwaltung für Staatssicherheit [mit Bildern von einer Ausstellung in der BV] (1971) Rolle, Funktion und Aufgaben der imperialistischen westdeutschen Massenkommunikationsmittel im System der psychologischen Kriegführung gegen die DDR (1971) Die Erhöhung der erzieherischen Wirksamkeit der Mitgliederversammlung durch die Anwendung psychologischer und pädagogischer Erkenntnisse in der Leitungstätigkeit (1972) Psychologische Aspekte im Prozeß der Werbung von Perspektivkandidaten und hauptamtlichen Mitarbeitern der westdeutschen Geheimdienste (1972) Zu einigen politisch-operativen und psychologischen Fragen, wie sie sich im persönlichen Kennenlernen und der Kontaktführung bei IM-Kandidaten mit der Perspektive des zeitweiligen Einsatzes in das Operationsgebiet ergeben (1972)
Die Zusammenarbeit mit IM im Operationsgebiet, die zur Lösung äußerer Abwehraufgaben eingesetzt sind und die bewußte Nutzung der in diesem Bereich wirkenden psychologischen Faktoren (1972)
Psychologische Probleme des politisch-operativen Wach- und Sicherungsdienstes der Abteilung XIV unter Berücksichtigung des Vehaltens der Untersuchungshäftlinge (1973) Experimentalpsychologische Untersuchung zur Belastungswirkung auf Schriftproben (1973) Psychologische Aspekte wesentlicher Tätigkeiten zur Führung des militärisch-operativen Sicherheitsdienstes auf ständigen Wachobjekten. Untersucht mit Hilfe der Methoden der arbeitspsychologischen Analyse am Beispiel von Gruppenführern des Kdo 1, die als Wachhabende eingesetzt sind (1973)

Psychologische Probleme der Umstellung auf die legendierte Tätigkeit bei hauptamtlichen Inoffiziellen Mitarbeitern (1973)
Die Beachtung psychologischer Probleme des Einschätzens jugendlicher IM-Kandidaten durch den operativen Mitarbeiter, als eine Voraussetzung für die kontinuierliche Zusammenarbeit mit dem MfS (1974)
Psychologische Grundlagen und praktische Möglichkeiten der Entwicklung vertraulicher Beziehungen zwischen Offizieren im besonderen Einsatz und Kontaktpersonen mit dem Ziel der Personenaufklärung speziell im Freizeitbereich bzw. der Abschöpfung (1975) Die Nutzung praktischer Möglichkeiten und die Anwendung psychologischer Erkenntnisse bei der Entwicklung der vertraulichen Beziehungen zwischen IM und Personen, die des illegalen Verlassens der DDR oder der Verbindung zu Menschenhändlerorganisationen verdächtig sind (1975)
Psychologische Fragen zur Qualifizierung von Vorbeugungsgesprächen zur Verhinderung von Straftaten gegen die Staatsgrenze der DDR (1977)
Probleme der notwendigen, langfristigen Festlegungen bei der Aufnahme und Durchführung eines Studiums an der Juristischen Hoch- und Fachschule Potsdam mit dem Ziel der Erreichung maximaler Studienergebnisse unter Berücksichtigung der Entwicklungspotenzen der Kader, der Funktions- und Qualifikationsmerkmale und der Herausbildung künftiger leitender Kader (1979)
Beitrag zur Qualifizierung der Gewinnung von Soldaten auf Zeit als Berufssoldaten des MfS durch Analyse von Bedingungen für Werbungsmotivationen und Schlußfolgerungen für ihre systematische Förderung und Nutzung (1979) Zur Herausbildung der forensischen Psychologie in der Zeit zwischen 1750 und 1850, insbesondere unter dem Aspekt der Untersuchung von Straftaten (1979)
1980er Jahre (N = 9)
Präzisierung von ausgewählten, aufgabenbezogenen Anforderungsbildern für operative Stützpunktbeobachter unter besonderer Berücksichtigung der Aufgabenstellung der HA VIII/10. Ableitung von Konsequenzen für die Entwicklung und Festigung spezifischer psychischer Eigenschaften dieser operativen Kräfte (1980)
Neue Aspekte und Erscheinungsformen der psychologischen Kriegsführung des USA-Imperialismus gegen die auf Entspannung und Frieden gerichtete Politik der Sowjetunion und den anderen sozialistischen Staaten (1982)
Untersuchung zur Psychologie und Methodik der Vernehmung im französischsprachigen Raum (1984)
Zur Geschichte des ideologischen Krieges (psychologische Kriegführung und politisch-ideologische Diversion) (1984)
Psychologische Bedingungsanalyse der Berufsoffiziersbewerber, die vorgesehen sind für den Bildungsweg an der Hochschule des Ministeriums für Staatssicherheit, zur Qualifizierung der Betreuungstätigkeit (1986)
Ausgewählte operativ-taktische und psychologische Probleme der Einführung von inoffiziellen Mitarbeitern in die Bearbeitung von operativen Vorgängen und sich daraus ergebende Aufgaben für den operativen Mitarbeiter (1986)

Probleme der Kaderbearbeitung im Rahmen der militärischen Berufsnachwuchssicherung, insbesondere unter der Sicht der Beachtung psychologischer Aspekte bei der Aussprachetätigkeit mit Berufsoffiziers-/Berufsunteroffiziersbewerbern zur Ergründung eines anforderungsgemäßen, bewußten und zuverlässigen Verhaltens als Angehörige des Ministeriums für Staatssicherheit (1987)
Analyse von Problemen in der Zusammenarbeit mit IM im Verantwortungsbereich der Kreisdienststelle Flöha und Ableitung von Schlußfolgerungen für die weitere Vervollkommnung der Trefftätigkeit unter Nutzung ausgewählter psychologischer Erkenntnisse (1988)
Beachtung spezifischer politisch-ideologischer und psychologischer Anforderungen an die inoffizielle Arbeit unter ausländischen Studierenden in der DDR (1988)
1990 (N = 1)
Bewährungsuntersuchung der biographischen Auskunft für die medizinische Tauglichkeitsuntersuchung und sich daraus ergebende Konsequenzen für die weitere Qualifizierung der biographischen Methode (1990)
Ohne Jahresangabe
Politisch-ideologische und pädagogisch-psychologische Anforderungen an den LOSG der HA II/20 bei der Herausbildung, Entwicklung und Festigung von tschekistischen Persönlichkeitseigenschaften bei den ihm unterstellten Mitarbeitern)

Zusammenfassend lässt sich erkennen, dass in der Art und Weise, wie vor allem über Diplomarbeiten eine Mehrung von Ergebnissen der Operativen Psychologie angeregt wurde, die fachlichen Grundlagen der Psychologie nur zu einem geringen Anteil abgebildet worden sind. Über die Qualität dieser Abbildung ist damit noch nichts gesagt, weil inhaltsanalytische Untersuchungen dazu bisher fehlen und auch im BMBF-Teilprojekt nicht geleistet werden konnten bzw. auch nicht zum Gegenstand im Förderantrag gemacht wurden, da es zunächst darum ging, eine grundlegende Orientierung verbunden mit Sicherung des kulturellen Erbes an psychologischer Fachliteratur aus der DDR zu leisten. In weiteren Untersuchungen wäre es sicherlich interessant, den tatsächlichen psychologischen Gehalt in den Diplomarbeiten und Dissertationen aus den Kreisen des MfS zu erfahren. Letztlich stellt sich dann die Frage, ob hier überhaupt die Benennung als »Psychologie« im Zusammenhang mit allen Aktivitäten um eine Operative Psychologie gerechtfertigt ist.

Gedanken über die Operative Psychologie des MfS in ihrer Relevanz für die psychische Gesundheit des Menschen

Der Historiker Mitchell G. Ash kam in seinen Untersuchungen zu dem Schluss, dass »die Aufgaben der ›Operativen Psychologie‹ von vornherein auch als Erziehungsmaßnahmen auf mehreren Ebenen [...] von der Motivierung der Truppe durch die Leitung bis hin zur richtigen Einschätzung, Motivierung und Anleitung [...] formuliert« worden waren (Ash, 1995). Dieser zuvorderst gestellte Erziehungszweck in der Operativen Psychologie bzw. durch die Operative Psychologie macht eine fachliche Reflexion notwendig, die zu den Wurzeln der Psychologie und damit zu Wilhelm Wundt führt: Im Zusammenhang mit der Verwendung (experimenteller) psychologischer Forschungsmethoden zu (akademischen, nicht geheimdienstlichen) pädagogischen Zielsetzungen hat Wundt abgegrenzt, dass hierdurch auch »schwere Nachteile sowohl für die reine Psychologie wie für die Pädagogik« entstehen:

> »Der Psychologie verengt sich unter dem Drang der praktischen Verwertbarkeit ihrer Ergebnisse naturgemäß das Gebiet der von ihr bearbeiteten Aufgaben in einer Weise, die nicht bloß andere, für die theoretische Erkenntnis der psychischen Vorgänge wichtigere unverhältnismäßig zurückdrängt, sondern auch der Einreihung der gewonnenen Ergebnisse in den allgemeineren Zusammenhang des psychischen Lebens im Wege steht« (Wundt, 1910, S. 7).

Wundt hat in seinen Ausführungen zwei akademische Disziplinen und die Verwendung der experimentellen Psychologie kritisch gegeneinander abgewogen. Das soll hier deutlich herausgestellt werden. Wenn dieses Zitat nun zu einer Abwägung der Verwertung psychologischer Inhalte innerhalb eines geheimdienstlichen Verwertungs-Kontextes herangezogen wird, so ist klar, dass dies erst einmal weit über einen zulässigen Vergleich hinausweist.

Doch die Erkenntnis Wundts über die Zurückdrängung von Erkenntnissen über psychische Vorgänge und Ergebnisse über das psychische

Leben zugunsten pädagogischer – oder im Zusammenhang mit der SED-Diktatur muss man sagen: staatspädagogischer – Ziele sind sicher auf der Meta-Ebene eine wichtige, berufsethische Orientierung in Bezug auf die Operative Psychologie, die ja weiter oben als Staatspsychologie definiert wurde. Die auf Basis dieser geheimdienstlichen Konzeption unvollständige Rezeption der Psychologie, die zudem implizit immer mit der Erziehungsnorm der sozialistischen Persönlichkeit verbunden war, stellt nicht nur eine Zurückdrängung wichtiger Aspekte der Psychologie dar, sondern vor allem auch jene der psychischen Gesundheit, wenn es zu einer unangemessenen Anwendung psychologischer Kenntnisse kommt. Auch wenn die damit zusammenhängenden Langzeitfolgen aus den psychisch-repressiven Handlungen von MfS-Bediensteten inzwischen in weiten Teilen in Untersuchungen abgebildet und der Öffentlichkeit zugänglich sind (z. B. Trobisch-Lütge, 2016), muss ganz grundsätzlich die Wirkweise unsachgemäßer Anwendung psychologischer Erkenntnisse zu den Forschungen und zur Forschungs- bzw. Berufsethik der Psychologie gehören. Die »Berufsethischen Richtlinien für Psychologinnen und Psychologen« (Berufsverband Deutscher Psychologinnen und Psychologen & Deutsche Gesellschaft für Psychologie, 2022) haben zwar die Zurückweisung missbräuchlicher Verwendung psychologischer Kenntnisse zum Gegenstand, doch fehlt noch eine Abgrenzung, wenn nicht sogar Untersagung der Verwendung psychologischen Fachwissens durch staatliche Instanzen zu Zwecken der Repression, psychischen Schädigung und psychologischen Folter, wie sie über vielfältige Faktoren benannt sind (Perez-Sales, 2017). Vor allen Dingen bedarf es in diesem Zusammenhang dringend eines Berufsgesetzes für Psychologinnen und Psychologen, das seit bald nahezu 60 Jahren überfällig ist (vgl. Schorr, 1999, S. 289): Hierin müsste diese Untersagung einer so begründeten missbräuchlichen Verwertung psychologischer Fachkenntnisse zum Schutz der psychischen Gesundheit von Menschen explizit zugrunde gelegt werden (vgl. hierzu auch die Aussagen unter dem nachfolgenden »Ausblick«).

Daraus folgt, dass sich besonders für die Gesundheitspsychologie die Erforschung missbräuchlicher Verwertung psychologischen Wissens und Methoden zu einem relevanten Forschungsthema ergibt, das sich den Folgen und Wirkungen hassinduzierter Konzepte einerseits auf den Aussagewert psychologischer Konzepte an sich widmet, besonders aber deren Wirkung auf Betroffene bzw. deren psychische Gesundheit untersucht. An dieser Stelle würde die Gesundheitspsychologie eine wichtige Brücke zur

Psychotherapie und Psychotherapieforschung bilden, denn nicht zuletzt würden durch solche Ausrichtungen auch rehabilitative und/oder präventive Strategien gegenüber Angriffen auf die psychische Gesundheit durch politische bzw. diktatorische Kontexte entsprechend der Aufgaben von Gesundheitspsychologinnen und -psychologen definiert werden können (vgl. Berufsverband Deutscher Psychologinnen und Psychologen, 2018a, S. 14).

Unter diesen Aspekten wäre es möglich, ja sogar notwendig, Resilienzforschung als auch Emotionsregulationsforschung mit psychologiehistorischer Forschung und ihren bereits vorliegenden Ergebnissen zu verbinden. Letztere bleibt bisher als eine umfangreiche Ressource und breit angelegter Wissensspeicher ungenutzt wegen der fehlenden strukturellen Verankerung der Psychologiegeschichte in der Lehre trotz aller Empfehlungen aus dem Kreis der DGPs-Mitglieder (von Allesch et al., 2015). Im Sinne einer Grundlagenforschung und wissenschaftlichen Ressource dürfen besonders die Bereiche, die zum Selbstverständnis der Psychologie, zur Weiterentwicklung ihrer Teildisziplinen, wie zum Beispiel der Gesundheitspsychologie und mit Inhalten, die dem Schutz des Menschen vor psychischer Gewalt durch den Staat dienen, nicht länger curricular zurückgedrängt werden.

Teil V

Diskussion und Ausblick

Diskussion der Ergebnisse

Wie vor allem im Kapitel zu den Hochschulreformen gezeigt wurde, nahm der Zugriff auf die akademischen Strukturen in der DDR bereits in den ersten eineinhalb Jahrzehnten des Bestehens der DDR stetig zu. Dies zeigte sich als Politisierung, Ideologisierung und Instrumentalisierung sowie Implementierung politischer Haltungen im Zusammenhang mit dem Kalten Krieg und der darin stattgefundenen kriegerischen Haltung, dargestellt über Inhalte zur Psychologischen Kriegführung und Politischen Psychologie. Aus psychologischer Sicht wurde hierzu bereits im betreffenden Zeitraum, das heißt 1963, zu einer Metabetrachtung der Ost-West-Thematik als »Ideologien in psychologischer Sicht« angeregt:

> »In ihrem eigentlichen Sinne läuft unsere Betrachtung also darauf hinaus, daß die beiden Ideologien, deren Vertreter sich einen Kampf bis auf das Messer liefern, bis zu einem gewissen, wenn auch verschiedenen Grade einseitig sind und den ausgleichenden ›goldenen‹ Mittelweg bis zur Stunde noch nicht finden konnten. Zur individuellen Freiheit einerseits gehört ein entsprechendes, sehr subtil funktionierendes Verantwortungsbewußtsein der Allgemeinheit gegenüber – und die andererseits mehrheitlich auf das Kollektiv ausgerichtete Auffassung müßte der Persönlichkeit des Einzelnen einen bedeutend größeren Spielraum gewähren können, als sie dazu in ihrem jetzigen Stadium überhaupt fähig ist« (Jenny, 1963, S. 288).

Die westliche »freiheitliche Lebensauffassung« wurde in diesem Zusammenhang als noch nicht sehr gefestigt gesehen: »Der Westen wird deshalb alle seine geistigen, ethischen und sittlichen Werte mobilisieren müssen, wenn er in dieser Auseinandersetzung bestehen und verjüngt und vertieft aus dieser Prüfung hervorgehen will« (Jenny, 1963, S. 289).

Nach inzwischen nun bald 35 Jahren nach der Friedlichen Revolution ist die deutsch-deutsche Thematik zu einer Entscheidung hin zur freiheitlichen Lebensauffassung für alle – in West- wie in Ostdeutschland – geworden. Die Wahrnehmung der unterschiedlichen Ausgangspositionen, die in der Psychologie über die Jahrzehnte der deutsch-deutschen Teilung Platz genommen hatten, ist erst spät in die fachlichen Kreise durchgedrungen. Die geringe Rezeption der psychologiegeschichtlichen Beiträge im Allgemeinen schlägt sich auch in dieser Thematik nieder. Besonders für eine »Psychologie des Alltagshandelns« ist jedoch ein »Nutzen der Auseinandersetzung mit der Fachgeschichte« dargelegt worden (Ulich, 2008), der sicherlich nicht nur für das dortige Beispiel der Arbeitspsychologie gilt.

Mit dem BMBF-Programm »Gesellschaft verstehen – Zukunft gestalten« (2019–2025) sollte vor allem durch vertiefende Forschung über die DDR eine besseres Verständnis für die unterschiedlichen Sozialisationen der ehemaligen DDR-Bürger*innen und ein nachvollziehbareres Wissen über die verschiedenen Lebensbedingungen in Ost und West vor der Wiedervereinigung der beiden deutschen Staaten über »das kritische Verständnis und die Analyse der zugrunde liegenden gesellschaftlichen Sachverhalte sowie historisch-kultureller Zusammenhänge und Entwicklungen« stattfinden (Bundesministerium für Bildung und Forschung, 2020, S. 4).

Was bedeuten die dargelegten Ergebnisse aus der ersten Förderphase nun für die Fachvertreter*innen der Psychologie bzw. für die Nachwuchswissenschaftler*innen und Studierenden der Psychologie? Zunächst einmal ist eine breite Basis gelegt worden, um zuverlässiger eine Orientierung über die Provenienzen und die bestandshaltenden Institutionen (Bibliotheken, Archive, Museen etc.) von Psychologie-Material der DDR auf der Suche nach geeignetem Untersuchungs- oder Quellenmaterial zu erlangen. Das Wissen bzw. die Inhalte, die in den jeweiligen Quellen enthalten sind, ist auf wiederum deren Provenienz eindeutig(er) vor dem Hintergrund der in dieser Publikation dargelegten Grundinformationen zu Marxismus-Leninismus mit seinen erkenntnistheoretischen Setzungen und Abgrenzungen gegenüber den geistes- und naturwissenschaftlichen Haltungen, wie sie im 20. Jahrhundert in Westdeutschland bzw. nach 1945 in Westdeutschland für die Wissenschaften bestanden, verstehbar.

Ausgehend hiervon ist die Ableitung und sind die Forderungen in der DDR, die an die Entwicklung einer sozialistischen Persönlichkeit, und damit der implizit und explizit geforderte Beitrag der Psychologie zur Erforschung und Unterstützung derselben eine Politisierung und Instrumentalisierung, die kurz nach dem Zweiten Weltkrieg (noch) nicht zur Diskussion stand. Hier interessiert wissenschaftsgeschichtlich, welche Kräfte und politischen Felder Indienstnahmen der Psychologie vorantrieben oder vorantreiben können und wie Expert*innen der Psychologie dies in der Zukunft verwehren könnten.

Revesz (1947) hat in seiner Abhandlung *Die Bedeutung der Psychologie für die Wissenschaft, für die Praxis und die akademische Ausbildung der Psychologen* das Selbstverständnis der Psychologie als Wissenschaft gegenüber den übrigen Wissenschaften vorgestellt. Die Politik oder politische Prozesse finden sich darin zu diesem Zeitpunkt nicht. Anfang der 1950er Jahre hat von Allesch (1953) herausgestellt, welche Leistungen und Unterstützungen von der Psychologie ausgehen und ausgingen und er charakterisierte sie als eine »Betreuerin der Menschen«, sodass sich »jeder Lebensbereich von Menschlichkeit« prägen ließ (von Allesch, 1953, S. 16). Im Unterschied zu den dann später aufkommenden Positionierungen der Psychologie in der DDR zur Verwirklichung der Ziele der SED-Diktatur im öffentlichen, gesellschaftlichen Leben sah Johannes von Allesch den Menschen selbst als Ursprung und Ziel aller psychologischen Bemühungen: »Das öffentliche Leben ist ein Leben des Menschen, von ihm gehen alle organisatorischen und technischen Einrichtungen aus, um seinetwillen sind sie getroffen, er ist Ursprung und Ziel zugleich.« Unter dieser humanistischen Ausrichtung fehlen die politischen Konnotationen, die in der DDR konsequent die Anpassung des Menschen an den Sozialismus forderten. Bewusstseinsbildung wurde im Sozialismus zugunsten eines Bewusstseins über die Bedarfe und Notwendigkeiten der sozialistischen Gesellschaft verstanden, nicht als individuelle (und damit auch gesellschaftskritische) Bewusstseinsbildung und wurde als »dogmatische Position« im Sozialismus bezeichnet (Grunenberg, 1985, S. 5): »Seine Bedürfnisse stellt dieses Individuum, sofern nicht deren Identität mit gesellschaftlichen Bedürfnissen bewiesen ist, hintenan« (Grunenberg, 1985, S. 7). Neben dieser dogmatischen Position bestanden auch relativierte Positionen, die sich – aus der Metaperspektive betrachtet – wohl eher in der Psychologie, das heißt unter der Psychologenschaft in der DDR finden ließen: Bezogen auf die Schwerpunktbereiche der Psychologie an den Universitäten ging es bei der Bildung des sozialistischen Bewusstseins um die Integration ökonomischen Fachwissens (wie z. B. in der Arbeits- und Ingenieurpsychologie) oder um die Forderung nach »Handlungsspielraum und schöpferische[r] Initiative« (z. B. in den Bereichen der Entwicklungs- und Pädagogischen Psychologie) als einer eher »reformerischen Position« (Grunenberg, 1985, S. 9).

Zum Zeitpunkt Ende der 1940er und Beginn der 1950er Jahre war eine noch in der SBZ stattfindende »Psychologen-Zusammenkunft« (Anonym, 1948, S. 27) auf Initiative des Ostberliner Verlags Volk und Wissen 1947 bedeutsam: In einem Bericht der Zeitschrift *Pädagogik* wurden dort »die aktuellen Aufgaben der Psychologie« diskutiert und in diesem Zusammenhang auch, wie sie »wirksam in die Gestaltung des Lebens einzugreifen imstande ist (Anonym, 1948, S. 27).« Die teilnehmenden Psychologinnen und Psychologen an der benannten Tagung konnten zwar im Verlauf des Förderzeitraums leider nicht ermittelt werden, doch ist der weitere Weg der Psychologie eng an die Pädagogik und die kommunistische Erziehung geknüpft, um die Forderung und Realisierung der »Formung des neuen Menschen« zu gewährleisten (Arbatow, 1959, S. 581f. und 590–595) bzw. »vom sozialistischen zum kommunistischen Bewusstsein« zu gelangen (Arbatow, 1959, S. 585–590).

Dieses Wissen stellt ein Grundlagenwissen dar und muss Studierenden und Nachwuchswissenschaftler*innen zur kritischen Reflexion und eigenen Standortbestimmung vermittelt werden. Hierzu gehört auch das Wissen über die ethisch-moralische Grundlegung psychologischer Wissenschaft: Ethische Perspektiven waren implizit in der marxistisch-leninistischen Philosophie enthalten (Miller, 1974), mit den ethischen Positionen des Westens und damit letztlich auch berufsethischen Positionen der Psychologie aus den Reihen des BDP und der DGPs, wie sie in Westdeutschland seit Januar 1967 in Kraft getreten waren (Schorr, 1999, S. 290), jedoch nicht vereinbar bzw. wurden als »revisionistische Verfälschung« und als »Bewußtsein zersetzende Diskriminierung des sozialistischen Staates« auch als Angriff durch einzelne Bildungsforscher*innen der Bundesrepublik Deutschland gesehen (Miller, 1974, S. 131). Eine solche Haltung der Psychologie gegenüber muss den Studierenden der Gegenwart bekannt sein, da dies nicht nur zum Allgemeinwissen über die deutsche Geschichte gehört, sondern vor allem zu einem »Reflexionswissen«, wie es Koch (2021, S. 240–243) vorgestellt hat.

Bei der Lehre über diese psychologiehistorischen Ergebnisse muss ausführlich über die verschiedenen Bedingungen der akademischen Psychologie in der DDR aufgeklärt werden und es müssen die vielfältigen Aspekte von Politisierung und Instrumentalisierung der Psychologie im Sinne eines kritisch-reflexiven Fachwissens in der Lehre Raum erhalten. Diese Forderung schließt auch das Wissen um andere Verwertungen der Psychologie in totalitären Staatskonzeptionen wie zum Beispiel im Nationalsozialismus mit ein. Vor allem aber braucht es eine strukturelle Basis, um diese und andere psychologiehistorische Untersuchungsergebnisse im Rahmen des Psychologiestudiums zu vermitteln. Diese ist bisher leider noch nicht gegeben. Sie ist nicht nur wegen der Präsenz der bereits erreichten Ergebnisse wichtig, sondern dient auch der Meta-Forschung, um untersuchen zu können, ob es seismografische Hinweise gibt, ab wann die Psychologie zu diktatorischen oder totalitären Zwecken vereinnahmt wird bzw. welche Vulnerabilität von Disziplineigenschaften ausging oder ausgeht, damit solche Verwertungen greifen konnten – und wie diese verhindert werden können.

Ausblick

Das Wissen über die verschiedenen Positionen im Sozialismus, die daraus fachlich erkennbaren Dilemmata von Psychologinnen und Psychologen in der DDR, die Forderungen in den sogenannten »10 Gebote[n] des sozialistischen Menschen« (s. Teil II) und die politische Vereinnahmung der Individualität, unter anderem als sozialistische Persönlichkeit – all das zählt für Psychologinnen und Psychologen ganz allgemein zu einem Grundlagenwissen und betrifft somit jede Fachvertreterin und jeden Fachvertreter gleich welcher Teildisziplin der Psychologie, besonders sicherlich auch diejenigen, welche den fachlichen Schwerpunkt der Psychotherapie wählen und seit 2020 gemäß aktuell geltender Approbationsordnung über einen nachzuweisenden Studienanteil zur Geschichte der Psychologie verfügen müssen (Der Bundesminister für Gesundheit, 2020). Auch für die Heranziehung der Psychologie als Referenzdisziplin bzw. Bezugswissenschaft ist diese Grundorientierung mit zu vermitteln, um einen reflektierten Umgang mit den Fachinhalten zu gewährleisten und auf Grenzen von Verwertungen hinzuweisen.

In Handbüchern, Fachlexika der Psychologie und ihrer Bezugswissenschaften, in Online-Datenbanken u. a. sind diese Vorzeichen, Bedingungen und Positionen im Sozialismus zu nennen und für den beruflichen wie wissenschaftlichen Nachwuchs orientiert an den Unterschieden in den beiden deutschen Staaten verfügbar zu halten. Deutlich unterschieden werden müssen in Lehrbüchern und Nachschlagewerken die erkenntnistheoretischen Grundlagen und Debatten der Psychologie in ihrer Geschichte und damit auch eine Herausstellung der ideologischen Anpassungsforderungen und Staatskonzeptionen mit den daraus resultierenden Unterschieden im Menschenbild und der Stellung der Individualität unter den oben genannten Ausrichtungen, um das kulturelle Erbe angemessen als Wissenshorizont und zur kritischen Reflexion zu erhalten.

Vor allem muss in berufsethischen Diskussionen eine noch deutlichere Darstellung der humanistischen Position von Psychologinnen und Psychologen der Gegenwart in Abgrenzung zu einer politischen Vereinnahmung des Individuums stattfinden. Auch sollten Originalia in der Lehre eingesetzt werden, um zu verdeutlichen, wie die Argumentationslinien bei politischer Vereinnahmung und Indienstnahme der Psychologie oder der Menschen verliefen und welche Themenhorizonte damit verbunden waren, die auch bis zu sittlich-moralischen Ausdehnungen reichten (z. B. Golubjewa, 1985, S. 1085–1088).

Die hier dargestellten Ergebnisse über Möglichkeiten der Bildung einer Staatspsychologie, wie die Operative Psychologie hier bezeichnet wird, müssen sich im Sinne von Zurückweisungen auch in »Berufsethische[n] Richtlinien für Psychologinnen und Psychologen« abbilden, was aber über den derzeitigen Stand hinausweist (Berufsverband Deutscher Psychologinnen und Psychologen & Deutsche Gesellschaft für Psychologie, 2022), jedoch notwendig ist, da sie derzeit noch zugleich als Berufsordnung dienen. Bisher gibt es noch kein Berufsgesetz für Psychologinnen und Psychologen, obwohl dies schon seit Ende der 1960er Jahre immer wieder diskutiert und in Entwürfen erarbeitet worden war (Schorr, 1999, S. 289). Lediglich für den Bereich der Psychotherapie gab es 1998 (Bundesministerium der Justiz, 1998) und gibt es in reformierter Fassung seit 2019 bzw. 2020 ein spezifisches Berufsgesetz für Psychotherapeutinnen und Psychotherapeuten in der Bundesrepublik Deutschland (Bundesministerium der Justiz, 2020).

Doch nicht nur die gesetzlichen Regelungen drängen: Auch das Wissen um die mögliche Fortführung von Krieg als »psychologischer Krieg(s)führung«, wie es aus dem 20. Jahrhundert erkennbar ist, ist nicht nur in Bezug auf die Vergangenheit und das 20. Jahrhundert von Bedeutung. Auch für die gegenwärtigen Kriegssituationen und die hoffentlich bald folgenden Friedenssituationen ist das hier präsentierte Wissen über psychologische Verwertungshorizonte und die damit in Verbindung stehenden möglichen Schädigungen von Menschen von Relevanz, wenn eine angemessene Form der Hilfe, der Rehabilitation, des Wiederaufbaus und der psychischen Versorgung durch Psychologinnen und Psychologen in diesem Zusammenhang zu leisten ist.

Kurz und zusammengefasst heißt dies, dass es einen Zuwachs an Kompetenzfeldern in der Psychologie und in den Psychologiestudiengängen braucht, die den vorliegenden Ergebnis- und Wissenshorizonten gerecht werden. An Forschungsdesideraten wäre noch einiges hinzuzufügen, doch muss dies aus kapazitären Gründen späteren Publikationen vorbehalten bleiben.

Quellen

Archivalien

Archiv der Humboldt-Universität Berlin (HUB/UA), Bestand: »Gesellschaft für Psychologie der DDR«: Findbuch »Gesellschaft für Psychologie der DDR«, S. 1–4.

Archiv der Humboldt Universität Berlin (HUB/UA), Bestand GfP, 186, Bl. 46–48: (undatierte) Übersicht über die Thematischen Arbeitsgemeinschaften der GfP.

Archiv der Humboldt Universität Berlin (HUB/UA), GfP, 186, Bl. 144ff.: Bericht v. 2.10.1981 über die Beratung der Leiter der Regionalen Arbeitsgemeinschaften und Thematischen Arbeitsgemeinschafen der GfP (abgehalten am 25.9.1981 in Ost-Berlin).

Archiv der Humboldt Universität Berlin (HUB/UA), GfP, 186, Bl. 181ff.: Schriftliche Vorlage des Vorstandes der GfP vom 29.12.1986, ebd., Bl. 181ff.

Archiv der Humboldt-Universität Berlin (HUB/UA), GfP, 26, Bl. 213f.: »Bitte um erneute Erteilung einer Sondergenehmigung zum Empfang von Literatur aus Westdeutschland, Westberlin und dem ›kapitalistischen Ausland‹« vom 23.4.1979.

Archiv der Humboldt-Universität Berlin (HUB/UA), GfP, 26, Bl. 72ff.: Materialsammlung »Probleme der Pharmaabhängigkeit bei Jugendlichen« v. 2.2.1973.

Archiv der Humboldt-Universität Berlin (HUB/UA), GfP, 191, Bl. 24: Statut der Arbeitsgemeinschaft »Forensische Psychologie« in der GfP, gegründet mit Wirkung vom 13. Juni 1969.

Archiv der Humboldt-Universität Berlin (HUB/UA), GfP, 191, Bl. 52–59: Schreiben der GfP v. 13.4.1970 an die genannten Behörden und Ministerien.

Archiv der Humboldt-Universität Berlin, GfP, 192, Bl. 60: Schreiben der GfP an den Minister für Staatssicherheit vom 13.4.1970.

Archiv der Humboldt-Universität, Bestand Die Gesellschaft für Psychologie der DDR, AktenBand 1,3; Bl. 44. Berlin.

Bundesarchiv Berlin-Lichterfelde (BArch B), 1. Sammlung SMAD-Befehle. Signatur DX 1/1 bis DX 1/750.

Bundesarchiv Berlin-Lichterfelde (BArch B), 2. Sammlung SMAD-Befehle. SMAD-Befehl Nr. 49/45 vom 4. September 1945: Reorganisation deutscher Gerichte in den Provinzen der Sowjetischen Besatzungszone in Deutschland. Signatur DX 1/50.

Bundesarchiv Berlin-Lichterfelde (BArch B), 3. Sammlung SMAD-Befehle. SMAD-Befehl Nr. 50/45 vom 4. September 1945: Über die Vorbereitung der Hochschulen zum Arbeitsanfang und Verordnung über ihre Tätigkeit Signatur DX 1/51.

Bundesarchiv Berlin-Lichterfelde (BArch B), 4. Sammlung SMAD-Befehle. SMAD-Befehl Nr. 51/45 vom 4. September 1945: Wiederherstellung und Tätigkeit der Kunstinstitutionen im Bereich der Sowjetischen Besatzungszone in Deutschland. Signatur DX 1/52.

Bundesarchiv Berlin-Lichterfelde (BArch B), 5. Ministerrat der DDR. Verordnung über die Neuorganisation des Hochschulwesens vom 22.2.1951. Signatur DC 20-I/3/413, Band 5.

Bundesarchiv Berlin-Lichterfelde (BArch B), 6. Ministerium für Volksbildung. Schriftgut, Staatliche Unterlagen. Bestand DR 2, Sign. 24708, Bl. 62–68. Perspektivplan des Lehrstuhls Psychologie der Zweigstelle des Pädagogischen Instituts Karl-Marx-Stadt (Zwickau-Eckersbach) v. 16.2.1965 und Bl. 77–82. Perspektivplan des Pädagogischen Instituts Leipzig v. 26.1.1965.

Bundesarchiv Berlin-Lichterfelde (BArch B), 7. Ministerium für Hoch- und Fachschulwesen. Schriftgut, Staatliche Unterlagen. Sitzungen am 21. April 1965. Bestand DR 3/204 Teil 2. Konzeption der perspektivischen Entwicklung der Fachrichtung Psychologie von 1965 bis 1980 an den Universitäten und Hochschulen der DDR.

Bundesarchiv Berlin-Lichterfelde (BArch B), 8. Tagungen des ZK der SED. Tagungen des Parteivorstands. 1.2 Tagungen von 1947 bis 1950: 7. Tagung des Parteivorstandes am 11. und 12. Februar 1948. Signatur DY 30/IV/2/1/41.

Bundesarchiv Berlin-Lichterfelde (BArch B), 9. Bestand Generalstaatsanwaltschaft, Signatur DP 3/866: Studie »Über Probleme des asozialen Verhaltens und der strafrechlichen Verantwortlichkeit Jugendlicher nach § 249 StGB«.

Bundesarchiv Berlin-Lichterfelde (BArch B), 10. Ministerium für Volksbildung. Schriftgut, Staatliche Unterlagen. Bestand DR 2, Sign. 30196, Bl. 149ff.: Lehrprogrammanalyse Psychologie der Pädagogischen Schule für Kindergärtnerinnen Franzburg (undatiert).

Bundesarchiv Berlin-Lichterfelde (BArch B), 11. Ministerium für Volksbildung. Schriftgut, Staatliche Unterlagen, DR 2, Sign. 30196, Bl. 173ff.: Analyse der Ausbildungsergebnisse auf der Grundlage des verbindlichen Lehrprogrammes im Fach Psychologie (Studienjahr 1971/72) der Pädagogischen Schule für Kindergärtnerinnen Welde.

Bundesarchiv Berlin-Lichterfelde (BArch B), 12 Generalstaatsanwaltschaft der DDR, DP 3, Sign. 96, Bl. 428ff.: Entwurf zum Schutz von Kindern und Jugendlichen des Sekretariats des Generalstaatsanwalts der DDR v. 11.6.1968.

Bundesarchiv Berlin-Lichterfelde (BArch B), 13 Generalstaatsanwaltschaft der DDR, DP 3, Sign. 882, Bl. 2f.: Anweisung »Aufgaben des Staatsanwalts bei der Einweisung in stationäre Einrichtungen für psychisch Kranke« v. 17.10.1977.

Bundesarchiv/Militärarchiv Freiburg (BArch/March FR). Bundesministerium der Verteidigung – Generalinspekteur und Führungsstab der Streitkräfte. BW 2, Kapitel 25: 25.8 Psychologische Kampfführung« (abgekürzt PSK). Signatur BArch BW 2/4436.

Bundesarchiv/Militärarchiv Freiburg (BArch/March FR). Bundesministerium der Verteidigung – Generalinspekteur und Führungsstab der Streitkräfte. BW 2, Organisation Psychologischer Verteidigung über ihre Aufgaben. Signatur BW 2/7160.

Bundesarchiv/Militärarchiv Freiburg (BArch/March FR). Bundesministerium der Verteidigung – Generalinspekteur und Führungsstab der Streitkräfte. BW 2 »Psychologische Verteidigung« (abgekürzt als PSV). Signatur BW 2/7078.

Bundesarchiv/Militärarchiv Freiburg (BArch/MArch FR). Bundesministerium der Verteidigung – Generalinspekteur und Führungsstab der Streitkräfte. BW 2. Treffen zwischen Willy Brandt und Willy Stoph als Repräsentant der DDR 1970. Signatur BW 2/7080 und Signatur BW 2/22278, Bd. 47.

Bundesarchiv Koblenz (BArch KO). Bundesministerium des Innern. Band 2. Betr. Psychologische Abwehr des Kommunismus, 12.9.1958. Signatur B 106/3275 (2).

Bundesarchiv Koblenz (BArch KO). Der Bundesminister für Bildung und Wissenschaft. Arbeitsstelle für vergleichende Bildungsforschung Uni Bochum, Allgemeines. Band 2. Signatur B 138/66632, S. 1.

Bundesarchiv Koblenz (BArch KO). Der Bundesminister für Bildung und Wissenschaft. Arbeitsstelle für vergleichende Bildungsforschung (AvB), Allgemeines. Band 5. Memorandum zur Situation der vergleichenden Bildungsforschung über die DDR, Osteuropa und die Volksrepublik China in der Bundesrepublik Deutschland und in West-Berlin. Signatur: B 138/66635, S. 1–10.

Bundesarchiv Koblenz (BArch KO). Der Bundesminister für Bildung und Wissenschaft. Arbeitsstelle für vergleichende Bildungsforschung (AvB), Allgemeines. Band 5. RGW und Bildungspolitik. Zur mulitlateralen Kooperation der sozialistischen Staaten im Bildungsbereich. Signatur: B 138/66635, S. 1–20.

Bundesarchiv Koblenz (BArch KO). Presse- und Informationsamt der Bundesregierung. Der Bundesminister des Innern an den Leiter des Presse- und Informationsamtes, 21.12.1951. Signatur B 145/1583.

Bundesarchiv Koblenz (BArch KO). AG WR (Wissenschaftsrat). Deutsch-Deutsche Beziehungen. Rytlewski, R., III. 5.1.2.1 Entwicklung und Struktur des Hochschulwesens in der DDR, S. 423–435. Signatur B 138/65712.

Bundesarchiv Koblenz (BArch KO). Der Bundesminister für Bildung und Wissenschaft. Gutachten zum vergleichenden Bericht über Bildung und Wissenschaft in der DDR und der Bundesrepublik. Band V (bis 1972). Signatur B 138/42731.

Bundesarchiv Koblenz (BArch KO). Der Bundesminister für Bildung und Wissenschaft. Hochschulpolitik u. -entwicklung. Vorschläge und Äußerungen von Fachverbänden u. Wissenschaftlichen Gesellschaften, Allgemeines. Band I, 1975–1987. Signatur B 138/56855.

Der Bundesbeauftragte für die Stasi-Unterlagen (BStU). Lektion: Gegenstand, Aufgaben und Methoden der Psychologie in der politisch-operativen Tätigkeit des Ministeriums für Staatssicherheit«. Signatur: BStU MfS JHS, Nr. 1864.

Der Bundesbeauftragte für die Stasi-Unterlagen (BStU). Studieneinführung: Die Verhalteneigenschaften der Persönlichkeit, Einstellung und Charakter«. Signatur: BStU MfS JHS, Nr. 24051.

Der Bundesbeauftragte für die Stasi-Unterlagen (BStU). Studienskript »Psychologie in der Sowjetwissenschaft«. Signatur: BStU MfS JHS, Nr. 1617.

Der Bundesbeauftragte für die Stasi-Unterlagen (BStU). Lehrmaterial: Sozialpsychologische Grundlagen für die Analyse und Entwicklung von sozialen Beziehungen zwischen Menschen in der politisch-operativen Arbeit. Signatur: BStU MfS KD Langensalza, Nr. 379.

Der Bundesbeauftragte für die Stasi-Unterlagen (BStU). Fachschulfernstudium politisch-operative Fachrichtung für Angehörige in operativen Dienststellungen, Lehrgebiet Operative Psychologie. Signatur: BStU MfS JHS, Nr. 23352.

Der Bundesbeauftragte für die Stasi-Unterlagen (BStU). Dienstanweisung Nr. 16/57 des Ministers vom 30.5.1957. Signatur: BStU ZA DSt 100996.

Der Bundesbeauftragte für die Stasi-Unterlagen (BStU). Lehrprogramm für die Hochschul-Direktlehrgänge – Januar 1975. Signatur: BStU, ZA, JHS 23170.

Der Bundesbeauftragte für die Stasi-Unterlagen (BStU). Studienplan für das Direktstudium der Offiziersschüler an der Hochschule des Ministeriums für Staatssicherheit. September 1986. Signatur: BStU, ZA, JHS 23280.

Der Bundesbeauftragte für die Stasi-Unterlagen (BStU). Studienplan für das Direktstudium der Offiziersschüler an der Hochschule des Ministeriums für Staatssicherheit. August 1984. Signatur: BStU, ZA, JHS 23190.

Der Bundesbeauftragte für die Stasi-Unterlagen (BStU): »Schriften der Militärakademie; Politisch-moralische und psychologische Anforderungen des Übergangs zum bewaffneten Kampf und ihre Berücksichtigung in der Führung der politischen Arbeit« (1979). Signatur: BStU MfS AGM 292.

Deutsche Digitale Bibliothek. (2023). SMAD-Befehl Nr. 50/45 vom 4. Sept. 1945: Über die Vorbereitung der Hochschulen zum Arbeitsanfang und Verordnung über ihre Tätigkeit. https://www.deutsche-digitale-bibliothek.de/item/VMDGCIJF5ZGCAZAO7B7VYJI7UZ4JQ42R (6.8.2023).

Fachhochschule Dortmund. (2023). BMBF-Forschungsverbund SiSaP, Teilprojekt Psychologie unter politischem Diktat und Justiz. Studienplan für die Ausbildung von Diplom-Psychologen. Ausgearbeitet vom Wissenschaftlichen Beirat für Psychologie unter Leitung von Prof. Straub. Berlin, 1960. https://www.fh-dortmund.de/medien/ProjektSiSaP_Studienplan-Diplompsychologen-1960_120821.pdf (6.8.2023).

Stasi-Unterlagen-Archiv (online-Katalog): Bestand Juristische Hochschule des MfS. Dissertationen. 1966–1989. Erweiterte Ausgabe 2014. JHS Dissertationen 1972. »Die psychologische Kriegsführung und politisch-ideologische Diversion des westdeutschen Imperialismus gegen das sozialistische Lager, insbesondere gegen die DDR. Die Anforderungen an die Bekämpfung der politisch-ideologischen Diversion durch die Diensteinheiten des MfS im Zusammenwirken mit anderen Staatsorganen und gesellschaftlichen Organisationen«. (…) VVS MfS 160–371/1; BStU JHS 21808, Band 1–3. http://www.argus.bstu.bundesarchiv.de/BStU_MfS_JHS-Dissertationen/index.htm?kid=0797a7e2-02b8-49e5-b775-4ba71ffe33c9 (16.7.2023).

Universitätsarchiv Leipzig (2023a). Studienplan für die Grundstudienrichtung Psychologie zur Ausbildung an Universitäten und Hochschulen der DDR. Berlin 1983. http://service.archiv.uni-leipzig.de/ws/ds/KMU-DS%200736.pdf (6.8.2023).

Universitätsarchiv Leipzig (2023b). Studienplan für die Fachrichtung Pädagogische Psychologie innerhalb der Grundstudienrichtung Psychologie zur Ausbildung an Universitäten und Hochschulen der DDR. Berlin 1986. http://service.archiv.uni-leipzig.de/ws/ds/KMU-DS%200741.pdf (6.8.2023).

Universitätsarchiv TU Dresden (2023a). Studienplan Nr. 83 Psychologie. https://tu-dresden.de/ua/mitarbeiter-und-kontakte/angela-buchwald/ressourcen/dateien/tud/XI_361_Studienplan-Psychologie-1952.pdf?lang=de (6.8.2023). (Studienplan für die Fachrichtung Psychologie. Überarbeitet von der Studienplankommission unter Vorsitz von Prof. Dr. Gottschaldt.)

Universitätsarchiv TU Dresden (2023b). Findbuch zum Bestand TU Dresden, Sektion 22 Arbeitswissenschaften 1965–1991. Bearbeitet von E. Ludwig und A. Buchwald. https://tu-dresden.de/ua/ressourcen/dateien/findbuecher-und-bestaende/Best_TH_TU/Sektion-22.pdf?lang=de (26.10.2023).

Publikationen und Zeitungs-/Zeitschriftenartikel

Abteilung Presse und Information (Hrsg.). (1969). Die Weiterführung der 3. Hochschulreform und die Entwicklung des Hochschulwesens bis 1975. Materialien der 16. Sitzung des Staatsrates der Deutschen Demokratischen Republik am 3. April 1969. Schriftenreihe des Staatsrates, 3. Wahlperiode, H. 8. https://germanhistorydocs.org/de/zwei-deutsche-staaten-1961-1989/dritte-hochschulreform-in-der-ddr-3-april-1969 (1.9.2023).

Adelung, J.C. (1775). Versuch eines vollständigen grammatisch-kritischen Wörterbuchs der Hochdeutschen Mundart, mit beständiger Vergleichung der übrigen Mundarten, besonders aber der oberdeutschen, Zweyter Theil, F-R. Leipzig: Bernhard Christoph Breitkopf und Sohn. https://www.google.de/books/edition/Versuch_eines_vollst%C3%A4ndigen_grammatisch/NfZdAAAAcAAJ?hl=de&gbpv=1 (26.10.2023).

Aner, K. & Löffler, E.M. (2020). Endlich?! Setzen sich Menschenrechte als Normen Sozialer Altenarbeit durch? *Sozial Extra, 44*(6), 338–342.

Angermeier, W.F. (1966). Versuche über die Furcht bei Tieren. *Wissenschaftliche Zeitschrift der Karl-Marx-Universität Leipzig, Mathematisch-naturwissenschaftliche Reihe, 15*(3), 467–470.

Anonym (1948). Die gegenwärtige Situation der psychologischen Forschung. Bericht über eine von der Volk und Wissen Verlags GmbH veranstaltete Psychologen-Zusammenkunft. *Pädagogik, 3*(6), 27–32.

Anonym (1960, 9. Juni). Zur Situation in der westdeutschen Psychologie. Neues Deutschland. *Forum. Wissenschaftliche Beilage, 14*(23), 1–4.

Anweiler, O. (1990). Ziele und Fragestellungen. In O. Anweiler, W. Mittert, H. Peisert, H.-P. Schäfer & W. Stratenwerth (Hrsg.), *Vergleich von Bildung und Erziehung in der Bundesrepublik Deutschland und der Deutschen Demokratischen Republik* (S. 1–5). Köln: Verlag Wissenschaft und Politik.

Anweiler, O., Mittert, W., Peisert, H., Schäfer, H.P. & Stratenwerth, W. (Hrsg.). (1990). *Vergleich von Bildung und Erziehung in der Bundesrepublik Deutschland und der Deutschen Demokratischen Republik*. Köln: Verlag Wissenschaft und Politik.

Anweiler, O., Fuchs, H.-J., Dorner, M. & Petermann, E. (Hrsg.). (1992a). *Bildungspolitik in Deutschland 1945–1990*. Opladen: Leske & Budrich.

Anweiler, O., Fuchs, H.-J., Dorner, M. & Petermann, E. (1992b). Zeittafel. In dies. (Hrsg.), *Bildungspolitik in Deutschland 1945–1990* (S. 32–33). Opladen: Leske & Budrich.

Arbatow, G.A. (1972). *Ideologischer Klassenkampf und Imperialismus*. Berlin: Dietz.

Arbatow, J. (1959). Fragen der kommunistischen Erziehung. *Sowjetwissenschaft – Gesellschaftwissenschaftliche Beiträge*, (6), 581–598.

Arnold, W. (1957). *Person, Charakter, Persönlichkeit*. Göttingen: Dr. Hogrefe.

Ash, M.G. (1995). Wissenschaftshistorische Stellungnahme zur operativen Psychologie. In K. Behnke & J. Fuchs (Hrsg.), *Zersetzung der Seele. Psychologie und Psychiatrie im Dienste der Staatssicherheit* (S. 214–255). Hamburg: Rotbuch.

Ash, M.G. (1999). Kurt Gottschaldt and Psychological Research in Nazi and Socialist Germany. In K. Macrakis & D. Hoffmann (Hrsg.), *Science under socialism. East Germany in comparative perspective* (S. 286–304). Cambridge, Mass., London: Harvard University Press.

Ash, M.G. (2002). Wissenschaft und Politik als Ressourcen füreinander. In R. vom Bruch &

B. Kaderas (Hrsg.), *Wissenschaften und Wissenschaftspolitik. Bestandsaufnahmen zu Formationen, Brüchen und Kontinuitäten im Deutschland des 20. Jahrhunderts* (S. 32–51). Stuttgart: Steiner.

Aurin, K. (1969). *Bildungspolitische Probleme in psychologischer Sicht*. Reihe Politische Psychologie, Band 7. Frankfurt a. M.: Europäische Verlagsanstalt.

Aurin, K., Bowman, C. C., Jacobsen, W. & Wolff, H. E. (Hrsg.). (1963). *Politische Psychologie als Aufgabe unserer Zeit*. Reihe Politische Psychologie, Band 1. Frankfurt a. M.: Europäische Verlagsanstalt.

Baske, S. (1998a). Pädagogische Wissenschaft. In C. Führ & C.-L. Furck, *Handbuch der deutschen Bildungsgeschichte. Band VI. 1945 bis zur Gegenwart. Zweiter Teilband Deutsche Demokratische Republik und neue Bundesländer* (S. 137–157). München: C. H. Beck.

Baske, S. (1998b). II. Das Hochschulwesen. In C. Führ & C.-L. Furck, *Handbuch der deutschen Bildungsgeschichte. Band VI. 1945 bis zur Gegenwart. Zweiter Teilband Deutsche Demokratische Republik und neue Bundesländer* (S. 202–228). München: C. H. Beck.

Baske, S. & Engelbert, M. (1966). *Zwei Jahrzehnte Bildungspolitik in der Sowjetzone Deutschlands. Bildungspolitik in Deutschland. Erziehungswissenschaftliche Veröffentlichungen. Band I (2 Bände)*. Berlin: Quelle und Meyer.

Behnke, K. & Fuchs, J. (Hrsg.). (2013 [1995]). *Zersetzung der Seele. Psychologie und Psychiatrie im Dienste der Stasi* (Neuauflage). Hamburg: CEP Europäische Verlagsanstalt.

Benesch, H. (1958). *Wissenschaft der Menschenbehandlung*. Heidelberg: Quelle & Meyer.

Berlin-Brandenburgische Akademie der Wissenschaften. (2023). Digitales Wörterbuch der Deutschen Sprache. Verwertung. https://www.dwds.de/wb/Verwertung (7.9.2023).

Berthold, L. & Diehl, E. (Hrsg.). (1964). *Revolutionäre Deutsche Parteiprogramme. Vom Kommunistischen Manifest zum Programm des Sozialismus*. Berlin: Dietz.

Berufsverband Deutscher Psychologinnen und Psychologen (BDP) (2018a). Berufsbild Psychologie. Psychologische Tätigkeitsfelder. Gesundheitspsychologe/in (S. 14, 5., überarb. u. erg. Aufl.). Berlin: Berufsverband Deutscher Psychologinnen und Psychologen (BDP) e. V. https://www.bdp-verband.de/fileadmin/user_upload/BDP/website/dokumente/PDF/Profession/Ausbildung/bdp-berufsbild2018.pdf (6.8.2023).

Berufsverband Deutscher Psychologinnen und Psychologen (BDP) (2018b). Berufsbild Psychologie. Psychologische Tätigkeitsfelder. Politische/r Psychologe/in (S. 19, 5., überarb. u. erg. Aufl.). Berlin: Berufsverband Deutscher Psychologinnen und Psychologen (BDP) e. V. https://www.bdp-verband.de/fileadmin/user_upload/BDP/website/dokumente/PDF/Profession/Ausbildung/bdp-berufsbild2018.pdf (6.8.2023).

Berufsverband Deutscher Psychologinnen und Psychologen (BDP) (2023a). Geschichte und Meilensteine des BDP. Gründung der Sektionen Arbeits- und Betriebspsychologie (2004 Fusion mit Sektion Markt und Kommunikation zur Sektion Wirtschaftspsychologie) und Politische Psychologie. https://www.bdp-verband.de/verband/geschichte (31.7.2023).

Berufsverband Deutscher Psychologinnen und Psychologen (BDP) (2023b). Geschichte und Meilensteine des BDP. Gründung des BDP am 5. Juni 1946 in Hamburg. https://www.bdp-verband.de/aktuelles/detailansicht/die-gruendung-des-bdp-1946-film-dokumentation-aus-hamburg (31.7.2023).

Berufsverband Deutscher Psychologinnen und Psychologen e.V. und Deutsche Gesellschaft für Psychologie (2022). Berufsethische Richtlinien des Berufsverbandes Deutscher Psychologinnen und Psychologen e.V. und der Deutschen Gesellschaft für Psychologie e.V. zugleich Berufsordnung des Berufsverbandes Deutscher Psychologinnen und Psychologen e.V. Berlin: Deutsche Gesellschaft für Psychologie e.V. https://www.dgps.de/fileadmin/user_upload/PDF/Berufsetische_Richtlinien/BER-Foederation-20230426-Web-1.pdf (11.9.2023).

Bibliothek des Lehrers. (1960). *Psychologie. Abteilung I, Grundlagen der sozialistischen Pädagogik*. Berlin: Volk und Wissen.

Bildungsserver Berlin-Brandenburg. Opposition und Repression in der DDR. Die »Norm« der Sozialistischen Persönlichkeit. Material 9M. https://bildungsserver.berlin-brandenburg.de/fileadmin/havemann/docs/material/9_M.pdf (26.7.2023).

Birth, K., Junge, G. & Mäder, W. (1965). Psychologie im Sozialismus. Stellung und Aufgaben der Psychologie beim umfassenden Aufbau des Sozialismus in der DDR. *Einheit, Zeitschrift für Theorie und Praxis des wissenschaftlichen Sozialismus, 20*(10), 35–44.

Böhme, W., Dehlsen, M, Fischer, A., Jansen, H., König, G., Lange, M., Polit, R. & Schütz, G. (Hrsg.). (1973). Psychologische Kriegführung. *Kleines politisches Wörterbuch* (2. Aufl., S. 692–693). Berlin: Dietz.

Böhme, W., Dominik, S., Fischer, A., Klotsch, F., Polit, R., Treskow, H.-J. von, Weigt, M. (Hrsg.). (1988). Produktivkraft. *Kleines politisches Wörterbuch. Neuausgabe* (7., vollst. überarb. Aufl., S. 781–783). Berlin: Dietz.

Böhnisch, L. (2010). Alter, Altern und Soziale Arbeit – ein sozialisatorischer Bezugsrahmen. In K. Aner & U. Karl (Hrsg.), *Handbuch Soziale Arbeit und Alter* (S. 187–193). Wiesbaden: VS Verlag Für Sozialwissenschaften.

Böttcher, H.R. (2001). *Verstrickt ins 20. Jahrhundert: Zeitzeugnis eines Jenaer Psychologen*. Bucha (bei Jena): Quartus.

Bogdanow, A.A. (1899). *Die Grundelemente der historischen Naturauffassung. Natur – Leben – Psyche – Gesellschaft*. St. Petersburg: (vermutlich) Dorowatowski und Tscharuschnikow.

Bogdanow, A.A. (1904). *Aus der Psychologie der Gesellschaft*. St. Petersburg: Dorowatowski und Tscharuschnikow.

Bogdanow, A.A. (1905). *Empiriomonismus. Band 1*. St. Petersburg: Dorowatowski und Tscharuschnikow.

Bogdanow, A.A. (1906). *Empiriomonismus. Band 2*. St. Petersburg: Dorowatowski und Tscharuschnikow.

Bogdanow, A.A. (1907). *Empiriomonismus. Band 3*. St. Petersburg: Dorowatowski und Tscharuschnikow.

Bondy, C. (1959). Die ethischen Grenzen psychologischer Arbeit. *Psychologische Rundschau, Band X*, S. 237–250.

Bonin, W.F. (1983). *Die großen Psychologen. Von der Seelenkunde zur Verhaltenswissenschaft. Forscher, Therapeuten, Ärzte*. Düsseldorf: Econ.

Brey, H.-M. (2006). *Doppelstaat DDR*. Europäische Hochschulschriften, Reihe XXXI, Politikwissenschaft, Bd. 384. Frankfurt a.M.: Peter Lang.

Buchstein, H. (1989). Ideologie und Empirie. Der Versuch einer Rekonstruktion des intellektuellen Profils von Peter C. Ludz. In R. Rytlewski (Hrsg.), *Politik und Gesellschaft in sozialistischen Ländern*. Politische Vierteljahresschrift Sonderhefte 20/1989, Vol. 20. Wiesbaden: VS Verlag für Sozialwissenschaften.

Bürger, M. (1962). *Tierpsychologie*. Leipzig: Akademische Verlagsgesellschaft Geest & Portig K.-G.

Bundesministerium der Justiz (Hrsg.). (1998, 16. Juni). Gesetz über die Berufe des Psychologischen Psychotherapeuten und des Kinder- und Jugendlichenpsychotherapeuten, zur Änderung des Fünften Buches Sozialgesetzbuch und anderer Gesetze. *Bundesgesetzblatt. Online-Archiv 1949–2022*. Berlin: Bundesanzeiger Verlag. https://www.bgbl.de/xaver/bgbl/start.xav#__bgbl__%2F%2F*%5B%40attr_id%3D%27bgbl198s1311.pdf%27%5D__1694424695794 (11.9.2023).

Bundesministerium für Bildung und Forschung (BMBF) (2018). Pressemitteilung 048/2018. Wissenslücken über die DDR schließen. https://www.bmbf.de/bmbf/shareddocs/pressemitteilungen/de/wissensluecken-ueber-die-ddr-schliessen.html (12.9.2023).

Bundesministerium für Bildung und Forschung (BMBF) (2020). »Gesellschaft verstehen – Zukunft gestalten«. Das Rahmenprogramm für die Geistes- und Sozialwissenschaften (2019–2025). Berlin: DuZ Verlags- und Medienhaus GmbH. https://www.bmbf.de/SharedDocs/Publikationen/de/bmbf/4/31500_Gesellschaft_verstehen_Zukunft_gestalten.pdf?__blob=publicationFile&v=4 (12.9.2023).

Bundesministerium für Innerdeutsche Beziehungen (Hrsg.). (1979). *DDR-Handbuch* (2., völlig überarb. u. erw. Aufl.). Wissenschaftliche Leitung: Peter Christian Ludz. Unter Mitwirkung von Johannes Kuppe. Köln: Verlag Wissenschaft u. Politik.

Bundesministerium für gesamtdeutsche Fragen. (1964).

Bundesministerium der Justiz (2020). Gesetz über den Beruf der Psychotherapeutin und des Psychotherapeuten (Psychotherapeutengesetz – PsychThG). https://www.gesetze-im-internet.de/psychthg_2020/BJNR160410019.html (11.9.2023).

Bundeszentrale für politische Bildung (1987). Die Autoren dieses Heftes. *Deutschland Archiv*, (20), 1213. Bonn: Bundeszentrale Wissenschaft und Politik.

Bundeszentrale für politische Bildung (2022). Deutschland-Chronik. II. Gründerjahre der beiden deutschen Staaten. 6. Konstituierung der beiden deutschen Staaten. 9.–12. Juli 1952. https://www.bpb.de/themen/zeit-kulturgeschichte/deutschland-chronik/131285/9-12-juli-1952/ (10.8.2023).

Busch, F.W. (1998). Familie, Kindheit, Jugend. In C. Führ & C.-L. Furck (Hrsg.), *Handbuch der deutschen Bildungsgeschichte. Band VI. 1945 bis zur Gegenwart. Zweiter Teilband Deutsche Demokratische Republik und neue Bundesländer* (S. 101–116). München: C.H. Beck.

Busse, S. (1990) Gesellschaftlicher Wandel und Entwicklungstendenzen der (Persönlichkeits)Psychologie in der Sowjetunion. *Psychologie für die Praxis, 1*, 53–71.

Busse, S. (1991a). Wie kritisch war die DDR-Psychologie? *Forum Kritische Psychologie, 28*, 19–40. https://argument.de/produkt-kategorie/fkp-forumkritische-psychologie/ (4.9.2023).

Busse, S. (1991b). Täter, Opfer, Helden – Perspektiven von Schuld. *Forum Kritische Psychologie, 27*, 48–68.

Busse, S. (1992). Zwischen den Stühlen. Zur Entwicklungsgeschichte der DDR-Psychologie. In G. Benettka (Hrsg.), *Gegenteile – Gemeinsamkeiten und Differenzen kritischer Psychologien* (S. 118–133). Wien: Profil-Verlag.

Busse, S. (1993). Gab es eine DDR-Psychologie? *Psychologie und Geschichte, 5*(1/2), 40–63.
Busse, S. (1994). Von der Schwierigkeit, die eigene (Zeit-)Geschichte zu erzählen – am Beispiel der DDR-Psychologie. *hochschule ost, 3*(2), 61–74.
Busse, S. (1995). DDR-Psychologie zwischen Kontinuität und Diskontinuität. In S. Jaeger, S.I. Staeuble, L. Sprung & H.P. Brauns (Hrsg.), *Psychologie im soziokulturellen Wandel – Kontinuitäten und Diskontinuitäten* (S. 138–150). Frankfurt a.M.: Peter Lang, Europäischer Verlag der Wissenschaften.
Busse, S. (1996). *Psychologie im Realsozialismus. DDR-Psychologen im Interview. Übergänge – Aspekte gesellschaftlichen Wandels. Band 1*. Pfaffenweiler: Centaurus.
Busse, S. (1998a). »Von der Sowjetunion lernen«: Pawlowismus und Psychologie. *Psychologie und Geschichte, 8*(1–2), 150–174.
Busse, S. (1998b). »Von der Sowjetunion lernen«: Pawlow – der Stein des Anstoßes. *Psychologie und Geschichte, 8*(3/4), 200–230.
Busse, S. (1998c). Der kommunikative Kontrakt zwischen Psychologie und Macht. Zur Psycho-Logik des »Meinungsstreites« in der DDR-Psychologie. *Zeitschrift für Politische Psychologie, 6*(3), 241–262.
Busse, S. (2004), *Psychologie in der DDR. Die Verteidigung der Wissenschaft und die Formung der Subjekte. Psychologie Forschung aktuell*. Weinheim: Beltz PVU.
Busse, S. (2022). Psychologie als disziplinierte Profession. In B. Strauß, R. Erices, S. Guski Leinwand & E. Kumbier (Hrsg.), *Seelenarbeit im Sozialismus. Psychologie, Psychiatrie und Psychotherapie in der DDR* (S. 139–171). Gießen: Psychosozial-Verlag.
Busse, S., Ehses, Chr. & Zech, R. (1999). Biographische Muster in deutschen Politisierungsprozessen. *Journal für Psychologie. Theorie, Forschung, Praxis, 7*(3), 10–32.
Busse, S., Glücksmann, C., Mitzscherlich, B. & Nowak, U. (1994) Schuld-Diskurs hinter verschlossenen Türen. Zur Psychologie einer Auflösung. In *Vergangenheitsklärung an der Friedrich-Schiller-Universität Jena. Beiträge zur Tagung Unrecht und Aufarbeitung am 19. und 20.6.1992* (S. 251–262). Leipzig: Evangelische Verlagsanstalt.
Busse, S. & Schierwagen, C. (1990). Vertrauen im Alltag der DDR. Verlust und Wiedergewinn. *Zeitschrift für Sozialisationsforschung und Erziehungssoziologie*, 153–162.
Busse, S. & Zech, R. (1994). Fremd- und Selbstpolitisierung im deutsch-deutschen Vergleich. Ein Projekt Kollektiver-Autobiographie-Forschung. *Ztschr. f. Politische Psychologie, 3*, 263–265.
Busse, S. & Zech, R. (1999). Sozialisationsdiskurs im Realsozialismus. Ein deutsch-deutscher Versuch, sich verständlich zu machen. In H.R. Leu & L. Krappmann (Hrsg.), *Zwischen Autonomie und Verbundenheit – Bedingungen und Formen der Behauptung von Subjektivität* (S. 191–240). Frankfurt a.M.: Suhrkamp Taschenbuch Verlag.
Clauß, G., Kulka, H. & Lompscher, J. (Hrsg.). (1976). *Wörterbuch der Psychologie*. Leipzig: VEB Bibliographisches Institut.
Clauß, G., Kulka, H. & Lompscher, J. (Hrsg.). (1978). *Wörterbuch der Psychologie* (2. unv. Aufl.). Leipzig: VEB Bibliographisches Institut.
Clauß, G., Kulka, H., Lompscher, J., Rösler, H.-D., Timpe, K.-P. & Vorwerg, G. (Hrsg.). (1981a). *Wörterbuch der Psychologie* (3., neubearb. Aufl.). Leipzig: VEB Bibliographisches Institut.
Clauß, G., Kulka, H., Lompscher, J., Rösler, H.-D., Timpe, K.-P. & Vorwerg, G. (Hrsg.). (1981b). Aneignung. In dies., *Wörterbuch der Psychologie* (S. 30–31, 3., neubearb. Aufl.). Leipzig: VEB Bibliographisches Institut.
Clauß, G., Kulka, H., Lompscher, J., Rösler, H.-D., Timpe, K.-P. & Vorwerg, G. (Hrsg.). (1981c).

Persönlichkeit. In dies., *Wörterbuch der Psychologie* (S. 444–446, 3., neubearb. Aufl.). Leipzig: VEB Bibliographisches Institut.

Clauß, G., Kulka, H., Lompscher, J., Rösler, H.-D., Timpe, K.-P. & Vorwerg, G. (Hrsg.). (1981). Persönlichkeitsentwicklung. In dies., *Wörterbuch der Psychologie* (S. 446–447, 3., neubearb. Aufl.). Leipzig: VEB Bibliographisches Institut.

Danckwortt, D. (1959). Überwindung von Vorurteilen. *Psychologische Rundschau*, Band X, Teil III, Berichte, S. 231.

Danckwortt, D. (Hrsg.). (1966). *Internationale Beziehungen – ein Gegenstand der Sozialwissenschaften*. Frankfurt a. M.: Europäische Verlagsanstalt.

De Man, H. (1927). *Zur Psychologie des Sozialismus* (Neue umgearb. Aufl.). Jena: Eugen Diederichs.

Dembowski, J. (1955). *Tierpsychologie*. Berlin: Akademie-Verlag.

Der Bundesbeauftragte für die Unterlagen des Staatssicherheitsdienstes der ehemaligen Deutschen Demokratischen Republik (Hrsg.). (1993). *Das Wörterbuch der Staatssicherheit. Definitionen des MfS zur »politisch-operativen Arbeit«*. Dokumente, Reihe A, Nr. 1. Vertrauensverhältnis. S. 438. Berlin: BStU, Abteilung Bildung und Forschung.

Der Bundesminister für Gesundheit (2020). Approbationsordnung für Psychotherapeutinnen und Psychotherapeuten (PsychThApprO)1 vom 4. März 2020. https://psychotherapie.dgps.de/fileadmin/user_upload/medien/ApprO_2020-03.pdf (12.9.2020).

Der Ministerrat der Deutschen Demokratischen Republik (1975). Verordnung über die Gründung und Tätigkeit von Vereinigungen vom 6. November 1975. http://www.verfassungen.de/ddr/vereinsverordnung75.htm (3.4.2022).

Der Vorsitzende des Staatsrates der Deutschen Demokratischen Republik (1965). Das Gesetz über das einheitliche sozialistische Bildungssystem. http://www.verfassungen.de/ddr/schulgesetz65.htm (12.9.2020).

Der Vorsitzende des Staatsrates der Deutschen Demokratischen Republik (1967, 20. Feb.). Gesetz über die Staatsbürgerschaft der Deutschen Demokratischen Republik. https://www.verfassungen.de/ddr/staatsbuergerschaft67.htm (2.8.2023).

Deutsch, F. & Boehnke, K. (2022). Geschichte und institutionelle Entwicklung der Politischen Psychologie in Deutschland. In S. Zmerli & O. Feldman, *Politische Psychologie Handbuch für Wissenschaft und Studium* (2., akt. u. erw. Aufl., S. 39–60). Baden-Baden: Nomos.

Deutscher Bundestag (1994). Bericht der Enquete-Kommission »Aufarbeitung von Geschichte und Folgen der SED-Diktatur in Deutschland«. Drucksache 12/7820, 31.5.1994. Berlin: Deutscher Bundestag. https://dipbt.bundestag.de/dip21/btd/12/078/1207820.pdf (2.8.2023).

Deutscher Bundestag (2013). Bericht der Bundesregierung zum Stand der Aufarbeitung der SED-Diktatur. Berlin: Deutscher Bundestag. https://www.bundesregierung.de/breg-de/suche/bericht-der-bundesregierung-zum-stand-der-aufarbeitung-der-sed-diktatur-730706 (2.8.2023).

Deutsche Gesellschaft für Psychologie (2023). Der DGPs-Kongress. https://www.dgps.de/schwerpunkte/der-dgps-kongress (1.9.2023).

Deutsches Pädagogisches Zentralinstitut (Hrsg.). (1966). Weiterbildungsprogramm in marxistischer Pädagogik und Psychologie. In dies., *Pädagogik*. 3. Beiheft. Berlin: VEB Volk und Wissen.

Dilthey, W. (1894). Ideen über eine beschreibende und zergliedernde Psychologie. *Sitzungsberichte der Preußischen Akademie der Wissenschaften zu Berlin, 2*, 1309–1407.

Dörr, N. (2017). Militärische Feindbilder im Kalten Krieg – Die Publikation »Psychologie als Waffe« des Bundesministeriums für Verteidigung (1961). Essay. https://www.europa.clio-online.de/Portals/_Europa/documents/B2018/E_Doerr_Feindbilder.pdf (13.9.2023).

Dörr, N. (2018). Militärische Feindbilder im Kalten Krieg – Die Publikation Psychologie als Waffe des Bundesministeriums für Verteidigung (1961). https://www.europa.clio-online.de/essay/id/fdae-1712 (13.9.2023).

Dörre, S. (2021). Psychologieethik als historischer Gegenstand – das Beispiel der Operativen Psychologie in der DDR. In A. Maercker & J. Gieseke (Hrsg.), *Psychologie als Instrument der SED-Diktatur. Theorien – Praktiken – Akteure – Opfer* (S. 205–220). Göttingen: Hogrefe.

Dorsch, F. (1963). *Geschichte und Probleme der Angewandten Psychologie*. Bern: Hans Huber.

Drefenstedt, E. (1953). Neues zur Psychologiediskussion. *Neue Schule, 8*(45), 12.

Drews, D. (2006). Die Psychologische Kampfführung/Psychologische Verteidigung Der Bundeswehr – eine erziehungswissenschaftliche und publizistikwissenschaftliche Untersuchung. Inauguraldissertation. Mainz: Johannes-Gutenberg-Universität. http://doi.org/10.25358/openscience-3518 (14.7.2023).

Dultz, W. (1947). Zur gegenwärtigen Lage der Psychologie. *Einheit, Kulturkritik, 2*(8), 793–795.

Ebert, F., Templin, W. & Werner, S. (1995). Der Umgang des Staates mit oppositionellem u. widerständigem Verhalten. In Deutscher Bundestag (Hrsg.), *Materialien der Enquete-Kommission »Aufarbeitung von Geschichte und Folgen der SED-Diktatur in Deutschland«, Bd. VII/2*. Baden-Baden, Frankfurt a.M.: Nomos.

Ebbinghaus, H. (1896). Über erklärende und beschreibende Psychologie. *Zeitschrift für Physiologie der Sinnesorgane, 9*, 161–205.

Eckardt, G. (1973). Die Gründung der Psychologischen Anstalt in Jena (1923). *Wissenschaftliche Zeitschrift – Gesellschafts- und Sprachwissenschaftliche Reihe. Beiträge aus der Sektion Psychologie. 22*(4), 517–559.

Eckardt, G. (1994). Der Versuch der Begründung einer marxistischen Sozialpsychologie in der ehemaligen DDR: theoretischer Anspruch und soziale Wirklichkeit. *Psychologie und Geschichte, 6*, 313–320.

Eckardt, G. (1995). »Meinungsstreit« als Mittel politisch-ideologischer Reglementierung der Psychologie in der ehemaligen DDR – eine Fallstudie. In S. Jaeger, I. Staeuble, L. Sprung & H.-P. Brauns (Hrsg.), *Psychologie im soziokulturellen Wandel. Kontinuitäten und Diskontinuitäten* (S. 151–159). Frankfurt a.M.: Lang.

Eckardt, G. (1996). Die Psychologie im Spannungsfeld wissenschaftspolitischer und hochschulpolitischer Auseinandersetzungen: Der Thüringer Hochschulkonflikt. In H. Gundlach (Hrsg.), *Untersuchungen zur Geschichte der Psychologie und der Psychotechnik* (S. 289–300). München: Profil.

Eckardt, G. & Dumont, K. (2004). Das Verhältnis zwischen der Gesellschaft für Psychologie der DDR und der Deutschen Gesellschaft für Psychologie als Abgrenzung und Annäherung. *Psychologische Rundschau, 55*(S1), 72–77.

Eghigian, G. (2004). The Psychologization of the Socialist Self: East German Forensic Psychology and its Deviants, 1945–1975. *German History, 22*(2), 181–205.

Engel, G. (1980). Eröffnung auf dem 5. Kongreß der Gesellschaft für Psychologie der DDR. In A. Kossakowski (Hrsg.), *Psychologie in der gesellschaftlichen Praxis. Zum Beitrag der Psychologie bei der Gestaltung der entwickelten sozialistischen Gesellschaft in der DDR* (S. 9–13). Berlin: VEB Deutscher Verlag der Wissenschaften.

Engelmann, R. & Schumann, S. (1995). Der Ausbau des Überwachungsstaates. Der Konflikt Ulbricht-Wollweber und die Neuausrichtung des Staatssicherheitsdienstes der DDR 1957. *Vierteljahrshefte für Zeitgeschichte, 43*(2), 341–378. München: Institut für Zeitgeschichte. https://www.ifz-muenchen.de/heftarchiv/1995_2_5_engelmann.pdf (13.8.2023).

Engelmann, R. & Kowalczuk, I.-S. (Hrsg.). (2005). *Volkserhebung gegen den SED-Staat. Eine Bestandsaufnahme zum 17. Juni 1953* (Der Bundesbeauftragte für die Unterlagen des Staatssicherheitsdienstes der ehemaligen Deutschen Demokratischen Republik. Analysen und Dokumente, 27). Göttingen: Vandenhoeck & Ruprecht.

Erlebach, E., Ihlefeld, U. & Zehner, K. (1959). Die Bedeutung der marxistisch-leninistischen Erkenntnistheorie für die Psychologie. In G. Neuner, E. Pütz, H. Berger, H. Bernhard, H. Freche, W. Groth, H. Hiebsch, G. Krapp, J. Kromer, G. Rolack, A. Rudolph, H. Siebert, E. Schulz, E. Winkler & Deutsches Pädagogisches Zentralinstitut (Hrsg.), *Erkenntnistheorie und Psychologie. Referate und Diskussionen auf der ersten Konferenz der Arbeitsgruppe Pädagogische Psychologie beim Deutschen Pädagogischen Zentralinstitut Berlin. Pädagogik, 1. Beiheft* (S. 18–48). Berlin: VEB Volk und Wissen.

Ernst, A.-S. (1997). *»Die beste Prophylaxe ist der Sozialismus«. Ärzte und medizinische Hochschullehrer in der SBZ/DDR 1945–1961*. Münster: LIT.

Feindt, J. & Trampe, T. (1992). *Der schwarze Kasten*. Bonn: BpB-Mediathek. https://www.bpb.de/mediathek/video/346107/der-schwarze-kasten/ (25.7.2023).

Feldkeller, P. (1947). *Psycho-Politik. Zur Demokratisierung, politischen Erziehung und Säuberung*. Berlin: Chronos.

Fischel, W. (1955). *Die kämpferische Auseinandersetzung in der Tierwelt* (2. Aufl.). Leipzig: Johann Ambrosius Barth.

Fischel, W. (1956). *Die höheren Leistungen der Wirbeltiergehirne* (2., erw. u. verb. Aufl.). Leipzig: Johann Ambrosius Barth.

Fischel, W. (1959). Rechenschaftsbericht über die Arbeit des Instituts für Psychologie der Karl-Marx-Universität (1959/1960). *Wissenschaftliche Zeitschrift der Karl-Marx-Universität Leipzig, 9*(2), 257–260.

Fischel, W. (1967). *Vom Leben zum Erleben. Eine psychologische Untersuchung über Leistungen und Ziele der Tiere und Menschen*. Leipzig: J. A. Barth.

Fischel, W. & Claus, G. (1962, 1. Januar). Wir wollen keine apolitischen Spezialisten heranbilden. *Universitätszeitung* (S. 3). Leipzig: Universität Leipzig.

Förster, G. (1994). Die Dissertationen an der ›Juristischen Hochschule‹ des MfS. Eine annotierte Bibliographie. Dokumente Nr. 2/1994.

Förster, G. (1998). Bibliographie der Diplomarbeiten und Abschlußarbeiten an der Hochschule des MfS. Reihe A: Dokumente Nr. 1/1998. Berlin: BStU. https://www.stasi-unterlagen-archiv.de/assets/bstu/de/Publikationen/Reihe_A_01_1998_Foerster_Bibliographie_barrierefrei.pdf (4.9.2023).

Foitzik, J. (1995). *Inventar der Befehle des Obersten Chefs der Sowjetischen Militäradministration in Deutschland (SMAD) 1945–1949*. München: KG Saur.

Foitzik, J. (2001). Notizen. Berichtigung zum Inventar der Befehle des Obersten Chefs der Sowjetischen Militäradministration in Deutschland (SMAD) 1945–1949. Offene Serie.

Im Auftrag des Instituts für Zeitgeschichte zusammengestellt und bearbeitet von Jan Foitzik, München u.a. 1995. *Vierteljahrshefte für Zeitgeschichte, 49*(4), 685–690. https://www.ifz-muenchen.de/heftarchiv/2001_4_7_notizen.pdf (6.8.2023).

Fraenkel, E. (1974). *Der Doppelstaat. Recht und Justiz im Dritten Reich.* Frankfurt a.M.: Europäische Verlagsanstalt.

Freese, A. & Maercker, A. (2021). Sicherheitsrelevante Psychologie »unter Legende« – die Forensische Psychologie an der Sektion Kriminalistik der Humboldt-Universität. In A. Maercker & J. Gieseke (Hrsg.), *Psychologie als Instrument der SED-Diktatur. Theorien – Praktiken – Akteure – Opfer* (S. 147–164). Göttingen: Hogrefe.

Friedrich-Ebert-Stiftung (Hrsg.). (1982). *Der Fünfjahrplan der DDR.* Bonn: Neue Gesellschaft.

Friedrich-Schiller-Universität Jena (1960/1961). *Wissenschaftliche Zeitschrift der Friedrich-Schiller-Universität Jena.* Jg. 10.

Frisé, A. (1980). (Hrsg.). *Robert Musil. Beitrag zur Beurteilung der Lehren Machs und Studien zur Technik und Psychotechnik.* Reinbek b. Hamburg: Rowohlt.

Fuchs, J. (1978). *Vernehmungsprotokolle November '76–September '77.* Reinbek: Rowohlt.

Gare, A. (2000). Aleksandr Bogdanov's History, Sociology and Philosophie of Science. *Studies for the History of Philosophical Science, 31*(2), 231–248.

Gasch, B. (1984). *Psychologie in der DDR. Positionen und Entwicklungen 1978–1982.* Erlangen: Deutsche Gesellschaft für zeitgeschichtliche Fragen e.V./IGW Institut für Gesellschaft und Wissenschaft.

Gast, H. (1955). Fachmitteilung. Zur Entwicklung des psychologischen Studiums in den letzten Jahren. *Zeitschrift für Psychologie, 158,* 294–304.

Geißler, R. (1993). *Sozialer Umbruch in Ost-Deutschland. Sozialstrukturanalyse 2.* Opladen: Leske + Budrich.

Gesellschaft für Psychologie der DDR (Hrsg.). (1976). *Statut der Gesellschaft für Psychologie der Deutschen Demokratischen Republik.* Berlin: Gesellschaft für Psychologie der Deutschen Demokratischen Republik.

Gesellschaft für Psychologie der DDR (Hrsg.). (1978). *Bibliographie von psychologischen Arbeiten der DDR von 1975–1977.* Berlin: Gesellschaft für Psychologie der Deutschen Demokratischen Republik.

Gesellschaft für Psychologie der DDR (Hrsg.). (1979a). *Bibliographie von psychologischen Arbeiten der DDR von 1978.* Berlin: Gesellschaft für Psychologie der Deutschen Demokratischen Republik.

Gesellschaft für Psychologie der DDR (Hrsg.). (1979b). *Statut der Gesellschaft für Psychologie der Deutschen Demokratischen Republik.* Berlin: Gesellschaft für Psychologie der Deutschen Demokratischen Republik.

Gesellschaft für Psychologie der DDR (Hrsg.). (1980). *Psychologie-Information.* Berlin: Gesellschaft für Psychologie der Deutschen Demokratischen Republik (bis einschl. 1990).

Gesellschaft für Psychologie der DDR (Hrsg.). (1985). *Bibliographie psychologischer Arbeiten in der DDR von 1984.* Oberlungwitz: VEB Kongreß- und Werbedruck.

Gesellschaft für Psychologie der DDR (Hrsg.). (1986). *Bibliographie psychologischer Arbeiten in der DDR von 1985.* Oberlungwitz: VEB Kongreß- und Werbedruck.

Gesellschaft für Psychologie der DDR (Hrsg.). (1987). *Bibliographie psychologischer Arbeiten in der DDR von 1986.* Oberlungwitz: VEB Kongreß- und Werbedruck.

Gesellschaft für Psychologie der DDR (Hrsg.). (1988). *Bibliographie psychologischer Arbeiten in der DDR von 1987.* Oberlungwitz: VEB Kongreß- und Werbedruck.

Gesellschaft für Psychologie der DDR (Hrsg.). (1989). *Bibliographie psychologischer Arbeiten in der DDR von 1988*. Oberlungwitz: VEB Kongreß- und Werbedruck.

Gesetzblatt der DDR (1951). Verordnung über die Gründung eines volkseigenen Verlages Volk und Wissen. Nr. 114, 20.9.1951, S. 864. https://www.reichsgesetzblatt.de/D/GBl-DDR/1951/index.htm (23.10.2023).

Geuter, U. (1984). *Die Professionalisierung der deutschen Psychologie im Nationalsozialismus*. Frankfurt a.M.: Suhrkamp.

Gieseke, J. (2021). Psychologisches Wissen in der Verfolgungspraxis der DDR-Staatssicherheit – ein historischer Überblick. In A. Maercker & J. Gieseke (Hrsg.), *Psychologie als Instrument der SED-Diktatur. Theorien – Praktiken – Akteure – Opfer* (S. 37–56). Göttingen: Hogrefe.

Golubjewa, G.A. (1985). Die wissenschaftlich-technische Revolution und die sittliche Kultur der Persönlichkeit im entwickelten Sozialismus. *Deutsche Zeitschrift für Philosophie, 33*(12), 1085–1093.

Graf Hoyos, C. (1964). *Denkschrift zur Lage der Psychologie*. Wiesbaden: Franz Steiner.

Graumann, C.F., Ewert, O. & Graumann, H. (1961). Der XVI. Internationale Kongreß für Psychologie in Bonn 1960. *Psychologische Rundschau*, Band XXII, 3–33.

Grimmer-Solem, E. (2023). Der Verein für Socialpolitik von seinen Anfängen bis Ende des Ersten Weltkriegs – ein Überblick. *Perspektiven der Wirtschaftspolitik*, 1–9.

Gross, M.L. (1984). *Die psychologische Gesellschaft*. Frankfurt a.M.: Ullstein Sachbuch.

Grunenberg, A. (1985). Sinnverlust oder Funktionalisierung? Chancen und Grenzen ideologischen Wandels am Beispiel der Bewußtseinsdebatte. In I. Spittmann-Rühle & G. Helwig (Hrsg.), *Ideologie und gesellschaftliche Entwicklung in der DDR. Achtzehnte Tagung zum Stand der DDR-Forschung in der Bundesrepublik Deutschland 28.–31. Mai 1985* (S. 3–14). Köln: Edition Deutschland Archiv/Verlag Wissenschaft und Politik Berend von Nottbeck.

Günther, R. & Winter, G. (Hrsg.). (1986). *Umweltbewußtsein und persönliches Handeln*. Weinheim: Beltz.

Günther, U.L. (Hrsg.). (1984). *Kritischer Rationalismus, Sozialdemokratie und politisches Handeln. Logische und psychologische Defizite einer kritizistischen Philosophie*. Weinheim: Beltz.

Gundlach, H. (2013). Das Diplom und die Psychologie. Eine Rückschau. *Report Psychologie, 38*(6) 248–252.

Guski-Leinwand, S. (2010). *Wissenschaftsforschung zur Genese der Psychologie vom ausgehenden 19. Jahrhundert bis Mitte des 20. Jahrhunderts*. Münster: LIT.

Guski-Leinwand, S. (2017). Kriegspsychologisches. Publikationen und Engagements von Psychologen mit Bezug zum Ersten Weltkrieg. *Zeitschrift für Psychologie, 25*(1), 7–38. https://journal-fuer-psychologie.de/article/view/423/457 (12.9.2023).

Guski-Leinwand, S. (2019). Die Psychologie seit 1900: Von der »friedestiftende(n) Vermittlerin« zur »hub science« im 21. Jahrhundert. In T. Kessel (Hrsg.), *Philosophische Psychologie um 1900. Abhandlungen zur Philosophie* (S. 65–83). Tübingen: J.B.Metzler.

Guski-Leinwand, S. (2021). 1913 – das Hochjahr der Heterodoxien in der Psychologie. Ein Abriss. In M. Lessau, P. Redl & H.-C. Riechers (Hrsg.), *Heterodoxe Wissenschaft in der Moderne* (S. 91–102). Paderborn: Brill/Wilhelm Fink.

Guski-Leinwand, S. (2023a). Geschichte der Friedenspsychologie. In G. Sommer (Hrsg.), *Krieg und Frieden, Handbuch Friedens- und Konfliktforschung* (2. Aufl.). Weinheim:

Beltz. Verfügbar seit Mai 2023 unter: https://handbuch-friedenspsychologie.de/buch/einleitung/geschichte-der-friedenspsychologie/ (12.9.2023).

Guski-Leinwand, S. (2023b). Tabellarische Übersicht ausgewählter Akten/Bestände aus dem Bundesarchiv, Stasi-Unterlagen-Archiv (vormals BStU) u.a. zu Themen der Psychologie, Operativen Psychologie, psychischen Manipulationen und Zersetzung durch das MfS. BMBF-Teilprojekt »Psychologie unter politischem Diktat und Justiz« im Forschungsverbund »Seelenarbeit im Sozialismus ... (SiSaP)«, BMBF-Förderkennzeichen 01UJ1908BY. Dortmund: Fachhochschule Dortmund. https://www.fh-dortmund.de/medien/hochschule/Tabellarische-Uebersicht-ausgewaehlter-Akten-Bestaende-Psychologie-MfS.pdf (12.9.2023).

Guski-Leinwand, S. & Bredenkamp, J. (2023, im Druck). Zum Verhältnis zwischen der DGPs und der DDR- Fachgesellschaft (GfP) und der Aufbau psychologischer Institute in Ostdeutschland nach der Wiedervereinigung Deutschlands. In W. Schneider & A. Stock (Hrsg.), *Geschichte der Deutschen Gesellschaft für Psychologie* (vrstl. S. 94–120). Göttingen: Hogrefe.

Guski-Leinwand, S. & Maercker, A. (2022). Unter politischem Diktat: Psychologie, Psychologische Kriegführung und Psychopolitik im SED-Staat. In B. Strauß, R. Erices, H. Grabe, S. Guski-Leinwand & E. Kumbier (Hrsg.), *Seelenarbeit im Sozialismus. Psychologie, Psychiatrie und Psychotherapie in der DDR* (S. 113–138). Gießen: Psychosozial-Verlag.

Guski-Leinwand, S., Muscas, I. & Nussmann, H.D. (2020). Zersetzung und Operative Psychologie – Aspekte psychologischer Folter. *Gerbergasse, 18*(2), 47–52. http://h-und-g.info/fileadmin/projekte/HuG/Gerbergasse/Gerbergasse18-Heft95_Operative_Psychologie.pdf (12.9.2023).

Guski-Leinwand, S. & Nussmann, H.D. (2021). Normative Grundlagen der Psychologie im SED-Parteistaat: Kontrollierte akademische Disziplin und instrumentalisierte Wissenschaft. In A. Maercker & J. Gieseke (Hrsg.), *Psychologie als Instrument der SED-Diktatur. Theorien – Praktiken – Akteure – Opfer* (S. 109–125). Göttingen: Hogrefe.

Guski-Leinwand, S. & Nussmann, H.D. (2023). *Bibliografie psychologischer Publikationen DDR/Wiedervereinigung*. Dortmund: Fachhochschule Dortmund. https://psycharchives.org/en/item/c9ea99da-0092-4351-97bb-db383960157d (12.9.2023).

Haack, K., Nussmann, H.D., Rauschenbach, M., Bauer, M. & Kumbier, E. (2023). Literaturdatenbank zur Psychiatrie, Psychotherapie, Psychologie und zum Gesundheitswesen der DDR: 1945–2023. https://rosdok.uni-rostock.de/resolve/id/rosdok_document_0000021941 (26.10.2023).

Hacker, W. & Häuser, D. (1983). Zur Einführung eines überarbeiteten Studienplanes für die Ausbildung von Diplompsychologen. *Psychologie für die Praxis, 2*, 70–76.

Hager, K. (1968). *Die Aufgaben der Gesellschaftswissenschaften in unserer Zeit. 9. Tagung des ZK der SeD, 22. bis 25.10.1968*. Berlin: Dietz.

Hager, K. (1976). *Der IX. Parteitag und die Gesellschaftswissenschaften. Rede auf der Konferenz der Gesellschaftswissenschaftler der DDR am 25. und 26. November 1976 in Berlin*. Berlin: Dietz.

Hammer, S. (1995). Die Psychologie in der DDR – in der Zerreißprobe zwischen Naturwissenschaft und Marxismus. In S. Jaeger, I. Staeuble, L. Sprung & H.P. Brauns (Hrsg.), *Psychologie im soziokulturellen Wandel. Kontinuitäten und Diskontinuitäten* (S. 160–167). Frankfurt a.M.: Peter Lang.

Hárdi, I. (1968). *Psychologie am Krankenbett. Arzt, Krankenschwester und Patient*. Berlin: VEB Volk und Wissen.

Hartmann, K.D. (1969). *Politische Beeinflussung – Voraussetzungen, Ablauf und Wirkungen*. Frankfurt a.M.: Europäische Verlagsanstalt.

Hentges, G. (2013). *Staat und politische Bildung. Von der »Zentrale für Heimatdienst« zur »Bundeszentrale für politische Bildung«*. Wiesbaden: Springer VS.

Hörz, H. (1974). Die Beziehungen der marxistisch-leninistischen Philosophie zu den anderen Wissenschaften. In M. Klein, F. Richter & V. Wrona, *Marxistisch-leninistische Philosophie in der DDR* (S. 169–202). Berlin: VEB Deutscher Verlag der Wissenschaften.

Hoffmann, H. (Hrsg.). (2003). Die Bundesministerien 1949–1999. Bezeichnungen, amtliche Abkürzungen, Zuständigkeiten, Aufbauorganisation, Leitungspersonen. *Materialien aus dem Bundesarchiv. Heft 8*. Bremerhaven: Wirtschaftsverlag NW GmbH.

Hüttmann, J. (2008). *DDR-Geschichte und ihre Forscher. Akteure und Konjunkturen der bundesdeutschen DDR-Forschung*. Berlin: Metropol.

Hylla, E. (1960). Eine Arbeitstagung zur »Psychologie der Politik«. *Psychologische Rundschau, Band XI*, 142–143.

Ihlefeld, U. (1975). Die Individualität der Persönlichkeit und der pädagogische Prozeß. *Pädagogik – Zeitschrift für Theorie und Praxis der sozialistischen Erziehung, 30*, 646–655.

Interne BDP-Nachrichten (1965a). Psychologische Rundschau. *Beilage zu Heft XVI, 2*, April 1965, Kommission berufsethische Verpflichtungen (o.P.).

Interne BDP-Nachrichten (1965b). Psychologische Rundschau. *Beilage zu Heft XVI, 3*, Juli 1965, Kommission berufsethische Verpflichtungen (o.P.).

Jacobsen, W. (1963). Was ist »politische Psychologie«? In K. Aurin, C.C. Bowman, W. Jacobsen & H.E. Wolff (Hrsg.), *Politische Psychologie als Aufgabe unserer Zeit. Reihe Politische Psychologie* (S. 9–16). Frankfurt a.M.: Europäische Verlagsanstalt.

Jacobsen, W. (1986). Politische Psychologie nach der NS-Herrschaft: Vergangenheitsaufarbeitung und demokratischer Neubeginn. In A. Schorr (Hrsg.), *Bericht über den 13. Kongreß für angewandte Psychologie: Bonn, September 1985, Band 1* (S. 212–214). Bonn: Deutscher Psychologen Verlag GmbH.

Jacobsen, W. & Hartmann, K.D. (Hrsg.). (1963). *Autoritarismus und Nationalismus – ein deutsches Problem?* Frankfurt a.M.: Europäische Verlagsanstalt.

Jacobsen, W. & Hartmann, K.D. (Hrsg.). (1964). *Vorurteile – ihre Erforschung und ihre Bekämpfung*. Frankfurt a.M.: Europäische Verlagsanstalt.

Jacobsen, W. & Hartmann, K.D. (Hrsg.). (1966). *Politische Erziehung als psychologisches Problem*. Frankfurt a.M.: Europäische Verlagsanstalt.

Jaide, W. (1960). Bericht über die Tagung »Autoritarismus und Nationalismus« vom 1. bis 7. Mai 1960 in Ingelheim. *Psychologische Rundschau, Band XI*, Teil III, Berichte, 299–301.

Jarausch, K.H. (2012). Realer Sozialismus als Fürsorgediktatur: zur begrifflichen Einordnung der DDR. *Historical Social Research, Supplement, 24*, 249–272.

Jenny, A. (1963). Ideologien in psychologischer Sicht. *Der Psychologe. Monatsschrift für Psychologie, Erziehungs- und Lebensberatung, Band XV*, Heft 7, 286–289.

Kapferer, N. (1987). Marxismus und Leninismus als Etikett: Die Psychologie in der DDR. In *Deutschland Archiv* (S. 1179–1193). Bonn: Bundeszentrale für Politische Bildung.

Kapferer, N. (1989). Die Psychologie der DDR im Spannungsfeld von politischer Funktionalisierung und wissenschaftlicher Emanzipation. *Politische Vierteljahresschrift. Sonderheft 20/1989, 30, Sonderheft 20*, S. 77–98.

Kapferer, N. (1990). *Das Feindbild der marxistisch-leninistischen Philosophie in der DDR 1945–1988.* Vorwort, S. IX-X. Darmstadt: Wissenschaftliche Buchgesellschaft.

Kappeler, M., Holzkamp, K. & Holzkamp-Osterkamp, U. (1977). *Psychologische Therapie und politisches Handeln.* Frankfurt a. M.: Campus.

Kessel, T. (2019). Nicolai Hartmann und die philosophische Psychologie »Wie ist allgemeine philosophische Psychologie möglich?«. In ders. (Hrsg.), *Philsophische Psychologie um 1900. Abhandlungen zur Philosophie* (S. 215–231). Tübingen: J. B. Metzler.

Kjellén, R. (1920). *Grundriß zu einem System der Politik.* Leipzig: S. Hirzel.

Klemm, H. (1958). Die Entwicklung der marxistisch-leninistischen Psychologie in der DDR. *Einheit, 13*(7), 512–520.

Knorr-Cetina, K. (1984). *Die Fabrikation von Erkenntnis. Zur Anthropologie der Naturwissenschaft.* Frankfurt a. M.: Suhrkamp.

Koch, U. (2021). Von, aus oder in der Auseinandersetzung mit der Geschichte lernen? Zum Verhältnis von Psychologiegeschichte und Professionsethik. In A. Maercker & J. Gieseke (Hrsg.), *Psychologie als Instrument der SED-Diktatur. Theorien – Praktiken – Akteure – Opfer* (S. 221–245). Göttingen: Hogrefe.

Kocka, J. (1998). Wissenschaft und Politik in der DDR. In J. Kocka & R. Mayntz (Hrsg.), *Wissenschaft und Wiedervereinigung: Disziplinen im Umbruch. Forschungsberichte der Interdisziplinären Arbeitsgruppen der Berlin-Brandenburgischen Akademie der Wissenschaften* (S. 435–459). Berlin: Akademie.

Kohr, H. U., Krieger, R. & Räder, H.-G. (Hrsg.). (1983). *Reproduktion von Gesellschaft. Jugend – Partizipation – Politische Bildung.* Weinheim: Beltz.

Konhardt, K. (1989). Paralogismus. In J. Ritter & K. Gründer (Hrsg.), *Historisches Wörterbuch der Philosophie. Band 7, P-Q* (S. 107–115). Basel: Schwabe & Co KG.

Kossakowski, A. (1972). Zur Entwicklung der Pädagogischen Psychologie in der DDR von 1945 bis 1970. *Probleme und Ergebnisse der Psychologie, 41*, 5–36.

Kossakowski, A. (1979). 30 Jahre Psychologie in der DDR. *Probleme und Ergebnisse der Psychologie, 19*(69), 5–22.

Kossakowski, A. (1990). Pädagogische Psychologie in der Deutschen Demokratischen Republik. *Zeitschrift für pädagogische Psychologie, 4*(2), 109–119.

Kossakowski, A. (2006). Die Rolle der Pädagogischen Psychologie im Bildungssystem der DDR. In H. Giest (Hrsg.), *International cultural-historical human sciences: Vol. 17. Erinnerung für die Zukunft: Pädagogische Psychologie in der DDR; Tagungsband des Symposiums zum Andenken an Joachim Lompscher am 31. Aug. 2005 in Berlin* (S. 9–22). Berlin: Lehmanns Media.

Kossakowski, A. & Kaiser, M. (Hrsg.). (1983). Beiträge zur Lehrergesundheit. Vorträge auf der 1. Wissenschaftlichen Tagung der Koordinierungsgruppe »Lehrertätigkeit, Lehrerpersönlichkeit und Lehrergesundheit«. Zentrale Kommission zur Koordinierung der Medizinisch-Pädagogisch-Psychologischen Forschung. Fortschrittsberichte und Studien/Akademie der Pädagogischen Wissenschaft der DDR, Zentralstelle für Pädagogische Information und Dokumentation, Nr. 4. Ms.-Dr. Berlin: Akademie der Pädagogischen Wissenschaften der DDR/Zentralstelle für Pädag. Information und Dokumentation.

Krätzner, A. (2014). *Die Universitäten der DDR und der Mauerbau 1961.* Leipzig: Leipziger Universitätsverlag.

Krätzner-Ebert, A. (2021). Die Akten zur politischen Denunziation in der DDR: ein sozialpsychologisches Lehrstück. In A. Maercker & J. Gieseke (Hrsg.), *Psychologie als*

Instrument der SED-Diktatur. Theorien – Praktiken – Akteure – Opfer (S. 185–202). Göttingen: Hogrefe.

Krampen, G. (1992). Zur Geschichte des Psychologiestudiums in Deutschland. *Report Psychologie, 17*(1), 18–26. https://www.uni-trier.de/fileadmin/fb1/prof/PSY/KPW/1992_zur_Geschichte_des_Psychologiestudiums.pdf (15.9.2020).

Krieger, W. (Hrsg.). (2015). *Soziale Arbeit im Ost-West-Vergleich. Soziale Probleme und Entwicklungen der Sozialen Arbeit in Deutschland, Russland, Armenien und Kirgisien*. Lage: Jacobs.

Krueger, F. (1937). Gefühlsartiges im tierischen Verhalten. *Zeitschrift für Tierpsychologie, Band 1, Heft 2*, 97–128.

Krüger, H.-H. & Marotzki, W. (1994). Pädagogik und Erziehungsalltag in der DDR – Eine Einführung. In dies. (Hrsg.), *Pädagogik und Erziehungsalltag in der DDR* (S. 7–15). Opladen: Leske + Budrich.

Kühn, H. (2005). Entwicklungspsychologie in der DDR – Bleibendes und Vergängliches. *Geschichte der Psychologie, 44*, 6–31.

Kuhlmann, C. (2014). *Geschichte Sozialer Arbeit. Band 1* (4. Aufl.). Schwalbach/Taunus: Wochenschau.

Laatz, H. (1985). Wege und Wirkung gesellschaftswissenschaftlicher Forschung in der DDR. In I. Spittmann-Rühle & G. Helwig (Hrsg.), *Ideologie und gesellschaftliche Entwicklung in der DDR. Achtzehnte Tagung zum Stand der DDR-Forschung in der Bundesrepublik Deutschland 28.–31. Mai 1985* (S. 66–76). Köln: Edition Deutschland Archiv/Verlag Wissenschaft und Politik Berend von Nottbeck.

Lambrecht, W. (2007). Neuparzellierung einer gesamten Hochschullandschaft. Die III. Hochschulreform in der DDR (1965–1971). *Die Hochschule: Journal für Wissenschaft und Bildung, 16*(2), 171–189.

Lang, F. (2020). Kompetenzprofile für spezifische Tätigkeiten. Fachpsychologin bzw. Fachpsychologe (BDP). *Report Psychologie, 45*(9), 30–31.

Lange, M. G. (1955). *Wissenschaft im totalitären Staat. Die Wissenschaft der sowjetischen Besatzungszone auf dem Weg zum »Stalinismus«*. Mit einem Vorwort von Otto Stammer. Stuttgart, Düsseldorf: Ring-Verlag.

Leidner, B., Lickel, B., Tropp, L. R. & Li, M. (2022). Politische Psychologie von Gruppen. In S. Zmerli & O. Feldman (Hrsg.), *Politische Psychologie Handbuch für Wissenschaft und Studium* (2., akt. u. erw. Aufl., S. 295–314). Baden-Baden: Nomos.

Lenin, W. I. (1949). *Materialismus und Empiriokritizismus. Kritische Bemerkungen über eine reaktionäre Philosophie*. Moskau: Verlag für fremdsprachige Literatur.

Lenin, W. I. (1970). Rede auf der erweiterten Konferenz von Arbeitern und Rotarmisten im Moskauer Rogoshsko-Simonowski-Stadtbezirk. In ders., *Werke, Band 31, April–Dezember 1920* (S. 125). Hrsg. v. Institut für Marxismus-Leninismus beim sK der KPdSU. Berlin: Dietz.

Lenin, W. I. (1971). *Werke. März–August 1919. Band 29. Im Lakaienzimmer* (S. 534). Hrsg. v. Institut für Marxismus-Leninismus beim sK der KPdSU. Berlin: Dietz.

Lenin, W. I. (1981). *Materialismus und Empiriokritizismus. Kritische Bemerkungen über eine reaktionäre Philosophie* (16. Aufl.). Hrsg. v. Institut für Marxismus-Leninismus beim SK der KPdSU. Berlin: Dietz.

Lenin, W. I. (1981a). Materialismus und Empiriokritizismus. In ders., *Materialismus und Empiriokritizismus. Kritische Bemerkungen über eine reaktionäre Philosophie* (16. Aufl., S. 29–428). Hrsg. v. Institut für Marxismus-Leninismus beim SK der KPdSU. Berlin: Dietz.

Lenin, W.I. (1981b). (Hrsg.). Vorwort. In ders., *Materialismus und Empiriokritizismus. Kritische Bemerkungen über eine reaktionäre Philosophie* (S. 5–22, 16. Aufl.). Hrsg. v. Institut für Marxismus-Leninismus beim SK der KPdSU. Berlin: Dietz.

Lenin, W.I. (1981c). Register. In ders., *Materialismus und Empiriokritizismus. Kritische Bemerkungen über eine reaktionäre Philosophie* (S. 507–565, 16. Aufl.). Hrsg. v. Institut für Marxismus-Leninismus beim SK der KPdSU. Berlin: Dietz.

Lenk, H. (1992). *Zwischen Wissenschaft und Ethik*. Frankfurt a.M.: Suhrkamp.

Lenski, K. (2017). *Geheime Kommunikationsräume? Die Staatssicherheit an der Friedrich-Schiller-Universität Jena*. Frankfurt a.M.: Campus.

Lenski, K. (2021). Die Sozialpsychologie der DDR und die Staatssicherheit. Örtliche und überregionale Verflechtungen am Beispiel der FSU Jena. In A. Maercker & J. Gieseke (Hrsg.), *Psychologie als Instrument der SED-Diktatur. Theorien – Praktiken – Akteure – Opfer* (S. 165–184). Göttingen: Hogrefe.

Linebarger, P.M.A. (1960). *Schlachten ohne Tote: Psychological Warfare*. Frankfurt a.M.: E.S. Mittler & Sohn.

Lösel, F. & Skowronek, H. (Hrsg.). (1988). *Beiträge der Psychologie zu politischen Planungs- und Entscheidungsprozessen*. Weinheim: Deutscher Studien Verlag.

Löwe, H. (1905/1906). Die russischen Hochschulen und die politischen Wirren in Rußland. *Hochland, Monatsschrift für alle Gebiete des Wissens, der Literatur und Kunst, 3*(I), 204–218.

Lomow, B.F., Sabrodin, J.M. & Sasykin, W.G. (1984). Psychologie und gesellschaftliche Praxis in der UDSSR. *Psychologie für die Praxis, 2*, 93–104.

Ludwig, E. (1924). Lenin. In ders., *Genie und Charakter. Zwanzig männliche Bildnisse* (S. 93–110). Berlin: Ernst Rowohlt.

Ludz, P.C. (1976). *Ideologiebegriff und marxistische Theorie: Ansätze zu einer immanenten Kritik*. Opladen: Westdeutscher Verlag.

Ludz, P.C. (1978). *Gutachten zum Stand der DDR- und vergleichenden Deutschlandforschung. Band 1 bis 4*. Bonn: Arbeitskreis für vergleichende Deutschlandforschung.

Lück, H.E. (1997). Der Exodus und die Folgen für die Psychologie. In M. Hassler & J. Wertheimer (Hrsg.), *Der Exodus aus Nazideutschland und die Folgen* (S. 157–176). Tübingen: Attempo.

Lück, H.E., Grünwald, H., Geuter, U., Miller, R. & Rechtien, W. (1987). *Sozialgeschichte der Psychologie. Eine Einführung*. Opladen: Leske + Budrich. http://digitale-objekte.hbz-nrw.de/storage/2009/09/10/file_17/3185207.pdf; https://doi.org/10.1007/978-3-322-97189-0 (12.9.2023).

Lück, H.E. & Guski-Leinwand, S. (2014). *Geschichte der Psychologie. Strömungen, Schulen, Entwicklungen* (7., vollst. überarb. Aufl.). Stuttgart: Kohlhammer.

Lückert, H.-R. (1961). Psychologie. In Görres-Gesellschaft (Hrsg.), *Staatslexikon Recht Wirtschaft Gesellschaft. Sechster Band, Oligopol bis Schweiz* (6., völlig neu bearb. u.erw. Aufl., S. 560–569). Freiburg: Herder.

Lüer, G. (1999). Die Deutsche Gesellschaft für Psychologie e.V. (DGPs). In H.E. Lück & R. Miller (Hrsg.), *Illustrierte Geschichte der Psychologie* (2. Aufl., S. 238–241). Weinheim: Beltz.

Lüer, G. (2010). Wissenschaft und Politik. Die Gründung einer wissenschaftlichen Gesellschaft und die von der Politik auferlegten Restriktionen, vorgetragen am 18.6.2010 in der Plenarsitzung der Göttinger Akademie der Wissenschaften. https://rep.adw-goe.de/bitstream/handle/11858/00-001S-0000-0023-99ED-8/%5b6%5dLuer_pdfa2u.pdf?sequence=1 (3.9.2023).

Lüning, K. (1963). Mitteilung über die Konstituierung der Gesellschaft für Psychologie in der Deutschen Demokratischen Republik. *Probleme und Ergebnisse der Psychologie, 8*, 96.

Mach, E. (1872). *Die Geschichte und die Wurzel des Satzes von der Erhaltung der Arbeit. Vortrag gehalten in der K. Böhm. Gesellschaft der Wissenschaften am 15. Nov. 1871*. Prag: J. G. Calve'sche K. K. Univ. Buchhandl. (Ottomar Beyer). https://babel.hathitrust.org/cgi/pt?id=njp.32101072369935&seq=7 (9.8.2023).

Mach, E. (1909). *Die Geschichte und die Wurzel des Satzes von der Erhaltung der Arbeit. Vortrag gehalten in der K. Böhm. Gesellschaft der Wissenschaften am 15. Nov. 1871. Zweiter unveränderter Abdruck nach der in Prag 1872 erschienenen ersten Auflage.* Leipzig: Johann Ambrosius Barth.

Mäder, W. & Siebenbrodt, J. (1978). Zur Entwicklung der Psychologie in der DDR. In F. Klix, A. Kossakowski & W. Mäder (Hrsg.), *Psychologie in der DDR* (S. 13–34). Berlin: Deutscher Verlag der Wissenschaften.

Maercker, A. & Guski-Leinwand, S. (2018). Psychologists' Involvement in Repressive »Stasi« Secret Police Activities in Former East Germany. *International Perspectives in Psychology: Research, Practice, Consultation, 7*(2), 107–119.

Maercker, A., Wieser, M., Wolfradt, U., Frindte, W., Gieseke, J., Guski-Leinwand, S., Richter, H. & Schmiedebach, H.-P. (2022). Bericht. Instrumentalisierung der Psychologie in der DDR? Eine wissenschaftshistorische, gesellschaftspolitische und fachethische Einordnung. *Psychologische Rundschau, 73*, 120–129. https://www.uni-potsdam.de/fileadmin/projects/humfak/Aktuelles/Veranstaltungen/Instrument_Psy_DDR_Psychol_Rundsch2022.pdf (6.8.2023).

Makarenko, S. (1976). Kommandeur-Pädagogik In ders., *Werke. Erster Band. Ein pädagogisches Poem* (S. 213–221, 6. Aufl.). Hrsg. v. Akademie der Wissenschaften der RSFSR, Institut für Theorie und Geschichte der Pädagogik. Berlin: Volk und Wissen VEB.

Martin, J. (1958). *International Propaganda. Its Legal and Democratic Control*. Minneapolis: University of Minnesota Press.

Martius, G. (1912). Über synthetische und analytische Psychologie. In F. Schumann (Hrsg.), *Bericht über den V. Kongreß für experimentelle Psychologie* (S. 261–281). Leipzig: J. A. Barth.

Marx, K. (1867). *Das Kapital. Kritik der politischen Oekonomie. Buch 1: Der Produktionsprocess des Kapitals*. Hamburg: Otto Meissner.

Mausfeld, R. (2009a). Weiße Folter. Psychologie im Krieg gegen den Terror. *Blätter für deutsche und internationale Politik, Band 54*, 90–100.

Mausfeld, R. (2009b). Psychologie, Weiße Folter und die Verantwortlichkeit von Wissenschaftlern. *Psychologische Rundschau, 60*, 229–240.

Mausfeld, R. (2010). Foltern ohne Spuren. Psychologie im Dienste des »Kampfes gegen den Terrorismus«. *Wissenschaft und Frieden, 1*, 16–19.

Mausfeld, R. (2018). Demokratie und Weiße Folter. Wie die Psychologie dazu beitrug, Folter unsichtbar zu machen. In ders., *Warum schweigen die Lämmer? Wie Elitendemokratie und Neoliberalismus unsere Gesellschaft und unsere Lebensgrundlage zerstören* (S. 249–280). Frankfurt a. M.: Westend.

Mayer, J. R. (1874). *Mechanik der Wärme in gesammelten Schriften* (2., umgearb. u. vermehrte Aufl.). Stuttgart: J. G. Cotta'sche Buchhandlung. https://archive.org/details/diemechanikderw03mayegoog/page/n8/mode/2up (12.9.2023).

Mette, A. (1954). Bericht über die Arbeitstagung der Staatlichen Pawlow-Kommission der Deutschen Demokratischen Republik vom 15.–17.1.1954 in Leipzig. *Psychiatrie, Neurologie Und Medizinische Psychologie, 6*(6), 173–180.

MfS-Lexikon/Bundesarchiv (2023). Ideologie, tschekistische. https://www.stasi-unterlagen-archiv.de/mfs-lexikon/detail/ideologie-tschekistische/ (4.9.2023).

Miller, R. (1974). Die Entwicklung der marxistisch-leninistischen Ethik und die Herausbildung der sozialistischen Persönlichkeit. In M. Klein, F. Richter & V. Wrona (Hrsg.), *Marxistisch-leninistische Philosophie in der DDR* (S. 128–168). Berlin: VEB Deutscher Verlag der Wissenschaften.

Ministerrat der Deutschen Demokratischen Republik, Ministerium für Staatssicherheit, Der Minister (1976). Richtlinie 1/76 zur Entwicklung und Bearbeitung Operativer Vorgänge (OV). https://www.stasi-unterlagen-archiv.de/assets/bstu/content_migration/DE/Wissen/MfS-Dokumente/Downloads/Grundsatzdokumente/richtlinie-1-76_ov.pdf (2.8.2023).

Möhle, H. (1986). Aus- und Weiterbildung Erwachsener auf Hochschulebene in der DDR. Hagen: Zentrales Institut für Fernstudienforschung (= ZIFF-Papiere). https://nbn-resolving.org/urn:nbn:de:hbz:708-dh2372 (13.8.2023).

Moser, H. (Hrsg.). (1981). *Fortschritte der Politischen Psychologie*. Weinheim: Beltz.

Moser, H. & Preiser, S. (Hrsg.). (1984). *Umweltprobleme und Arbeitslosigkeit. Gesellschaftliche Herausforderungen an die Politische Psychologie*. Weinheim: Beltz.

Müller, M. (2006). *Von der Fürsorge in die Soziale Arbeit. Fallstudie zum Berufswandel in Ostdeutschland*. Opladen: Barbara Budrich.

Müller-Hegemann, D. (1973). *Die Berliner Mauer Krankheit*. Herford: Nicolai.

Neues Deutschland (1960). Ausgabe 13.10.1960. 15. Jg., Nr. 283.

Nikitin, P.N. (1992). Die sowjetische Militäradministration und die Sowjetisierung des Bildungssystems in Ostdeutschland 1945–1949. *Bildung und Erziehung*, 405–416.

Nöthling, C. (2009). Soziale Arbeit und Soziale Bewegungen in der DDR. In L. Wagner (Hrsg.), *Soziale Arbeit und Soziale Bewegungen* (S. 207–230). Wiesbaden: VS Verlag für Sozialwissenschaften.

Nussmann, H.D. (2021). Ergänzender Kommentar zu »Zersetzung und Operative Psychologie – Aspekte psychologischer Folter«. https://www.fh-dortmund.de/medien/SiSaP_Kommentar-Gerbergasse_2021.pdf (13.9.2023).

Nussmann, H.D. & Guski-Leinwand, S. (2023a). Depictions of Psychology in the GDR from its contemporary witnesses – An Overview of the Relationship between Politics and Science. *European Yearbook of the History of Psychology (EYHP)*, 197–232.

Nussmann, H.D. & Guski-Leinwand, S. (2023b). Zersetzung als moderne Repressionsmaßnahme – Anwendung und Wirkungsweisen personenzentrierter und verdeckter Formen der Unterdrückung. *Zeitschrift für qualitative Sozialforschung*, (Sonderheft) (im Druck).

Oelssner, F. (1948). Das Elend der Psychologie. Tiefenpsychologie und Staatstheorie. *Einheit, 3*, 530–538.

Opitz, H. (1975a). Vorbemerkung. In ders., *Einführung in Lenins Schrift »Materialismus und Empiriokritizismus«* (S. 5–8). Berlin: Dietz.

Opitz, H. (1975b). I: Zu den Entstehungsbedingungen. In ders., *Einführung in Lenins Schrift »Materialismus und Empiriokritizismus«* (S. 9–21). Berlin: Dietz.

Opitz, H. (1975c). III: Zu einigen Hauptgedanken. In ders., *Einführung in Lenins Schrift »Materialismus und Empiriokritizismus«* (S. 29–35). Berlin: Dietz.

Parteivorstand der sozialistischen Einheitspartei Deutschlands (Hrsg.). (1951). *Beschlüsse und Erklärungen des Zentralsekretariats und des Parteivorstands* (Dokumente der Sozialistischen Einheitspartei Deutschlands). Berlin: Dietz.

Paschuto, W.T. (1959). Die »Ostforschung« als Ideologie des westdeutschen Revanchegeistes. *Sowjetwissenschaft Gesellschaftswissenschaftliche Beiträge, 6*, 599–616.

Pasternack, P. (2015). 2. Akademische Medizin und Politik in der DDR. In ders., *Akademische Medizin in der DDR. 25 Jahre Aufarbeitung 1990–2014* (S. 16–32). Leipzig: Akademische Verlagsanstalt. http://www.peer-pasternack.de/texte/MedBibliogr_Buchlayout_WEB.pdf (12.9.2020).

Pauli, R. & Arnold, W. (1957). *Psychologisches Praktikum* (6. Aufl.). Stuttgart: Fischer.

Pawlow, I.P. (Hrsg.). (1955). *Pawlowsche Mittwochkolloquien. Protokolle und Stenogramme physiologischer Kolloquien. Band II. Stenogramme der Jahre 1933 und 1934*. Berlin: Akademie.

Perez-Sales, P. (2017). *Psychological torture: Definition, evaluation and measurement*. London: Routledge/Taylor & Francis Group/Informa UK.

Petersen, P. (1927). *Der Kleine Jena-Plan. Petersen einer freien allgemeinen Volksschule*. Langensalza: Beyer.

Pingel-Schliemann, S. (2004). *Zersetzen – Strategie einer Diktatur. Eine Studie*. Berlin: Robert-Havemann-Gesellschaft e.V.

Poppelreuter, W. (1934). Hitler der politische Psychologe. Langensalza: Hermann Beyer & Söhne. http://dl.ub.uni-freiburg.de/diglit/poppelreuter1934/0005?sid=0a0802a1793b6ff765af608e07382a01 (30.7.2023).

Preiser, S. (Hrsg.). (1982). *Kognitive und emotionale Aspekte politischen Engagements*. Weinheim: Beltz.

Preiser, S. (Hrsg.). (1983). *Soziales und politisches Engagement. Kognitive und sozioökologische Bedingungen*. Weinheim: Beltz.

Preiser, S. (1986). Walter Jacobsen und die Politische Psychologie in der Bundesrepublik Deutschland – Einige Anmerkungen zu ihrer Entwicklung und Etablierung: Dem Mentor zum 90. Lebensjahr. In A. Schorr (Hrsg.), *Bericht über den 13. Kongreß für angewandte Psychologie: Bonn, September 1985, Band 1* (S. 215–219). Bonn: Deutscher Psychologen Verlag GmbH.

Preiser, S. (1987). Wechselseitige Perspektiven im Ost-West-Konflikt. Ansätze zur Problemlösung auf system- und kommunikationstheoretischer Basis. In G. Sommer, J.M. Becker, K. Rehbein & R. Zimmermann (Hrsg.), *Feindbilder im Dienste der Aufrüstung. Beiträge aus Psychologie und anderen Humanwissenschaften* (S. 83–89). Marburg: Universität, Fachbereich Physik.

Presse- und Informationsamt der Freien Universität Berlin (Hrsg.). (1972). Pressedienst Wissenschaft FU Berlin. Informationen aus Lehre und Forschung an der Freien Universität Berlin. Psychologie als historische Wissenschaft. Geschichte der psychologischen Theorien und der Berufspraxis von Psychologen mit dem Ziel einer kritischen Psychologie. Nr. 8 (August). Berlin: Freie Universität Berlin.

Raddatz, H. (1972) (Akronym »her«). Zum Thema: Psychologie als historische Wissenschaft. In Presse- und Informationsamt der Freien Universität Berlin (Hrsg.), Pressedienst Wissenschaft FU Berlin. Informationen aus Lehre und Forschung an der Freien Universität Berlin. Psychologie als historische Wissenschaft. Geschichte der psychologischen Theorien und der Berufspraxis von Psychologen mit dem Ziel einer kritischen Psychologie. Nr. 8 (August). (hinterer Einbandtext). o.P. Berlin: Freie Universität Berlin.

Retter, H. (1970). Pädagogische Psychologie in der DDR. Zur Entwicklung in den beiden letzten Jahrzehnten. *Pädagogik und Schule in Ost und West, 18*, 72–83.
Revesz, G. (1947). *Die Bedeutung der Psychologie für die Wissenschaft, für die Praxis und die akademische Ausbildung der Psychologen*. Berlin: A. Francke.
Richter, H. (2001). *Die Operative Psychologie des Ministeriums für Staatssicherheit der DDR*. Berlin: Mabuse.
Richter, H. (2021). Forschungen zu Psychologie und Staatssicherheit – eine Bestandsaufnahme. In A. Maercker & J. Gieseke (Hrsg.), *Psychologie als Instrument der SED-Diktatur. Theorien – Praktiken – Akteure – Opfer* (S. 57–74). Göttingen: Hogrefe.
Robert-Havemann-Gesellschaft (Hrsg.). (o. J.). Die »Zehn Gebote für den sozialistischen Menschen« von 1958. https://bildungsserver.berlin-brandenburg.de/fileadmin/havemann/docs/material/1958_zehn_gebote.pdf (30.10.2023).
Rösler, H.-D. (1991). Professionalisierung zwischen gesellschaftlicher Utopie und Wirklichkeit – Rückblick auf 40 Jahre Psychologie für die Praxis in Ostdeutschland. *Report Psychologie, 19*(11), 20–29 (Festvortrag auf dem 1. Deutschen Psychologentag).
Rudik, P. A. (1963). *Psychologie. Ein Lehrbuch für Turnlehrer, Sportlehrer und Trainer*. Berlin: Volk und Wissen.
Rzesnitzek, L. (2015). »Psychologische Mitarbeit« in der Psychiatrie: Die Etablierung der »Klinischen Psychologie« am Beispiel von Lilo Süllwolds diagnostischen Bemühungen um die beginnende Schizophrenie. *Medizinhistorisches Journal, 50*(4), 357–392.
Schäfer, C. (1995). Hochschulreform 1968 an der Technischen Hochschule Otto von Guericke Magdeburg. Potsdam: Diplomarbeit. Universität Leipzig. https://research.uni-leipzig.de/agintern/UNIGESCH/ug263d.htm (6.8.2023).
Schelsky, H. (1934). *Sozialistische Lebenshaltung*. Leipzig: Eichblatt-Verlag/Max Zedler.
Schmid, C. (1968). *Deutschlands Weg in die Gegenwart*. Berlin: Haude & Spenersche Verlagsbuchhandlung.
Schmiedebach, H.-P. (2021). Anmerkungen zur Wissenschaftlichkeit der »Operativen Psychologie«. In A. Maercker & J. Gieseke (Hrsg.), *Psychologie als Instrument der SED-Diktatur. Theorien – Praktiken – Akteure – Opfer* (S. 91–107). Göttingen: Hogrefe.
Schneider, W. (2023). Die Entwicklung der DGPs von 1960 bis in die Neuzeit. In ders. (Hrsg.), *Geschichte der Deutschen Gesellschaft für Psychologie*. Göttingen: Hogrefe.
Schönpflug, W. (2012). Deutsche Psychologie in Zeiten zweier Diktaturen: Instrumentalisierung von Wissenschaft durch Politik oder Instrumentalisierung von Politik durch Wissenschaftler. In W. Zeidler & T. Herrmann (Hrsg.), *Psychologen in autoritären Systemen* (S. 319–334). Frankfurt a. M.: Peter Lang.
Schönpflug, W. & Lüer, G. (2011). *Psychologie in der Deutschen Demokratischen Republik: Wissenschaft zwischen Ideologie und Pragmatismus. Der XXII. Internationale Kongress für Psychologie 1980 in Leipzig, seine Vorgeschichte und Nachwirkungen*. Wiesbaden: Springer VS.
Schorr, A. (1999). Der Berufsverband Deutscher Psychologen e.V. In H. E. Lück & R. Miller (Hrsg.), *Illustrierte Geschichte der Psychologie* (2. Aufl., S. 286–291). Weinheim: Beltz.
Schregel, S. (2020). Ein »gefährliches Instrument in den Händen der herrschenden Klasse der bürgerlich-kapitalistischen Gesellschaftsordnung« – Intelligenz(test)kritik und Begabungsforschung in der frühen DDR (1949–1963). In St. Coché & H. Richter (Hrsg.), *Legitimierung staatlicher Herrschaft in Demokratien und Diktaturen. Festschrift für Ralph Jessen* (S. 187–208). Bonn: Dietz.

Schriftführer der Deutschen Gesellschaft für Psychologie (Hrsg.). (1960). Teil III. Diskussionen, Nachrichten, Berichte, Mitteilungen des Berufsverbandes Deutscher Psychologen. *Psychologische Rundschau, Band XI*, 294–296.

Schubart, W. (1952). Die Wiederbeseelung der Psychologie in unserer Zeit. *Universitas, Zeitschrift für Wissenschaft, Kunst und Literatur, 7*(6), 567–573.

Schultz, K.-P., Pönisch, E., Rausch, R. & Dultz, W. (1948). Marxistische Psychologie? – Eine Diskussion. *Einheit, 3*(3), 261–269.

Schunter-Kleemann, S. (1980). Zwischen bürgerlicher und sowjetischer Ideologie. Psychologie in der DDR (1945–1960). *Psychologie Heute, 6*, 74–81.

Schuppe, W. (1895). Begriff und Grenzen der Psychologie. *Zeitschrift für immanente Philosophie, 1*, 1895/96, 37–76.

Schurig, V. (1972a). Die Geschichte der Psychologie in den sozialistischen Ländern. 6.1 Die Entwicklung der Psychologie in der Sowjetunion. In Presse- und Informationsamt der Freien Universität Berlin (Hrsg.), *Pressedienst Wissenschaft FU Berlin. Informationen aus Lehre und Forschung an der Freien Universität Berlin. Psychologie als historische Wissenschaft. Geschichte der psychologischen Theorien und der Berufspraxis von Psychologen mit dem Ziel einer kritischen Psychologie. Nr. 8 (August)* (S. 45–52). Berlin: Freie Universität Berlin.

Schurig, V. (1972b). Die Geschichte der Psychologie in den sozialistischen Ländern. 6.2. Die Entwicklung der Psychologie in der DDR. In Presse- und Informationsamt der Freien Universität Berlin (Hrsg.), *Pressedienst Wissenschaft FU Berlin. Informationen aus Lehre und Forschung an der Freien Universität Berlin. Psychologie als historische Wissenschaft. Geschichte der psychologischen Theorien und der Berufspraxis von Psychologen mit dem Ziel einer kritischen Psychologie. Nr. 8 (August)* (S. 53–59). Berlin: Freie Universität Berlin.

Siebert, H. (1998). Erwachsenenbildung. In C. Führ & C.-L. Furck (Hrsg.), *Handbuch der deutschen Bildungsgeschichte. Band VI. 1945 bis zur Gegenwart. Zweiter Teilband Deutsche Demokratische Republik und neue Bundesländer* (S. 317–340). München: C.H.Beck.

Sommer, G. (2015). Zur Psychologie von Feindbildern. In C. Haydt, K. Kulow, K. Leukefeld & G. Sommer, Dossier 80. Feindbilder und Konflikteskalation, Wissenschaft und Frieden. Herausgegeben von der Informationsstelle Wissenschaft und Frieden in Zusammenarbeit mit dem Forum Friedenspsychologie e.V. Beilage zu Wissenschaft und Frieden 4–2015. https://wissenschaft-und-frieden.de/dossier/feindbilder-und-konflikteskalation/ (13.9.2023).

Stürmer, S. & Siem, B. (2022). *Sozialpsychologie der Gruppe* (3. Aufl.). Stuttgart: utb GmbH.

Sprung, H. & Sprung, L. (1992). Kontinuität und Diskontinuität. Psychologie in Ostdeutschland nach 1945. In W.H. Pehle & P. Sillem (Hrsg.), *Wissenschaft im geteilten Deutschland: Restauration oder Neubeginn nach 1945? 2. Frankfurter Historik-Vorlesungen* (S. 136–148). Frankfurt a.M.: Fischer Taschenbuch Verlag.

Sprung, H. & Sprung, L. (2001). Geschichte der Psychologie in der Deutschen Demokratischen Republik – Grundzüge einer Entwicklungsdarstellung. In R. Miller (Hrsg.), *Psychologie zwischen Theorie und Praxis. Festschrift zum 60. Geburtstag von Helmut E. Lück* (S. 133–148). München, Wien: Profil-Verlag.

Sprung, L. & Sprung, H. (1995). Geschichte der Psychodiagnostik in der Deutschen Demokratischen Republik – Ausbildung, Weiterbildung, Forschung, Praxis. In H.-P. Brauns

(Hrsg.), *Zentenarbetrachtungen. Historische Entwicklungen in der neueren Psychologie bis zum Ende des 20. Jahrhunderts* (S. 39–58). Frankfurt a. M.: Peter Lang.

Sprung, L. & Sprung, H. (2003). Psychologie in der Deutschen Demokratischen Republik (DDR) 1994–1990. In H.-P. Brauns (Hrsg.), *Zentenarbetrachtungen. Historische Entwicklungen in der neueren Psychologie bis zum Ende des 20. Jahrhunderts* (S. 39–58). Frankfurt a. M.: Peter Lang.

Staatssekretariat für das Hoch- und Fachschulwesen (1966). Prinzipien zur weiteren Entwicklung von Lehre und Forschung an den Hochschulen der DDR. *Physikalische Blätter, 22*(4), 178–182. https://onlinelibrary.wiley.com/doi/epdf/10.1002/phbl.19660220406 (13.8.2023).

Stahl, J. (2001). Das vereinnahmte Ich. *UTOPIE kreativ, 131*, 791–800. https://www.rosalux.de/fileadmin/rls_uploads/pdfs/Utopie_kreativ/131/stahl131.pdf (12.9.2020).

Stammen, T. (1974). Von der SBZ zur DDR. In H. Rausch & T. Stammen, *DDR – das politische, wirtschaftliche und soziale System* (2., überarb. Aufl., S. 17–51). München: Beck.

Sternberg, R. J. (2003). A Duplex Theory of Hate: Development and Application to Terrorism, Massacres and Genocide. *Review of General Psychology, 7*(3), 99–328.

Stiksrud, A. (Hrsg.). (1984). *Jugend und Werte. Aspekte einer Politischen Psychologie des Jugendalters*. Weinheim: Beltz.

Straub, W. (1927). Tonqualität und Tonhöhe. Ludwig-Maximilians-Universität München: Dissertation.

Straub, W. (1931). Die Grundlagen einer experimentellen Bildungspsychologie. Technische Hochschule Darmstadt, Habilitations-Schrift. Langensalza: Beyer.

Straub, W., Hiebsch, H., Klix, F., Rosenfeld, G. & Schmidt, H.-D. (Hrsg.). (1963a). Statut der Gesellschaft für Psychologie in der Deutschen Demokratischen Republik. *Probleme und Ergebnisse der Psychologie, 8*, S. 97–99. Berlin: Deutscher Verlag der Wissenschaften.

Straub, W., Hiebsch, H., Klix, F., Rosenfeld, G. & Schmidt, H.-D. (Hrsg.). (1963b). Vorläufiger Plan für die Spezialausbildung »Ingenieurpsychologie«. *Probleme und Ergebnisse der Psychologie, 8*, S. 100–103. Berlin: Deutscher Verlag der Wissenschaften.

Strauß, B., Erices, R., Guski-Leinwand, S. & Kumbier, E. (Hrsg.). (2022). *Seelenarbeit im Sozialismus. Psychologie, Psychiatrie und Psychotherapie in der DDR*. Gießen: Psychosozial-Verlag.

Strauß, B., Kirschner, H., Paripovic, G., Storch, M. & Gallistl, A. (2022). Aufarbeitung der DDR-Psychotherapie als transdisziplinäres Forschungsfeld. Teil I: chronologisch-historische Perspektiven. *Die Psychotherapie, 67*(5), 420–429. https://www.springermedizin.de/psychotherapie/aufarbeitung-der-ddr-psychotherapie-als-transdisziplinaeres-fors/20379074 (27.8.2023).

Strausz-Hupé, R. (1952). *The Zone of Indifference*. New York: G. P. Putnam's Sons.

Süß, S. (1995). »Operative Psychologie« und das Interesse für die »medizinische Intelligenz«. *Universitas*, (5), 494–506.

SWR 2 Archivradio (2023). Die angeblichen Psychologie-Tricks der BRD gegen die DDR. https://www.swr.de/swr2/wissen/archivradio/die-angeblichen-psychologie-tricks-der-brd-gegen-die-ddr-100.html (27.7.2023).

Tembrock, G. (1955). *Grundzüge der Schimpansen-Psychologie*. Berlin: Verlag Naturkundliche Korrespondenz.

Tembrock, G. (1963). *Grundlagen der Tierpsychologie*. Berlin: Akademie-Verlag.

Tembrock, G. (1971). *Biokommunikation. Informationsübertragung im biologischen Bereich. Teil I.* Berlin: Akademie-Verlag.

Tembrock, G. (1983). *Verhaltenswissenschaft in Theorie und Praxis. Tendenzen und Entwicklungen.* Berlin: Akademie-Verlag.

The Psychological Warfare Division (1945). *Supreme Headquarters Allied Expeditionary Force. An account of its Operations in the Western European Campaign 1944–1945.* Bad Homburg: o.V.

Thur, H. (Hrsg.). (1982). *Hochschulberufe. Teil I.* Zwickau: Zentralstelle für Lehr- und Organisationsmittel des Ministeriums für Hoch- und Fachschulwesen.

Trobisch, S. & Behnke, K. (1998). Panik und Bestürzung auslösen: Die Praxis der »operativen Psychologie« des Staatssicherheitsdienstes und ihre traumatischen Folgen. In K.-D. Müller & A. Stephan (Hrsg.), *Die Vergangenheit lässt uns nicht los: Haftbedingungen politischer Gefangener in der SBZ/DDR und deren gesundheitliche Folgen* (S. 173–195). Berlin: Arno Spitz.

Trobisch-Lütge, S. (2004). *Das späte Gift: Folgen politischer Traumatisierung in der DDR und ihre Behandlung.* Gießen: Psychosozial-Verlag.

Trobisch-Lütge, S. (2015). *Verborgene Wunden: Spätfolgen politischer Traumatisierung in der DDR und ihre transgenerationale Weitergabe.* Gießen: Psychosozial-Verlag.

Trobisch-Lütge, S. (2016). Psychofolgen bis heute: »Zersetzungs«-Opfer der DDR-Geheimpolizei. Bonn: Bundeszentrale für politische Bildung. https://www.bpb.de/themen/deutsche-teilung/stasi/218417/psychofolgen-bis-heute-zersetzungs-opfer-der-ddr-geheimpolizei/ (2.8.2023).

o. A. (1975). Zentraler Forschungsplan der marxistisch-leninistischen Gesellschaftswissenschaften der DDR 1976–1980. *Einheit: Zeitschrift für Theorie und Praxis des Wissenschaftlichen Sozialismus, 9*, 1042–1061.

Ulbricht, W. (1950). *Der Fünfjahrplan und die Perspektiven der Volkswirtschaft.* Berlin: Dietz.

Ulbricht, W. (1952). *Die gegenwärtige Lage und die neuen Aufgaben der Sozialistischen Einheitspartei Deutschlands. II. Parteikonferenz der SED vom 9.–12. Juli 1952.* Berlin: Dietz.

Ulbricht, W. (1956). *Der zweite Fünfjahrplan und der Aufbau des Sozialismus in der Deutschen Demokratischen Republik.* Berlin: Dietz.

Ulbricht, W. (1958). *Für den Sieg der sozialistischen Revolution auf dem Gebiet der Ideologie und der Kultur. Aus dem Referat und dem Schlusswort Walter Ulbrichts aus den Diskussionsreden und dem Beschluss des V. Parteitages der Sozialistischen Einheitspartei Deutschlands, Berlin, 10. bis 16. Juli 1958.* Berlin: Dietz.

Ulbricht, W. (1968). *Die weitere Gestaltung des gesellschaftlichen Systems des Sozialismus. Beschlüsse. 9. Tagung des ZK der SED, 22. bis 25.10.1968.* Berlin: Dietz.

Ulich, E. (2008). Von der Relevanz historischer Erfahrungen für die Lösung aktueller Probleme. *Psychologie des Alltagshandelns, 1*(1), 2–16.

Ullrich, W. (1969). *Tiere recht verstanden. Ergebnisse und Probleme der Tierpsychologie.* Berlin: Urania.

Universitätsbibliothek TU Dortmund (2023). Digitale Vorlesungsverzeichnisse der Pädagogischen Hochschule Ruhr. https://ub.tu-dortmund.de/die-ub/aktuelles/detail/digitale-vorlesungsverzeichnisse-der-paedagogischen-hochschule-ruhr-34958/ (12.9.2023).

Universität Potsdam/Mathematisch-Naturwissenschaftliche Fakultät (2020a). Geschichte des Standortes Potsdam-Golm. Die Hochschule des Ministeriums für Staatssicherheit 1955 bis 1965. https://www.uni-potsdam.de/de/standortgeschichte-golm/mfs-hochschule (1.8.2023).

Universität Potsdam/Mathematisch-Naturwissenschaftliche Fakultät (2020b). Geschichte des Standortes Potsdam-Golm. Die Juristische Hochschule des MfS (JHS) 1965 bis 1990. https://www.uni-potsdam.de/de/standortgeschichte-golm/mfs-hochschule (1.8.2023).

Vogel, P. (1982). Kritik der Staatspädagogik. Bemerkungen zur Tradition eines Problems. *Zeitschrift für Pädagogik, 28*(1), 123–138.

Vogt, H. (1974). *Primarstufenunterricht in der DDR sowie in der BRD und UdSSR, in Schweden und Polen. Grundlagen, Ziele, Inhalte u. Realisationsformen. I. bis III. Band.* Ratingen: A. Henn.

von Allesch, G. J. (1937). Die Beziehungen zwischen tierpsychologischen und menschenpsychologischen Verhaltensweisen. *Zeitschrift für Tierpsychologie*, Band 1, Heft 2, 128–138.

von Allesch, J. (1953). Die Bedeutung der Psychologie im öffentlichen Leben. In L. Brandt (Hrsg.), *Arbeitsgemeinschaft für Forschung des Landes Nordrhein-Westfalen. Heft 22* (S. 7–41). Köln, Opladen: Westdeutscher Verlag.

von Hartmann, E. (1901). *Die Moderne Psychologie. Eine kritische Geschichte der deutschen Psychologie in der zweiten Hälfte des neunzehnten Jahrhunderts.* Leipzig: Hermann Haacke.

Vorstand der Gesellschaft für Psychologie der DDR (Hrsg.). (1965). *Psychologie als gesellschaftliche Produktivkraft. Bericht über den 1. Kongreß der Gesellschaft für Psychologie in der DDR.* Berlin: VEB Deutscher Verlag der Wissenschaften.

Vorstand der Gesellschaft für Psychologie der DDR (Hrsg.). (1966a). *Informationen.* Berlin: Gesellschaft für Psychologie der Deutschen Demokratischen Republik (bis einschl. 1979).

Vorstand der Gesellschaft für Psychologie der DDR (Hrsg.). (1966b). Mitteilung. *Probleme und Ergebnisse der Psychologie, 19*, 84.

Vorwerg, M. (Hrsg.). (1984). Persönlichkeitspsychologische Forschungen zur Regulation und Modifikation individuellen Verhaltens. Materialien zur Tagung mit internationaler Beteiligung »Struktur und Funktion von Persönlichkeitsmerkmalen und Möglichkeiten Ihrer Veränderung«. Tagung mit Internationaler Beteiligung Struktur und Funktion von Persönlichkeitsmerkmalen und Möglichkeiten Ihrer Veränderung. Leipzig (Probleme und Ergebnisse der Psychologie, 5,7).

Washington Post (2010). Georgy Arbatov, foreign policy adviser to Soviet presidents, dies at 87. 1. Oktober 2010. https://www.washingtonpost.com/wp-dyn/content/article/2010/10/01/AR2010100107112.html (2.8.2023).

Weber, H. (1997). »Asymmetrie« bei der Erforschung des Kommunismus und der DDR-Geschichte? Probleme mit Archivalien, dem Forschungsstand und bei den Wertungen. *Aus Politik und Zeitgeschichte, 47*(26), 3–14.

Weisser, G. (1970). *Die politische Bedeutung der Wissenschaftslehre.* Göttingen: Otto Schwartz & Co.

Wellek, A. (1953). Vorwort. In ders. (Hrsg.), *Bericht über den 17. und 18. Kongreß der Deutschen Gesellschaft für Psychologie in Göttingen 26.–29. September 1948, In Marburg 31. Juli–4. August 1951 gemeinsam mit dem Berufsverband Deutscher Psychologen.* Göttingen: Verlag für Psychologie, Dr. C. J. Hogrefe.

Wellek, A. (1955/1956). West- und ostdeutsche Reform des Diplom-Psychologen. *Psychologische Rundschau*, Band 6 und 7, Diskussionen, Nachrichten, Berichte, 66–70.

Werkentin, F. (1994). Strafjustiz im politischen System der DDR: Fundstücke zur Steuerungs- und Eingriffspraxis des zentralen Parteiapparates der SED. In H. Rottleuthner (Hrsg.), *Steuerung der Justiz in der DDR. Einflußnahme der Politik auf Richter, Staatsänwälte und Rechtsanwälte* (S. 93–133). Köln: Bundesanzeiger Verlag.

Wessel, K.-F. (Hrsg.). (1987). Biopsychosoziale Einheit Mensch [Sonderheft]. *Wissenschaftliche Zeitschrift der Humboldt Universität.* Mathematisch Naturwissenschaftliche Reihe (7).

Wiesbrock, H. (Hrsg.). (1967). *Die politische und gesellschaftliche Rolle der Angst.* Frankfurt a. M.: Europäische Verlagsanstalt.

Wieser, M. (2020). »Talk to each other – but how?« Operative Psychology and IM-Work as »Micro-Totalitarian Practice«. In L. Schlicht, C. Seemann & C. Kassung (Hrsg.), *Mind reading as a cultural practice* (S. 223–246). Cham: Palgrave Macmillan.

Wieser, M. (2021). IM-Arbeit und das Problem »Verbrüderung«: Überlegungen zum Verhältnis von Norm und Praxis der Operativen Psychologie. In A. Maercker & J. Gieseke (Hrsg.), *Psychologie als Instrument der SED-Diktatur. Theorien – Praktiken – Akteure – Opfer* (S. 129–145). Göttingen: Hogrefe.

Wieser, M. (2022). Operative Psychologie. Zur Gründung und Entwicklung eines Lehrstuhls an der Juristischen Hochschule des Ministeriums für Staatssicherheit der DDR. *Psychosozial, 45*(169/III), 23–36.

Wikipedia.de. (2023). Befehle des Obersten Chefs der Sowjetischen Militäradministration in Deutschland (SMAD). Eintrag vom 2. April 2023. https://de.wikipedia.org/wiki/Befehle_des_Obersten_Chefs_der_Sowjetischen_Milit%C3%A4radministration_in_Deutschland_(SMAD) (6.8.2023).

Wikimedia Foundation Inc. (2022). Wiktionary. Verwertung. https://de.wiktionary.org/wiki/Verwertung (7.9.2023).

Winnefeld, F. (1948, 29. Juli). Über die Sozialstruktur pädagogischer Situationen des Jenaplans. Friedrich-Schiller-Universität Jena/Pädagogische Fakultät: Habilitations-Schrift.

Wissenschaftlicher Beirat für Psychologie (1960a). Studienplan für die Ausbildung von Diplompsychologen. Berlin: Staatssekretariat für das Hoch- und Fachschulwesen. https://tu-dresden.de/ua/mitarbeiter-und-kontakte/angela-buchwald/ressourcen/dateien/tud/XI_361_Studienplan-Diplompsychologen-1960.pdf?lang=de (27.8.2023).

Wissenschaftlicher Beirat für Psychologie (1960b). Berufsbild des Diplompsychologen. Berlin: Staatssekretariat für das Hoch- und Fachschulwesen. https://tu-dresden.de/ua/mitarbeiter-und-kontakte/angela-buchwald/ressourcen/dateien/tud/XI_361_Berufsbild-Diplompsychologen-1960.pdf?lang=de (27.8.2023).

Wissenschaftliche Zeitschrift der Friedrich-Schiller-Universität Jena. (1960/61). 10. Jg., S. 2ff.

Wittich, D. (1974). Zur Entwicklung der marxistisch-leninistischen Erkenntnistheorie in der DDR. In M. Klein, F. Richter & V. Wrona, *Marxistisch-leninistische Philosophie in der DDR* (S. 203–228). Berlin: VEB Deutscher Verlag der Wissenschaften.

Wolf, E. (2013). Ist der Mißbrauch von Psychologie zu verhindern? In K. Behnke & J. Fuchs (Hrsg.), *Zersetzung der Seele: Psychologie und Psychiatrie im Dienste der Stasi* (4. Aufl., S. 201–213). Hamburg: CEP Europäische Verlagsanstalt.

Wolf, H.E. (1963). Vorstellungen über den Kommunismus. In K. Aurin, C.C. Bowman, W. Jacobsen & H.E. Wolff (Hrsg.), *Politische Psychologie als Aufgabe unserer Zeit* (S. 63–93). Frankfurt a.M.: Europäische Verlagsanstalt.

Wolf, H.E. (1981). Zu einigen Problemen der Entwicklung der Psychologie in der DDR. *Deutschland Archiv. Zeitschrift für Fragen der DDR und der Deutschlandpolitik, 14*(4), Analysen und Berichte, 385–401.

Wolfradt, U. & Waitschies, M. (2021). Gesellschaftspolitische Bedeutung der akademischen Psychologie in der DDR: Untersuchung von Selbstzeugnissen, Periodika und Lehrbüchern. In A. Maercker & J. Gieseke (Hrsg.), *Psychologie als Instrument der SED-Diktatur. Theorien – Praktiken – Akteure – Opfer* (S. 75-90). Göttingen: Hogrefe.

Wundt, W. (1896). Ueber die Definition der Psychologie. In ders., *Philosophische Studien, 12. Band* (S. 1–66). Leipzig: Wilhelm Engelmann.

Wundt, W. (1898a). Ueber naiven und kritischen Realismus. II. In ders., *Philosophische Studien, 13. Band* (S. 1–105). Leipzig: Wilhelm Engelmann.

Wundt, W. (1898b). Ueber naiven und kritischen Realismus. III. In ders., *Philosophische Studien, 13. Band* (S. 323–433). Leipzig: Wilhelm Engelmann.

Wundt, W. (1898c). Einige Bemerkungen zu vorstehendem Aufsatze. *Philosophische Studien, 13. Band* (S. 318–322). Leipzig: Wilhelm Engelmann.

Wundt, W. (1910). Über reine und angewandte *Psychologie. Psychologische Studien, 5*, 1–47. https://psychologie.lw.uni-leipzig.de/wundt/opera/wundt/ReiAnPsy/ReiAnPsy.htm (13.9.2023).

Zazworka, G. (1961). *Psychologische Kriegführung. Eine Darlegung ihrer Organisation, ihrer Mittel und Methoden*. Berlin: Deutscher Militärverlag.

Zazworka, G. (1962). *Psychologische Kriegführung. Eine Darlegung ihrer Organisation, ihrer Mittel und Methoden* (2., erw. u. erg. Aufl.). Berlin: Deutscher Militärverlag.

Zeddies, A. (1934). *Was ist Psychologie? Einführung in die Seelenkunde*. Bad Homburg: I. Siemens.

Zentralinstitut für Information und Dokumentation der Deutschen Demokratischen Republik (1986). Rubrikator des Internationalen Systems für wissenschaftliche und technische Information (Deutschsprachige Fassung). Zweite Ausgabe. Berlin: Zentralinstitut für Information und Dokumentation der Deutschen Demokratischen Republik (ZIID).

Zentralverwaltung für Statistik (Hrsg.). (1960/1961). *Statistisches Jahrbuch der Deutschen Demokratischen Republik*. Berlin: VEB Deutscher Zentralverlag.

Zentralverwaltung für Statistik (Hrsg.). (1970). *Statistisches Jahrbuch der Deutschen Demokratischen Republik*. Berlin: VEB Deutscher Zentralverlag.

Zentralverwaltung für Statistik (Hrsg.). (1980). *Statistisches Jahrbuch der Deutschen Demokratischen Republik*. Berlin: VEB Deutscher Zentralverlag.

Zentralverwaltung für Statistik (Hrsg.). (1981/1990). *Statistisches Jahrbuch der Deutschen Demokratischen Republik*. Berlin: VEB Deutscher Zentralverlag.

Zmerli, S. & Feldman, O. (Hrsg.). (2022). *Politische Psychologie Handbuch für Wissenschaft und Studium* (2., akt. u. erw. Aufl.). Baden-Baden: Nomos.

Anhang

Publikationen, Podcasts und Übersicht über Bestände/Archivalien

Publikationen im BMBF-Teilprojekt »Psychologie unter politischem Diktat und Justiz« (2019–2023, Förderkennzeichen 01UJ1908BY) (Stand 23.10.2023) (in chronologisch-alphabetischer Reihenfolge)[51]

Guski-Leinwand, S., Muscas, I. & Nussmann, H. D. (2020). Zersetzung und Operative Psychologie – Aspekte psychologischer Folter. *Gerbergasse, 18*(2), 47–52. http://h-und-g.info/fileadmin/projekte/HuG/Gerbergasse/Gerbergasse18-Heft95_Operative_Psychologie.pdf

Guski-Leinwand, S. & Nussmann, H. D. (2021). Normative Grundlagen der Psychologie im SED-Parteistaat: Kontrollierte akademische Disziplin und instrumentalisierte Wissenschaft. In A. Maercker & J. Gieseke (Hrsg.), *Psychologie als Instrument der SED-Diktatur. Theorien – Praktiken – Akteure – Opfer* (S. 109–125). Göttingen: Hogrefe.

Guski-Leinwand, S. & Maercker. A. (2022). Unter politischem Diktat: Psychologie, Psychologische Kriegsführung und Psychopolitik im SED-Staat. In B. Strauß, R. Erices, S. Guski-Leinwand & E. Kumbier (Hrsg.), *Seelenarbeit im Sozialismus. Psychologie, Psychotherapie und Psychiatrie in der DDR* (S. 113–138). Gießen: Psychosozial-Verlag.

Guski-Leinwand, S., Strauß, B., Erices, R., Grabe, H. J. & Kumbier, E. (2022). »Seelenarbeit im Sozialismus«: Einblicke in ein Verbundprojekt. In B. Strauß, R. Erices, S. Guski-Leinwand & E. Kumbier (Hrsg.), *Seelenarbeit im Sozialismus. Psychologie, Psychiatrie und Psychotherapie in der DDR* (S. 13–26). Gießen: Psychosozial-Verlag.

Guski-Leinwand, S. (2023a). Geschichte der Friedenspsychologie. In G. Sommer (Hrsg.), *Krieg und Frieden, Handbuch Friedens- und Konfliktforschung* (2. Aufl.). Weinheim: Beltz. https://handbuch-friedenspsychologie.de/buch/einleitung/geschichte-der-friedenspsychologie/

Guski-Leinwand, S. (2023b). Tabellarische Übersicht ausgewählter Akten/Bestände aus dem Bundesarchiv, Stasi-Unterlagen-Archiv (vormals BStU) u. a. zu Themen der Psychologie, Operativen Psychologie, psychischen Manipulationen und Zersetzung durch das MfS. BMBF-Teilprojekt Psychologie unter politischem Diktat und Justiz im Forschungsverbund »Seelenarbeit im Sozialismus (SiSaP) …«, (Förderkennzeichen 01UJ1908BY). https://www.fh-dortmund.de/medien/hochschule/Tabellarische-Uebersicht-ausgewaehlter-Akten-Bestaende-Psychologie-MfS.pdf

Guski-Leinwand, S. (2023c). 30 Jahre Deutsche Einheit: Orte der Forschung und Begegnung in NRW. Eine digitale Landkarte. https://www.fh-dortmund.de/dreissig-jahre-deutsche-einheit.php

Guski-Leinwand, S. & Bredenkamp, J. (2023). Zum Verhältnis zwischen der DGPs und der DDR-Fachgesellschaft (GfP) und der Aufbau psychologischer Institute in Ostdeutschland nach der Wiedervereinigung Deutschlands. In W. Schneider &

51 https://www1.fh-dortmund.de/projekte/fis.import.proj.de.122.php

A. Stock (Hrsg.), *Geschichte der Deutschen Gesellschaft für Psychologie*. Göttingen: Hogrefe (im Druck).

Guski-Leinwand, S. & Nussmann, H. D. (2023). *Bibliografie psychologischer Publikationen DDR/Wiedervereinigung*. Dortmund: Fachhochschule Dortmund. https://psycharchives.org/en/item/c9ea99da-0092-4351-97bb-db383960157d

Guski-Leinwand, S. (Hrsg.). (2024). *Psychologie unter politischem Diktat in der DDR*. Gießen: Psychosozial-Verlag.

Maercker, A., Wieser, M., Wolfradt, U., Frindte, W., Gieseke, J., Guski-Leinwand, S., Richter, H. & Schmiedebach, H.-P. (2022). Bericht Instrumentalisierung der Psychologie in der DDR? Eine wissenschaftshistorische, gesellschaftspolitische und fachethische Einordnung. *Psychologische Rundschau, 73*(2), 120–129. https://doi.org/10.1026/0033-3042/a000589

Nussmann, H. D. (2022). Folter und Psychologie. In G. Sommer (Hrsg.), *Krieg und Frieden, Handbuch Friedens- und Konfliktforschung* (2. Aufl.). Weinheim: Beltz. https://doi.org/10.17192/es2022.0035

Nussmann, H. D., Guski-Leinwand, S. & Muscas, I. (2021). *Kommentar zu »Zersetzung und Operative Psychologie« – Ergänzende Bemerkungen zu Forschungsfragen und Forschungsstand*. https://www.fh-dortmund.de/medien/SiSaP_Kommentar-Gerbergasse_2021.pdf

Nussmann, H. D. & Guski-Leinwand, S. (2023). Depictions of Psychology in the GDR from its contemporary witnesses – An Overview of the Relationship between Politics and Science. *European Yearbook of the History of Psychology (EYHP)*, 197–232.

Nussmann, H. D. & Guski-Leinwand, S. (2023). Zersetzung als moderne Repressionsmaßnahme - Anwendung und Wirkungsweisen personenzentrierter und verdeckter Formen der Unterdrückung. *Zeitschrift für qualitative Sozialforschung*, (Sonderheft) (im Druck).

Strauß, B., Erices, R., Guski-Leinwand, S. & Kumbier, E. (Hrsg.). (2022). *Seelenarbeit im Sozialismus. Psychologie, Psychiatrie und Psychotherapie in der DDR*. Gießen: Psychosozial-Verlag. Weitere Informationen unter: https://www.fh-dortmund.de/medien/Projekt-Sisap_AnkuendigungBuchveroeffentlichung.pdf

Weitere Veröffentlichungen in Magazinen der Fachhochschule Dortmund

Gesellschaftlicher Wandel im Kontext Historischer Aufarbeitung: »Psychologie« als Folterwerkzeug im SED Regime (März 2019). Forschungsmagazin der FH Dortmund.

fh-presse »Neu bewilligt: Seelenarbeit im Sozialismus« (März 2019). Fachhochschulzeitung FH-Dortmund.

fh-presse »Psychologie gegen den Menschen«!? Seelenarbeit im Sozialismus (März 2020). Fachhochschulzeitung FH-Dortmund.

5-teilige Podcast-Reihe »Psychologie im Sozialismus« angelehnt an das BMBF-Teilprojekt »Psychologie unter politischem Diktat und Justiz« (SiSaP)

https://www1.fh-dortmund.de/projekte/fis.import.proj.de.122.php und https://www.fh-dortmund.de/news/fb8-podcast-psychologie-im-sozialismus.php
Abrufbar auch über weitere Plattformen:
https://bundescast.de/@ddrpsychologie/episodes
Spotify: https://open.spotify.com/show/11gfINTJVU51oVsyZUut9D
Deezer: https://www.deezer.com/de/show/5985627
Apple: https://podcasts.apple.com/us/podcast/psychologie-im-sozialismus/id1684245793
Wissenschaftspodcasts.de: https://wissenschaftspodcasts.de/podcasts/psychologie-im-sozialismus/

Übersicht über Bestände in Archiven und Bibliotheken zur akademischen Psychologie in der DDR, Digitalisierungen und Mikroverfilmungen in Kooperation bzw. durch das Teilprojekt im BMBF-Forschungsverbund »Seelenarbeit im Sozialismus: Psychologie, Psychiatrie und Psychotherapie in der DDR – Teilprojekt Psychologie unter politischem Diktat und Justiz« (Förderkennzeichen 01UJ1908BY) (01/2019–04/2023) (in alphabetischer Reihenfolge)

Bundesarchiv Berlin-Lichterfelde

Studienpläne, Stundentafeln u. a. für Teilbereiche der Psychologie:

Jahr	Titel	Signatur	Archiv/ Bestand
o.J.	Stundentafel für das Fernstudium pädagogische Psychologie	DR 3 3227	Bundesarchiv
1966	Studienplan Arbeitspsychologie und Betriebspädagogik	DR 3 3227	Bundesarchiv
1965	LEHRPLAN Pädagogik und Psychologie. (Grundlagenstudium) für Abschnittsbevollmächtigte	D01/94066	Bundesarchiv

Adresse: Bundesarchiv Berlin-Lichterfelde, Finckensteinallee 63, 12205 Berlin, https://www.bundesarchiv.de/DE/Navigation/Meta/Kontakt/kontakt.html und https://www.bundesarchiv.de/DE/Navigation/Home/home.html

Deutsche Nationalbibliothek – Digitale Dienste, Leipzig

- 13 Kongressberichte zu 7 Kongressen (1965–1985)
- 2 Statute der Gesellschaft für Psychologie der DDR (1976, 1979)
- 21 Informationen der Gesellschaft für Psychologie der DDR (1966–1978)
- 14 verwaiste Werke vor 1966 (1955–1965)

(insgesamt 4.812 Seiten während der Projektzeit erfasst).

Recherche über den DNB-Katalog:
- Suchwort Gesellschaft für Psychologie DDR, Ergebnisliste: https://portal.dnb.de/opac/simpleSearch?query=Gesellschaft+f%C3%BCr+Psychologie+DDR&cqlMode=true
- Suchwort Kongress Gesellschaft für Psychologie: https://portal.dnb.de/opac/simpleSearch?query=Kongress+der+Gesellschaft+f%C3%BCr+Psychologie+der+DDR

Adresse: Deutsche Nationalbibliothek, Deutscher Platz 1, 04103 Leipzig, postfach@dnb.de, https://www.dnb.de/DE/Home/home_node.html

Leibniz-Institut für Psychologie (ZPID) – Universität Trier

Publikationen mit Bezug zur Psychologie in der DDR erfasst in der Literaturdatenbank Zotero >6.000 Titel:

Guski-Leinwand, S. & Nussmann, H. D. (2023). Bibliografie psychologischer Publikationen DDR/Wiedervereinigung. Dortmund: Fachhochschule Dortmund. https://psycharchives.org/en/item/c9ea99da-0092-4351-97bb-db383960157d

Adresse: Leibniz-Institut für Psychologie (ZPID), Universitätsring 15, 54296 Trier, info@leibniz-psychology.org, https://leibniz-psychology.org/

Stiftung Haus der Geschichte der Bundesrepublik Deutschland/ Bibliothek, Bonn

- Probleme und Ergebnisse der Psychologie: 1–80 und 1 Beiheft (1961–1982) (insgesamt ca. 7.500 Seiten in Mikroverfilmung erfasst), Signatur ZK 268
- Psychologie für die Praxis: 26 Bände (1983–1990) (insgesamt ca. 2.300 Seiten in Mikroverfilmung erfasst), Signatur ZK 539
- https://www.hdg.de/onlineprojekte/zeitschriften/zeitschriften.php

Adresse: Stiftung Haus der Geschichte der Bundesrepublik Deutschland/ Bibliothek, Museumsmeile/Willy-Brandt-Allee 14, 53113 Bonn, Wissenschaftliche Leiterin Lounge/Informationszentrum, Frau Dr. Olivia Griese, griese@hdg.de, https://www.hdg.de/haus-der-geschichte

Universitätsarchiv Halle-Wittenberg

Lehrprogramm Psychologie/Lehrerbildung:

Titel	Signatur	Archiv/Bestand
LEHRPROGRAMM für die Ausbildung von Lehrern für die unteren Klassen der allgemeinbildenden polytechnischen Oberschule und Freundschaftspionierleitern im Fach PSYCHOLOGIE an Instituten für Lehrerbildung der DDR	UAHW Rep. 48 Nr. 148	Universitätsarchiv Martin-Luther Universität Halle-Wittenberg

Adresse: Universitätsarchiv Martin-Luther-Universität Halle-Wittenberg, Dachritzstraße 12, 06108 Halle (Saale), archiv@uni-halle.de, https://www.archiv.uni-halle.de/

Universitätsarchiv Leipzig

Lehrprogramme, Praktikumsrichtlinien und Studienpläne (1960–1987) (davon 292 Seiten während der Projektzeit erfasst), u. a.:

Jahr	Titel	Signatur	Archiv/Bestand
1984	Lehrprogramm für das Lehrgebiet Psychologie zur Ausbildung in der Grundstudienrichtung Diplomlehrer für Marxismus-Leninismus an Universitäten und Hochschulen der DDR	KMU-DS 0573	Universitätsarchiv Leipzig
1982	Lehrprogramm für das Lehrgebiet Medizinische Psychologie zur Ausbildung in der Grundstudienrichtung Medizin an Universitäten und Medizinischen Akademien der DDR	KMU-DS 0624	Universitätsarchiv Leipzig
1982	Lehrprogramm für das Lehrgebiet Medizinische Psychologie zur Ausbildung in der Grundstudienrichtung Stomatologie an Universitäten und Medizinischen Akademien der DDR	KMU-DS 0667	Universitätsarchiv Leipzig
1975	Lehrprogramm für das Lehrgebiet Allgemeine Psychodiagnostik zur Ausbildung in der Grundstudienrichtung Psychologie an Universitäten und Hochschulen der DDR	KMU-DS 0713	Universitätsarchiv Leipzig
1975	Lehrprogramm für das Lehrgebiet Allgemeine Psychologie zur Ausbildung in der Grundstudienrichtung Psychologie an Universitäten und Hochschulen der DDR	KMU-DS 0714	Universitätsarchiv Leipzig
1975	Lehrprogramm für das Lehrgebiet Entwicklungspsychologie zur Ausbildung in der Grundstudienrichtung Psychologie an Universitäten und Hochschulen der DDR	KMU-DS 0715	Universitätsarchiv Leipzig
1975	Lehrprogramm für das Lehrgebiet Humanbiologie zur Ausbildung in der Grundstudienrichtung Psychologie an Universitäten und Hochschulen der DDR	KMU-DS 0716	Universitätsarchiv Leipzig

Jahr	Titel	Signatur	Archiv/Bestand
1975	Lehrprogramm für das Lehrgebiet Mathematische Psychologie zur Ausbildung in der Grundstudienrichtung Psychologie an Universitäten und Hochschulen der DDR	KMU-DS 0717	Universitätsarchiv Leipzig
1975	Lehrprogramm für das Lehrgebiet Persönlichkeitspsychologie zur Ausbildung in der Grundstudienrichtung Psychologie an Universitäten und Hochschulen der DDR	KMU-DS 0718	Universitätsarchiv Leipzig
1975	Lehrprogramm für das Lehrgebiet Psychologische Methodik zur Ausbildung in der Grundstudienrichtung Psychologie an Universitäten und Hochschulen der DDR	KMU-DS 0719	Universitätsarchiv Leipzig
1975	Lehrprogramm für das Lehrgebiet Statistik für Psychologen zur Ausbildung in der Grundstudienrichtung Psychologie an Universitäten und Hochschulen der DDR	KMU-DS 0720	Universitätsarchiv Leipzig
1975	Studienplan für die Grundstudienrichtung Psychologie zur Ausbildung an Universitäten und Hochschulen der DDR	KMU-DS 0721	Universitätsarchiv Leipzig
1976	Lehrprogramm für das Lehrgebiet Arbeitswissenschaftliche Grundlagen zur Ausbildung in der Grundstudienrichtung Psychologie an Universitäten und Hochschulen der DDR	KMU-DS 0722	Universitätsarchiv Leipzig
1976	Lehrprogramm für das Lehrgebiet Berufspsychologie und Berufsberatung zur Ausbildung in der Grundstudienrichtung Psychologie an Universitäten und Hochschulen der DDR	KMU-DS 0723	Universitätsarchiv Leipzig

Adresse: Universitätsarchiv Leipzig, Prager Str. 6, 04103 Leipzig. archiv@uni-leipzig.de, https://www.universitaetsarchivleipzig.de/

Universitätsarchiv der Technischen Universität Dresden

Studienordnungen, Berufsbild des Psychologen (1952, 1960) (davon 26 Seiten während der Projektzeit erfasst):

➢ Studienplan Fachrichtung Psychologie 1952: https://tu-dresden.de/ua/mitarbeiter-und-kontakte/angela-buchwald/ressourcen/dateien/tud/XI_361_Studienplan-Psychologie-1952.pdf?lang=de
➢ Studienplan für die Ausbildung von Diplompsychologen 1960: https://tu-dresden.de/ua/mitarbeiter-und-kontakte/angela-buchwald/ressourcen/dateien/tud/XI_361_Studienplan-Diplompsychologen-1960.pdf?lang=de
➢ Berufsbild des Diplompsychologen 1960: https://tu-dresden.de/ua/mitarbeiter-und-kontakte/angela-buchwald/ressourcen/dateien/tud/XI_361_Berufsbild-Diplompsychologen-1960.pdf?lang=de
➢ Weitere Informationen: https://tu-dresden.de/ua/ressourcen/dateien/findbuecher-und-bestaende/Best_TH_TU/Sektion-22.pdf?lang=de

Jahr	Titel	Signatur	Archiv/Bestand
1952	Studienplan für die Fachrichtung Psychologie		Universitätsarchiv der TU Dresden
1960	Studienplan für die Ausbildung von Diplompsychologen		Universitätsarchiv der TU Dresden
1955/56	Studienplan Psychologie im Frühjahrssemester 1955/1956		Universitätsarchiv der TU Dresden
1977	Lehrprogramm für das Lehrgebiet Fachspezifische Diagnostik und Begutachtung	E 4) – Sondersammlung Direktstudium (Studienpläne, Lehrprogramme) Nummer 760	Universitätsarchiv der TU Dresden

Adresse: Archiv der Technischen Universität via SCS-Servicepoint im Foyer des Fritz-Foerster-Baus, Frau Angela Buchwald, Mommsenstr. 6, 01069 Dresden (Postadresse Technische Universität Dresden ServiceCenter Studium, 01062 Dresden), angela.buchwald@tu-dresden.de, https://tu-dresden.de/ua

Kontakt zu weitergehenden Anfragen:
Prof. a. D. PD Dr. phil. habil. Susanne Guski-Leinwand:
susanne.guski-leinwand@fh-dortmund.de
oder
susanne.guski-leinwand@uni-jena.de